Baptismus-Dokumentation 10

Klaus Jürgen Jähn

Walter Rauschenbusch und die Anfänge seiner Theologie des Social Gospel 1886–1891

Oncken-Archiv Elstal 2021

Baptismus-Dokumentation Band 10
Schriftenreihe
herausgegeben vom Oncken-Archiv
des Bundes Evangelisch-Freikirchlicher Gemeinden in Deutschland K.d.ö.R.

Redaktionelle Bearbeitung:
Reinhard Assmann, Ines Pieper

© Oncken-Archiv des BEFG, Elstal 2021
Johann-Gerhard-Oncken-Str. 5, 14641 Wustermark
Tel. 033234 74-280, onckenarchiv@baptisten.de

Herstellung und Verlag: BoD – Books on Demand GmbH, Norderstedt
ISBN: 978-3-7534-3876-4

Inhalt

Vorwort der Herausgeber

Der Autor Klaus Jürgen Jähn wurde 1942 in Zittau geboren und wuchs in Berlin auf, er gehörte seit 1962 zur Evangelisch-Freikirchlichen Gemeinde Berlin-Steglitz (Baptisten). Von 1964 bis 1969 studierte er am Theologischen Seminar des Bundes Evangelisch-Freikirchlicher Gemeinden (BEFG) in Hamburg. 1970 bis 1972 setzte er sein Theologiestudium am American Baptist Seminary of the West in Berkeley in Kalifornien fort und schloss es mit dem Master of Divinity mit der vorliegenden Arbeit ab.

Nach der Heirat mit einer evangelischen Pastorin 1973 gab es keine Möglichkeit, im BEFG als Pastorenehepaar zu arbeiten – er wurde Pastor der Evangelisch-Lutherischen Landeskirche Schleswig-Holstein, heute Nordkirche, überwiegend in Hamburger Kirchengemeinden. 1979 bis 1982 gehörte er zu einem Entwicklungshilfe-Team der Gossner Mission in Sambia. Seit 2001 lebt er im Ruhestand.

Was kann dazu veranlassen, zwei Jahre nach dem 100. Todestag des deutsch-amerikanischen baptistischen Theologen Walter Rauschenbusch eine fast 50 Jahre alte Masterarbeit über ihn in dieser Reihe zu dokumentieren? Eine Fülle neuerer Literatur ist in den letzten Jahren erschienen – allerdings fast ausschließlich im anglo-amerikanischen Raum. 2012 veranstaltete die Gesellschaft für Freikirchliche Theologie und Publizistik e.V. ein Symposium unter dem bezeichnenden Thema: „Die Social Gospel Bewegung und ihre Rezeption – ein vergessenes Erbe des Baptismus?" Bis auf die Ergebnisse dieser Veranstaltung[1] und bis auf vereinzelte Aufsätze ist Walter Rauschenbusch im heutigen deutschen Baptismus kaum bekannt. Seine Theologie des Sozialen Evangeliums hat weltweit viele Glaubende inspiriert – hierzulande wurde sie baptistisch eher skeptisch behandelt und ignoriert.

Klaus Jürgen Jähn hatte 1972 versucht, Rauschenbusch auch dem deutschen baptistischen Leser als durchaus „konservativen" Theologen nahezubringen und seine sozialtheologische Entwicklung verständlich zu machen; leider blieb seine Arbeit in Deutschland unveröffentlicht. Heute, 50 Jahre später, kann sie diese Aufgabe durchaus immer noch erfüllen. Dazu tragen nun auch Rauschenbuschs lesenswerte deutsche Texte aus dem „Sendboten" bei, die Klaus Jürgen Jähn transkribiert und diesem Band beigefügt hat.

[1] Dokumentiert in ZThG 18 (2013), 115–214.

Auch die kleine Abhandlung „Warum ich Baptist bin", hier erstmals in deutsch, verdeutlicht sein Denken. – Alle Texte und Zitate wurden behutsam der neuen Rechtschreibung angepasst.

Dieser nun 10. Band der „Baptismus-Dokumentation" knüpft an sowohl an Band 8 der Reihe[2] mit der durchaus prophetischen Rolle Rauschenbuschs, die Klaus Jähn konstatiert, als auch an Band 9 der Reihe[3], der der frühen Rezeption Rauschenbuschs im deutschen Baptismus ein Kapitel widmet.

Zu danken ist in erster Linie Klaus Jähn, der sich im hohen Alter nochmals seiner Arbeit angenommen, sie übersetzt und überarbeitet hat. Dank gilt auch Roland Fleischer, der den Kontakt zu ihm herstellte, diese Ausgabe begleitete und die Auswahlbibliografie zusammenstellte. Und nicht zuletzt danken wir Prof. Dr. Ralf Dziewas, dem deutschen Rauschenbusch-Experten, für freundliche Hinweise und seinen Text zum 100. Todestag Rauschenbuschs, mit dem wir diesen Band beschließen.

Die Leitung des BEFG hat 2018 anlässlich des 100. Todestages erstmals das theologische Erbe Walter Rauschenbuschs ausdrücklich gewürdigt und den Gemeinden empfohlen, sich auch in der Gegenwart mit der sozialethischen Dimension des Evangeliums zu beschäftigen.[4]

„Das Reich Gottes ist keine Vertröstung für das Jenseits. Das Reich Gottes ist dort im Anbruch, wo diese Welt hin zu mehr Gerechtigkeit verändert wird."

Diese Einsicht, so Ralf Dziewas in der Stellungnahme des BEFG, sei eines der Vermächtnisse, für die der baptistische Theologe Walter Rauschenbusch bis heute Beachtung verdiene.

Elstal/Berlin im März 2021
Ines Pieper, Reinhard Assmann

---

[2] Veit Claesberg: Der pastorale Leiter als Prophet (Baptismus-Dokumentation 8), Elstal/Norderstedt 2018.

[3] In: Andreas Liese: „Wie Belial und Licht". Baptisten und Sozialismus zwischen Kaiserreich und „Drittem Reich", in: Reinhard Assmann / Andreas Liese (Hg.): Baptismus und Sozialismus (Baptismus-Dokumentation 9), Elstal/Norderstedt 2020, 31–35.

[4] Siehe Dokumentation 3 in diesem Band; vgl. Michael Gruber: Sozialethische Dimension des Evangeliums hochaktuell. Zum 100. Todestag: BEFG erinnert an theologisches Erbe Walter Rauschenbuschs, Pressemitteilung des BEFG vom 16.07.2018, in: https://www.befg.de/aktuelles-schwerpunkte/nachrichten/artikel/sozialethische-dimension-des-evangeliums-hochaktuell [22.02.2021].

Vorwort zur amerikanischen Ausgabe 1976

Eines Morgens im Herbst 1970 betrat Klaus Jähn mein Büro am American Baptist Seminary of the West in Berkeley, Kalifornien. Er stellte sich als deutscher Baptist vor, der erst seit wenigen Monaten in den USA sei. Er war nach Berkeley gekommen, wo die Baptisten Teil des reichen ökumenischen Zentrums der Graduate Theological Union waren, um die Seminarausbildung zu ergänzen, die er in seiner Heimat erhalten hatte. Hier würde er einem theologischen Studienprogramm folgen, das ihn weiter auf die Ordination in den christlichen Dienst vorbereiten würde. Er wollte, dass ich verstehe, dass sein pastoraler Dienst in Deutschland stattfinden würde. Aber zumindest für den Moment war er ein amerikanischer Seminarist; er wollte den amerikanischen theologischen Geist erforschen.

Klaus war überzeugt, dass die Amerikaner auf dem Gebiet der Sozialethik ihre besten Beiträge zur größeren theologischen Welt geleistet hatten. Fast immer hatten sich die Amerikaner in ihrer biblischen und systematischen Theologie von Kontinentaleuropäern und vielleicht ein wenig von den Briten anregen lassen, dachte er. Aber im Bereich der Sozialwissenschaften, die auf Theologie und christliche Ethik Einfluss haben, könnten die Führer der Alten Welt bei ihren Kollegen in der Neuen Welt nach Einsichten suchen. Selbst die großen Werke von Max Weber und Ernst Troeltsch haben die Bedeutung amerikanischer Leistungen in diesem Bereich nicht gemindert. Diese Leistungen lassen sich am besten als praktische Anwendung der sozialethischen Theologie beschreiben. Vor allem die amerikanische Bewegung des "Social Gospel" hatte das Herz des kirchlichen Lebens erreicht und die Theologie auf die harten Realitäten des städtischen Lebens im 20. Jahrhundert übertragen.

Ich dachte an Walter Rauschenbusch, den „einsamen Propheten" des sozialen Evangeliums. Er war ein deutsch-amerikanischer Baptist der zweiten Generation. Er hatte in Europa und England sowie in Amerika studiert. Er war Pastor einer innerstädtischen Gemeinde und unterrichtete an einem großen theologischen Seminar. Rauschenbuschs Kombination aus evangelischem Engagement, sozialer Leidenschaft, akademischer Disziplin und intellektueller Kreativität könnte die Fantasie eines jungen deutschen Seminaristen anregen, der in Amerika Sozialethik studiert.

Klaus Jähns kritische Auseinandersetzung mit dem frühen Leben und den Schriften von Walter Rauschenbusch ist die sichtbare Demonstration, wie stark letzterer die Fantasie des ersteren erregte. Als Teilnehmer einer Bewegung junger deutscher evangelikaler Christen mit brennender Sorge um die soziale Reformation fand Klaus in Rauschenbusch ein Modell in seiner eigenen Tradition. Rauschenbusch war wohl ein unvollkommenes Modell (Klaus würde einige Punkte der neoorthodoxen Kritik am Liberalismus des frühen Social Gospel bejahen), aber ein aufregendes Modell, dessen bleibender Einfluss weit über das amerikanische Christentum hinausging.

Rauschenbusch ist eine dieser seltenen christlichen Persönlichkeiten, mit denen sich alle Studenten der amerikanischen Theologiegeschichte beschäftigen müssen, und einer der wenigen amerikanischen christlichen Denker, die in christlichen Kreisen auf der ganzen Welt Einfluss gewonnen haben. Seine Bücher sind der klassische literarische Ausdruck der amerikanischen Bewegung des sozialen Evangeliums. Er allein unter den Befürwortern des Social Gospels vor dem Ersten Weltkrieg erlangt Reinhold Niebuhrs kritische Bewunderung. Martin Luther King Jr., der Prophet des sozialen Evangeliums im modernen Amerika, fand Inspiration in Walter Rauschenbusch.

So nahm Klaus Jähn in den Frühjahrsferien und im Sommer den Greyhound-Bus und besuchte die Rauschenbusch-Archive in Sioux Falls, Dakota, und Rochester, New York. Nur aus Liebe und Leidenschaft konnte er sich die Zeit nehmen, die nötig war, um Rauschenbuschs deutsche Handschrift zu entziffern. Dies führte jedoch zu einer bemerkenswerten Master of Divinity-Thesis, die später in zwei Artikeln in Foundations, der baptistischen Zeitschrift für Geschichte und Theologie (Herbst 1973 und Winter 1974) veröffentlicht wurde und nun in dieser Buchform erscheint. Dies ist ein bedeutender Beitrag zur wachsenden Liste wissenschaftlicher Studien über das Leben und Denken von Walter Rauschenbusch.

Eldon G. Ernst
Berkely, California

Vorwort zur deutschen Ausgabe 2021

In einem Buch von Martin Luther King begegnete ich Walter Rauschenbusch zum ersten Mal (Freiheit, Oncken-Verlag Kassel 1964). Dort zählte er ihn auf als einen frühen und wichtigen Begleiter auf dem Weg zu sozialer Gerechtigkeit durch gewaltlosen Widerstand. Beide waren baptistische Pastoren. Rauschenbusch begann seinen Dienst 1886 in einer Gemeinde in einem Armenviertel im Westen von Manhattan, New York, auch „Hells Kitchen" genannt. Dort begriff er, dass sündiges Verhalten auch durch widrige Umstände und Ungerechtigkeiten verursacht wird. Christen und Kirchen aber sollten sich orientieren an Jesu Predigt vom Reich Gottes, das komme, wie im Himmel, so auf Erden. Rauschenbusch trat für Regeln und Gesetze ein, die das Leben für alle Menschen gerechter und würdevoller machen können. Dafür kämpfte auch Martin Luther King.

Ich hatte den Wunsch und die Gelegenheit, meine theologische Ausbildung, in Deutschland begonnen, in Kalifornien fortzusetzen, am American Baptist Seminary of the West, Teil der überkonfessionellen Graduate Theological Union in Berkeley.

Die Arbeit, die u. a. zur Erlangung eines Abschlusses als Master of Dininity nötig war, konnte und wollte ich über diese frühen und formenden Jahre Walter Rauschenbuschs schreiben. Seine Gemeinde gehörte zu den deutschen Baptisten. Gepredigt und geschrieben wurde überwiegend auf Deutsch. 1897 wurde er Professor an der deutschen Abteilung des Theologischen Seminars in Rochester, New York, später wurde er in den englischen Teil berufen. Seine deutsche Korrespondenz blieb im deutschen Seminar. Dieses wurde später nach Sioux Falls in Süd-Dakota verlegt, und die Korrespondenz wanderte in einer Kiste mit. Als ich mich dahin auf den Weg machte, war sie gerade erstmals geöffnet und katalogisiert worden, ein Glücksfall für mich. Später konnte ich auch das sehr umfangreiche Archiv in Rochester besuchen und einsehen. Der größte Teil des Materials und auch mein Text waren daher in deutscher Sprache. So entstand die hier vorliegende Arbeit, die dann danach übersetzt und eingereicht wurde.

Nach Ende des akademischen Jahres, im Sommer 1972, kehrte ich nach Deutschland zurück und nahm bald den Dienst als Pastor auf. Währenddessen wurde meine Arbeit über Rauschenbusch in den USA für interessant und gut genug empfunden, um sie in einer baptistischen Zeitschrift für Kirchengeschichte erscheinen zu lassen, später auch als kleines Buch. Das hat mich gefreut, aber den Gedanken, auf diesem Feld weiter zu arbeiten, hatte ich schon früh aufgegeben.

Nicht aufgegeben habe ich, was ich von Walter Rauschenbusch und Martin Luther King gelernt habe: Nächstenliebe und Gerechtigkeit zu verbinden. Entwicklungshilfe, Gerechtigkeit im Welthandel, Globales Lernen, Einsatz für christliche und ethnische Minderheiten und Flüchtlinge, Beherbergung von Obdachlosen, all das hat meine Gemeindearbeit begleitet und ergänzt. Manches ist gelungen, manches nicht. Ein Blick auf die politische Situation in den USA und in Europa 2021 macht deutlich, dass in diesen Bereichen noch viel zu tun bleibt.

Klaus Jürgen Jähn
Hamburg

Walter Rauschenbusch – die formenden Jahre

*Klaus Jürgen Jähn schrieb diese Master of Divinity thesis 1972 am American Baptist Se-
minary of the West in Berkeley, California. Eine bearbeitete Version erschien erstmals in
der Zeitschrift „Foundations" der American Baptist Historical Society in zwei Teilen: I: Vol.
XVI No. 4 (Oct.–Dec. 1973) und II: Vol. XVII No. 1 (Jan.–Mar. 1974). 1976 wurde schließlich die vorliegende Arbeit unter dem Titel: „Rauschenbusch: The Formative Years" bei
Judson Press, Valley Forge, PA veröffentlicht. Für die nachstehende Dokumentation
übersetzte Klaus Jürgen Jähn die englische Textfassung zurück ins Deutsche und bearbeitete sie geringfügig. Judson Press übertrug die Rechte für diese Ausgabe dem Autor.*

Einleitung

Verschiedentlich ist in letzter Zeit ein zunehmendes Interesse an Walter Rauschenbusch
bemerkt worden. Eine Reihe von seinen Schriften verschiedenen Umfangs sind der brei-
teren Öffentlichkeit besser oder zum ersten Male zugänglich gemacht worden. Seine beiden wichtigsten Bücher sind in Neuauflagen als Paperback erhältlich, der „Rauschenbusch Reader"[5] und Handys „The Social Gospel in America"[6] enthalten sonst verstreute
Aufsätze Rauschenbuschs, und Max L. Stackhouse konnte 1968 sogar ein umfangreiches, bis dahin unentdecktes Manuskript veröffentlichen, das wahrscheinlich aus den
Jahren 1891/92 stammt.[7] Im Vorwort zu diesem Buch schreibt Robert T. Handy: „In view
of the continuing significance of Rauschenbusch's social ethical theory and practice, there
has been increasing interest not only in his well-known major books but also in his lesser
known articles, addresses and occasional pieces."[8] Und Beverley Harrison, Professor am
Union Theological Seminary, beschreibt dieses erneute Interesse an Rauschenbusch in

---

[5] Benson Y. Landis (Hg.): A Rauschenbusch Reader. The Kingdom of God and the Social Gospel,
New York 1957.

[6] Robert T. Handy (Hg.): The Social Gospel in America 1870–1920, New York 1966.

[7] Walter Rauschenbusch: The righteousness of the Kindom, hg. Max L. Stackhouse, Nashville
1968.

[8] Henry W. Bowden: Walter Rauschenbusch and American Church History, Foundations IX,
Sommer 1966, 234–250, beschäftigt sich mit handgeschriebenen Vorlesungsnachschriften; John
R. Aiken: Walter Rauschenbusch and Education for Reform, Church History 1967, 456–469, mit
Rauschenbuschs Verhalten bei einem Streit um die Schulverwaltung in Rochester. Andere
Beispiele werden folgen.

einer Rezension zu eben diesem Buch: „Younger German Scholars, heirs of a tradition profoundly disdainful of American ecclesiastical activism, have begun to study his work; and a new wave of Rauschenbusch scholarship is emerging [...]."[9] Zwar haben deutsche Studenten in Amerika mehrfach bekundet, wie fruchtbar der Einfluss Rauschenbuschs sein kann, so z. B. Dietrich Bonhoeffer, der berühmteste deutsche Student am oben genannten Seminar,[10] oder Reinhart Müller, der Verfasser der einzigen Monographie in deutscher Sprache über diesen bekanntesten Vertreter des Social Gospel.[11] Dennoch trifft die Beobachtung wohl zu, dass die jetzige Generation, die sich überall in der Welt als in einer Zeit der Krise versteht, ein nicht nur historisches Interesse an den verschiedenen Erscheinungen des christlichen Sozialismus zeigt.

Obwohl seit dem Erscheinen des ersten Aufsatzes über Rauschenbusch von Ray S. Baker[12] im Jahre 1909 eine große Anzahl von Aufsätzen und etliche Bücher und Dissertationen über ihn geschrieben worden sind, scheint weder die historische noch die theologische Aufarbeitung des Erbes dieses Mannes abgeschlossen zu sein. Insbesondere sind seine deutschen Schriften bisher nahezu unbeachtet geblieben. Walter Rauschenbusch war bekanntlich 11 Jahre lang Pastor einer deutschen Baptistengemeinde in New York City und danach Lehrer an der deutschsprachigen Abteilung des Seminars in Rochester, der Ausbildungsstätte der Prediger deutschsprachiger Baptistengemeinden auf dem nordamerikanischen Kontinent und ähnlicher Auswanderergemeinden in der restlichen Welt. Auch nachdem er vom deutschen in den englischen Bereich des Seminars hinüberwechselte, blieb er ein treues Mitglied einer der deutschen Gemeinden in Rochester. Er wusste sich sein Leben lang der Gemeinschaft verbunden, in der er aufgewachsen war. So nimmt es auch nicht wunder, dass die deutschen Baptistengemeinden und ihre Prediger unter den ersten waren, mit denen Rauschenbusch seine erwachende Besorgnis um die sozialen Verhältnisse teilen wollte. Seine Artikel in „Der Sendbote", dem Organ der deutschen Baptistengemeinden in Nordamerika, legen davon Zeugnis ab. Es handelt sich um Beiträge besonders aus der Zeit von l888 bis zum Frühjahr 1891.

Die Aktivitäten Rauschenbuschs während dieser Zeit waren vielfältig, er versuchte, unterschiedliche Kreise anzusprechen und wir haben verschiedene Zeugnisse seines Denkens aus dieser Zeit, aber nirgendwo lässt sich sein entwickelndes Verständnis vom

---

[9] Beverly Harrison: Review of „The Righteousness of the Kingdom", in: Social Action, Mai 1969, 34f.

[10] Dietrich Bonhoeffer: Gesammelte Werke, hg. E. Bethge, München 1958, Bd. I, 101, 104–112.

[11] Reinhart Müller: Walter Rauschenbusch. Ein Beitrag zur Begegnung des deutschen und des amerikanischen Protestantismus, Leiden 1958.

[12] Ray Stannard Baker: The Spiritual Unrest, American Magazine, Dez. 1909, 176–183; auch in seinem Buch mit gleichem Titel, New York 1910, 260–285.

christlichen Sozialismus so gut beobachten wie an diesen deutschen Artikeln. Das macht sie einer näheren Betrachtung wert.

Der hier interessierende Zeitabschnitt ist begrenzt durch zwei Ereignisse in Rauschenbuschs Leben: Sein Eintritt in den Predigtdienst in einer Gemeinde in einem Armutsviertel von New York City 1886 und seiner Reise nach England und Deutschland zum Studium von Soziologie und Neuem Testament 1891.

Die Lebensgeschichte Rauschenbuschs ist schon mehrfach niedergeschrieben worden. Die bekannteste Biografie ist die von Dores R. Sharpe.[13] Etwas genauer in den Einzelheiten für den uns hier interessierenden Zeitabschnitt ist Vernon P. Bodein: „The Social Gospel of Walter Rauschenbusch and its Relation to Religious Education"[14], ein Buch, das eigentlich mehr biografischen Charakter hat als der Titel vermuten lässt. Spätere Arbeiten gehen bei ihren Angaben über die Lebensumstände Rauschenbuschs weitgehend auf diese beiden Werke zurück. Da es dabei mitunter zu Missverständnissen gekommen ist,[15] wird ein genauerer Bericht über die diesen Mann betreffenden Ereignisse zwischen I886 und I89I hier am Platze sein.

Einstieg in den Pastorendienst

Walter Rauschenbuschs Vater August Rauschenbusch, der eine umfassende Universitätsausbildung in Deutschland erhalten hatte und als der gelehrteste deutsche Baptist in Amerika galt, hielt seinen Sohn für ungewöhnlich begabt und hielt sich daher für verpflichtet, ihm alle Bildungsmöglichkeiten zu gewähren, die er gewähren konnte.[16] So absolvierte Walter nacheinander die „Free Academy" in Rochester, das Gymnasium in Gütersloh in Deutschland, das er als primus omnium verließ, die University of Rochester, die deutsche und danach die englische Abteilung des Seminars in Rochester, wobei er an

[13] Dores Robinson Sharpe: Walter Rauschenbusch, New York 1942.

[14] Vernon P. Bodein: The Social Gospel of Walter Rauschenbusch and its Relation to Religious Education, New Haven 1944.

[15] Robert D. Cross in seiner Einleitung zur Torchbook Ausgabe von Walter Rauschenbusch: Christianity and the Social Crisis, New York 1964, nimmt irrtümlich an, dass Rauschenbuschs Beiträge in der Zeitschrift „For the Right" erst nach seiner Reise 1891 erfolgten (S. XII).

[16] August Rauschenbusch (nachfolgend: A.R.): Korrespondenz, 20. Oktober 1882, im Archiv des North American Baptist Seminary, Sioux Falls, Süd-Dakota (nachfolgend: NABS), Katalog Nr. 21. Zu August Rauschenbusch vgl. Walther Rauschenbusch: Leben und Wirken von August Rauschenbusch, zu Ende geführt von seinem Sohn Walther Rauschenbusch, Kassel 1901; Müller: Rauschenbusch, 9–12.

den letzten drei Ausbildungsstätten zum Teil gleichzeitig eingetragen war. Als er 1886 seine letzten akademischen Prüfungen ablegte, war er in den Kreisen des deutschen Baptismus schon als einer bekannt, der würdig ist, den Namen seines gelehrten Vaters zu tragen. Umso mehr verwunderte es sie, dass er den Ruf der Zweiten deutschen Baptistengemeinde in New York angenommen hatte, einer Gemeinde, die seinen Fähigkeiten durchaus nicht angemessen zu sein schien. Die Gemeinde selbst bezeichnete es als „ein Wunder vor unseren Augen."[17] Sharpe berichtet uns, dass er vorher das Angebot einer größeren englischen Gemeinde in Springfield, Illinois hatte, aber „they were not willing to give me time for consideration at Springfield, so that the matter collapsed and I have accepted a call received later from the Second German Church in New York City".[18] Dennoch war er unter den ersten in seiner Klasse, die den Ruf einer Gemeinde erhalten und angenommen hatten.[19] Rauschenbusch selbst beschreibt die Gemeinde folgendermaßen:

„Die Gemeinde zählt ca. 130 Glieder, das bedeutet natürlich eine viel größere Zahl, die irgendwie unter meiner geistl. Pflege stehen und unter sonst keiner. Sie wohnen fast alle auf der Westseite in den großen Mietskasernen, wo oft 25 Familien in einem Hause wohnen. Es sind einige unter ihnen, die etwas Vermögen haben; die meisten sind einfache Arbeitsleute; darunter sind etwa 28 Witwen. Die Kirche ist schon ca. 30 Jahre alt, ziemlich hässlich und unpraktisch gebaut und in einer unangenehmen Nachbarschaft, wo wir besonders in den Abendversammlungen viel durch Lärm gestört werden. Die jüngeren Leute wollen durchaus bauen. Ich muss sie zurückhalten, bis die Gemeinde erst in gedeihlicheren Verhältnissen ist. Das geistliche Leben war bisher rasch am Aussterben unter der Führung eines ältlichen Predigers, der es mit niemanden verderben wollte und nichts ausrichtete."[20]

Und an seinen Freund Munson Ford schreibt er: „The Church has had bad experiences with my predecessors who have left an unsavory reputation behind them. The consequence is, that there are many little splitts and much big discouragement."[21] Vielleicht lag gerade in dieser verworrenen Geschichte der Gemeinde der Grund dafür, dass der gelehrte junge Mann den Ruf erhielt und sich entschloss, in das „menschenreiche und sünderische New York" zu gehen.[22]

---

[17] Ein Jubelfest der Zweiten Gemeinde in New York, in: Der Sendbote, 23. Juni 1886.
[18] Sharpe: Rauschenbusch, 59.
[19] A.R.: Noch einige Nachrichten von der Schule in Rochester, in: Der Sendbote, 21. April 1886.
[20] Walter Rauschenbusch (nachfolgend: W.R.): Korrespondenz, 13. Juli 1886, NABS Nr. 848.
[21] Sharpe: Rauschenbusch, 60.
[22] W.R.: Korrespondenz, 20. März 1886, NABS Nr. 127.

Sein Jahresgehalt war am Anfang $ 600 und eine Wohnung in der Kirche. Die Wohnung war aber zu feucht und ungesund, so dass er sie ablehnte und zusätzliche $ 300 für eine Wohnung bekam. Er hatte schon mindestens seit 1884 gesundheitliche Probleme, die sich allmählich zu einem chronischen Katarrh entwickelten, der Gesicht und Gehör in Mitleidenschaft zog. Zum Beginn seines Dienstes in New York wurde es so schlimm, dass er z. B. nicht schreiben konnte wegen eines „Trubbles" mit den Augen.[23] Zehnmal suchte er im Juni 1886 einen Ohrenspezialisten auf, der zusätzlich nervöse Störungen feststellte und zu behandeln versuchte.[24] Er sah voraus: „Es wird wohl mal die Zeit kommen, wo ich vom Verkehr mit den Menschen abgeschnitten bin und mit Büchern zu hantieren habe; darum kaufe ich jetzt die Zeit aus." Also stürzte er sich voll in die Arbeit als Gemeindehirte.

„Meine Arbeit hat mir über meine Erwartungen zugesagt. Ich hatte Freude an allem, denn überall fühlte ich, dass ich etwas zuwege bringe. Es war mir, als trete ich aus einem Schattenlande in hellen Sonnenschein, als ich aus dem Seminarleben mit seinen künstlichen Verhältnissen in das Treiben von New York kam. Da hat man etwas Greifbares. Da fühlt man das wogende Leben der Menschen um sich her, wie es ist, nicht wie es nach dem decretum absolutum einer alten Theologie sein solle. Da kann man es selbst erproben, ob die Menschen irgendwelche Bedürfnisse in sich haben, die nicht durch den allmighty Dollar befriedigt werden können, ob das Evangelium von Jesus Christus wirklich eine Kraft in sich birgt, irgendeinen Menschen zu retten, der sich seinen Einflüssen aussetzt. In einer eigentümlichen Stellung werde ich mit Amerikanern und Deutschen, mit Reichen und Armen Fühlung haben. Für weitergehende Studien werde ich wenig Zeit haben; das ist mir egal. Im Monat Juni habe ich außer den Zeitungen nichts gelesen und hab doch mehr gelernt als lange Zeit vorher."[25]

Er trat seinen Dienst an mit einer Predigt über „Dein Reich komme", „als das Gebet, zu dessen Verwirklichung eine jede christliche Gemeinde existiert".[26] Im ersten Monat war er sehr beschäftigt. Neben den üblichen Begrüßungsfeierlichkeiten und neben sechs wöchentlichen Versammlungen lernte er seinem Vorhaben gemäß jedes Gemeindemitglied im eigenen Haus kennen. Am Ende des Monats verließ er New York erst mal für einen zweimonatigen Urlaub.[27] F.W.C. Meyer, damals noch Student am Seminar in Rochester, war Rauschenbuschs Vertreter während der kommenden zwei Monate und während

---

[23] W.R.: Korrespondenz, 22. Juni 1886, NABS Nr. 850.
[24] W.R.: Korrespondenz, 14. Juli 1886, NABS Nr. 849.
[25] W.R.: Korrespondenz, 13. Juli 1886, NABS Nr. 848.
[26] Ebd.
[27] Ebd.

zweier Monate in 1887 und sein Kollege später am Seminar in Rochester. Er hatte folgendes Gefühl: „Anfänglich meinten einige der lieben Leute an der 45. Straße, sie hätten doch wohl einen allzu gelehrten, jungen Theologen berufen, der sich gleich zwei Monate Ferien zum Weiterstudium ausbedingte. Aber bald wendete sich das Blatt, und begeistert strömte Jung und Alt seinen Versammlungen zu."[28] Den Urlaub, den Rauschenbusch zum größeren Teil bei seinem Freund und Klassenkollegen W.L. Munger in Rushford, New York, verbrachte,[29] nutzte er tatsächlich zu theologischer Arbeit aus, wenigstens zum Teil. Dazu hatte er sich interessante Lektüre mitgenommen: Aus Deutschland hatte er das „Leben von Maurice" geschenkt bekommen. Dazu schreibt er: „Ich hatte es schon längst lesen wollen. Er und alle die Männer seiner Schule, Coleridge, Kingsley, F.W. Robertson etc., sind mir ungemein sympathisch. Letzterem verdanke ich mehr als fast irgendeinem Schriftsteller. Auch Coleridge ist mir schon viel gewesen. Ich glaube, wir haben hier in Amerika eine theol. Richtung, die mit ihnen nahe verwandt ist. Doch davon später einmal."[30] Man wünschte, er würde nicht gerade hier aufhören, denn seine Zusammenstellung gibt doch so einige Rätsel auf. Maurice ist zwar von Coleridge[31] beeinflusst worden und hat Robertson verehrt[32], von einer zusammenhängenden Schule kann aber doch wohl kaum die Rede sein. Gerade die beiden Männer, die am wenigsten mit dem ersten Erscheinen des christlichen Sozialismus zu tun haben, scheint er am besten zu kennen. Und was er mit der amerikanischen Richtung meint, wird weder hier noch später irgendwo deutlich. So viel können wir aber doch hier entnehmen, dass Rauschenbusch schon am Anfang seiner Laufbahn mit den Hauptfiguren des englischen christlichen Sozialismus vertraut war.

---

[28] F.W.C. Meyer: Walter Rauschenbusch, in: Bulletin of the German Department of the Rochester Theological Seminary, Jubiläumsausgabe Juli 1927, 48.

[29] W.R.: Korrespondenz, 13. Juli 1886, NABS Nr. 848.

[30] Ebd.

[31] Frederick Denison Maurice: The Life of Frederick Denison Maurice. Chieflly Told in His Own Letters, Edited by His Son Frederick, 2 Bd., New York 1884, I, 176–178; vgl. die 15-seitige Widmung in: Maurice: The Kingdom of Christ, 2 Bd., London 1959. Zu einer neueren Diskussion der normalerweise als erwiesen betrachteten Abhängigkeit Maurices von Coldridge siehe: Olive J. Brose: Frederick Denison Maurice, Ohio University Press 1971.

[32] Maurice: Life, Bd. 2, 515 f.

Seinen Platz finden

In der Zeit dieses Urlaubs wird wohl auch die Rezension entstanden sein über ein kirchengeschichtliches Buch, die die erste veröffentlichte theologische Arbeit Walter Rauschenbusch darstellt.[33] Zwar hatten schon vorher kleine Gedichtchen von ihm den Weg in Zeitschriften gefunden, und 1884 veröffentlichte er einen längeren Bericht über die Arbeit der deutschen Baptisten in Deutschland;[34] dennoch verdient wohl diese Rezension die Bezeichnung als sein erster theologischer Beitrag. Im April 1887 erschien eine weitere Rezension, wiederum über ein kirchengeschichtliches Buch[35]; von ihr sagt der Rezensent selbst, er habe sie auf den Wunsch seines Vaters geschrieben und sie sei nicht besonders gut.[36] Dem muss man durchaus widersprechen: Es handelt sich um sorgfältige kleine Arbeiten, die bereits die schriftstellerischen Fähigkeiten und die kirchengeschichtlichen Interessen deutlich werden lassen.[37]

Mit dem Ende seiner Ferien begannen einige spannungsreiche Wochen. Zunächst hatte er heftige Kopfschmerzen und musste sich einer delikaten Augenoperation unterziehen, die erfolgreich war. Ein Einfluss auf seine wachsende Schwerhörigkeit wurde nicht gleich sichtbar.[38]

Seine Schwester Emma Rauschenbusch war zu dieser Zeit Missionarin in Indien. Ihr erster Aufenthalt dort dauerte von 1882 bis Ende 1887, seit Herbst 1885 arbeitete sie unter der Leitung des bekannten Telugu-Missionars Dr. Clough in Ongole.[39] Während Walters Urlaubszeit beantragte nun dieser ernstlich bei der Baptistischen Missionsgesellschaft in Boston, Walter als Inspektor des dortigen Seminars nach Ramapatam in Indien zu schicken. Die Missionsgesellschaft konnte sich nicht gleich entschließen, vor allem, weil ihr

---

[33] W.R.: Rezension von „Der Index der verbotenen Bücher. Ein Beitrag zur Kirchen- und Literaturgeschichte" von Fr. Heinrich Reusch, in: The Baptist Quaterly Review, Okt. 1886, 564–567.

[34] W.R.: Baptist Mission Work in Germany, in: National Baptist, Philadelphia, 31. Juli 1884.

[35] W.R.: Review of: Die Geschichte der beiden Märtyrer Adolf Clarenbach und Peter Fliesteden by Carl Kraft, in: The Baptist Quarterly Review, October 1887, 275f.

[36] W.R.: Korrespondenz, 12. April 1887, NABS Nr. 64.

[37] Frederic M. Hudson weist darauf hin, dass Walter Rauschenbusch sich schon in den ersten Jahren als Kirchengeschichtler verstand, in: The Reign of the New Humanity, unveröff. Diss., Columbia University 1968, 26.

[38] W.R.: Korrespondenz, 24. September 1886, NABS Nr. 821.

[39] Missionsberichte von Emma Rauschenbusch, in: Der Sendbote, 5. Januar 1887 und 2. Mai 1888. Emma wurde 1894 die zweite Frau von Dr. Clough und veröffentliche später dessen Autobiografie mit dem bezeichnenden Titel: Social Christianity in the Orient, by John E. Clough, written down by his wife Emma Rauschenbusch-Clough, New York 1914.

Sekretär gerade in Europa war. Und Rauschenbusch antwortete auf die erste Anfrage, dass er bis Ende September zur Verfügung stehe, ansonsten aber den Verbleib in der Gemeindearbeit vorziehe.[40] Wahrscheinlich hat ihn der Rat seines Arztes dabei beeinflusst. Jedenfalls erinnerte sich F.W.C. Meyer zunächst so,[41] später allerdings vertrat er die Meinung, dass der Einwand seines alttestamentlichen Lehrers den Ausschlag gegeben habe. Dieser habe Zweifel an der Rechtgläubigkeit Rauschenbuschs gehabt.[42] Diese Auffassung wurde von anderen wiederholt, die es besser wissen müssten, und so ist es wohl zur offiziellen Version geworden.[43] Was tatsächlich vorgefallen ist, scheint schwierig rekonstruierbar zu sein,[44] jedenfalls bereitete der Ausgang wohl keine große Enttäuschung für den Kandidaten: „Wenn sie mich nicht sehr dringend haben wollen, will ich gar nicht; denn dann können sie leicht genug jemanden finden und brauchen mich nicht hier wegzunehmen."[45]

Problematischer war es für ihn, dass er Schwierigkeiten hatte, sich die anerkannten Glaubenswahrheiten so zu eigen zu machen, wie es wohl von einem Baptistenprediger erwartet wurde. Seine Ordination stand im Oktober bevor, und vorher musste er vor einem Konzil seinen Glauben überprüfen lassen. Seine Eltern waren vielleicht in größerer Spannung und Sorge als er selbst. Sein Vater schreibt nach Deutschland:

„Am 14. Oktober wird er von den deutschen und englischen Predigern von New York geprüft, um danach von ihnen ordiniert zu werden. Die Prüfung wird aber vornehmlich seine Rechtgläubigkeit betreffen. Da ist es denn ein glücklicher Umstand für ihn, dass er seine Zweifel und abweichenden Ansichten bisher für sich behalten hat [...]. Mir ist es ein tiefer Schmerz, dass seine Zweifel sich sonderlich auf das Alte Testament beziehen. Hätte er meinen Sinn geerbt, so würde er, wenn er zweifeln wollte, lieber anderswo damit ansetzen [...]. Ich hörte einmal eine Äußerung von ihm über den Propheten Hesekiel, die mich sehr betrübte. Sie kam auf die Frage hinaus: was haben wir daran? Nur ein geringer Teil des Buches bietet christlichen Lehrgehalt dar. Er liebt das Alte Testament so wenig, dass er gar nicht einmal es zu lesen und studieren Lust

[40] A.R.: Korrespondenz, 25. September 1886, NABS Nr. 17.
[41] F.W.C. Meyer: Walter Rauschenbusch. Preacher, Professor and Prophet, in: The Standard, 3. Februar 1911.
[42] F.W.C. Meyer: Bulletin 1927, 48.
[43] Z.B. Conrad Henry Moehlmann: The Life and Writings of Walter Rauschenbusch, in: The Colgate Rochester Divinty School Bulletin, Oktober 1928, 33; Bodein: Gospel, 3; Sharpe: Rauschenbusch, 58.
[44] Diese etwas nüchterne Feststellung vertritt Joseph Martin Dawson: Baptists and the American Republik, Nashville 1956, 177.
[45] W.R.: Korrespondenz, 24. September 1886, NABS Nr. 821.

hat. Nun, es ist ein Glück, dass man dies nicht weiß, und dass bei jenen Prüfungen gewöhnlich ins Alte Testament nicht hineingegangen wird [...]."[46]

Seine Mutter äußerte ihre Besorgnis in einem Brief an ihren Sohn, und die Antwort scheint mir typisch für die Unabhängigkeit, die Walter Rauschenbusch während seines ganzen Lebens behielt:

„Dass es profitlicher für mich ist, ganz so zu glauben wie andere auch, das habe ich schon längst gewusst, liebe Mama. Aber Christus sagt: ‚Ich bin dazu geboren und in die Welt gekommen, dass ich die Wahrheit zeugen soll' – die Wahrheit, nicht was die Schriftgelehrten glaubten. Das hat ihm das Leben gekostet. Und er sagt auch: ‚Wer aus der Wahrheit ist, der höret meine Stimme.'
Ich habe zu fragen: Was ist das Evangelium Jesu Christi? – nicht: Was ist das Evangelium der Menschen um mich her. Ich habe zu glauben, was wahr ist, nicht was von einer gewissen Klasse von Leuten für wahr gehalten wird. Was Du sagst: lass das Grübeln; glaub das ganze Wort! Das hat auf diese oder jene Weise allen Männern in den Ohren geklungen, die uns die reinere Wahrheit, die wir besitzen, errungen haben. Hätten sie darauf gehört, wir wären heute noch Katholiken; sie hätten sich ein angenehmes Leben geschafft und ihre Seelen dabei verloren. ‚Das ganze Wort glauben?' Ich habe kein ernsteres Verlangen als das ganze Wort Gottes, die gesamte Wahrheit Jesu Christi zu erkennen und zu glauben. Aber wo finde ich dies ganze Wort? Etwa in den Ansichten der deutschen Baptistenprediger? Dann hätten wir für die unfehlbare römische Kirche nur die unfehlbare baptistische Kirche eingetauscht. Ich weiß nicht, wer gibt mir eine Garantie dafür, dass, wenn ich gegen das Protestieren meines Herzens die Glaubensansichten dieses bestimmten Kreises annehme, ich nicht Jesus Christus und seiner Lehre den Rücken kehre?
Du wirst es verwegen nennen, wenn ich meine, ich weiß es besser als eine ganze Reihe von Männern, die alle älter etc. sind als ich. Es ist verwegen, aber ich kann nicht anders. Solange ich die Stimme Gottes in meinem Herzen und das Wort Gottes im Neuen Testament und im Alten auch auf meiner Seite zu haben glaube, muss ich dabei stehen, auch wenn ich ganz allein stände – und das tue ich, Gott sei Dank nicht.
Das ist der ganze Trost, den ich Dir geben kann: ich glaube an das Evangelium Jesu Christi von ganzem Herzen. Was dies Evangelium ist, muss jeder für sich entscheiden im Angesicht seines Gottes. Ich trete nun in Papas und deine Fußstapfen. Als ihr die große und alte lutherische Kirche verließt, um der kleinen und verrufenen baptistischen beizutreten, beanspruchtet Ihr für Euch selbst das Recht, die Schrift nach Eurem eigenen Gewissen auszulegen; nun, das tue ich auch.
Ich sehe dem Konzil ganz ruhig entgegen. Wie es auch entscheiden wird, ich werde ganz zufrieden sein."[47]

[46] A.R.: Korrespondenz, 25. September 1886, NABS Nr. 17.
[47] W.R.: Korrespondenz, 24. September 1886, NABS Nr. 821.

Das Konzil jedenfalls zeigte sich befriedigt und empfahl die Ordination, die am 21. Oktober vollzogen wurde.[48]

Nach der Ordination zog seine Mutter zu ihm nach New York und führte ihm den Haushalt. Die Ehe der Eltern hatte von Anfang an unter einem unglücklichen Stern gestanden. Der Vater hat wohl seine erste Liebe nie vergessen können.[49] Schon als Kind wurde Walter Zeuge elterlicher Streitigkeiten.[50] Der Riss zwischen den Eltern scheint auch die Kinder getrennt zu haben, wobei sich Walter mehr der Mutter zuwandte.[51] August Rauschenbusch warf seiner Frau unter anderem Pietätlosigkeit vor und meinte, Walter hätte dieselbe geerbt.

Er war mit der Trennung sehr zufrieden.[52] Das Verhältnis zwischen Vater und Sohn war unter diesen Umständen verständlicherweise nicht ideal. Der Vater kritisierte den Sohn verschiedentlich,[53] und es zeigt sich nirgendwo, dass Walter Rauschenbusch wesentlich von seinem Vater theologisch beeinflusst worden war. Als er z. B. sich für die sozialen Auffassungen der Täufer und Mennoniten zu interessieren begann, wandte er sich an seinen verehrten Freund und kirchengeschichtlichen Lehrer Benjamin O. True, der ihn erst darauf aufmerksam zu machen schien, dass August Rauschenbusch einer der ersten und führenden Mennoniten-Forscher in Amerika war.[54] Sicherlich besteht viel Ähnlichkeit zwischen Vater und Sohn, und beide haben einen bleibenden Einfluss hinterlassen, jeder in seinem Feld, dennoch ist es wichtig, die Eigenständigkeit Walter Rauschenbuschs zu sehen. Von einem „eminent father-son teaching team" wird man kaum reden können.[55] Nach Walters Ordination jedenfalls ist es für ihn entschieden, dass er in New York bleibt. Er nimmt sich eine Wohnung und seine Mutter zieht zu ihm. Damit fällt die Familie auseinander und zumindest für eine Weile bleibt sie nur durch gemeinsame Freunde in Verbindung.[56]

---

[48] Der Sendbote, 10. November 1886.

[49] Sharpe: Rauschenbusch, 21.

[50] A.R.: Korrespondenz, 25. September 1886, NABS Nr. 17.

[51] A.R.: Korrespondenz, ca. Oktober 1882, NABS Nr. 22.

[52] A.R.: Korrespondenz, 25. September 1886, NABS Nr. 17.

[53] A.R.: Korrespondenz, 12. März 1888, NABS Nr. 57; A.R.: Korrespondenz, 10. November 1891, NABS Nr. 43.

[54] Brief von B.O. True an W.R. vom 29.Januar 1889, in: D.R. Sharpe Collection, American Baptist Historical Archives, Rochester. Zur Täuferforschung von A.R. siehe auch den Artikel Rauschenbusch im Mennonitischen Lexikon, Band 3, Karlsruhe 1958, 430–432.

[55] So Donovan E. Smucker: The Rauschenbusch Story, in: Foundations, Januar 1959, 4.

[56] W.R.: Korrespondenz, 14. Januar 1887, NABS Nr. 55.

Die Suche nach einem theologischen Fundament

Nachdem diese vielen gleichzeitigen Krisen und Ungewissheiten vorbei sind, kann sich Rauschenbusch nun mit ganzer Aufmerksamkeit der Gemeindearbeit zuwenden. Zurückblickend kann er die Zeit mit einem seiner typischen Bilder folgendermaßen beschreiben: „Seit ich Euch zuletzt geschrieben, habe ich allerlei erlebt. Es scheint mir oft, als lebte ich sehr rasch. Nun, wenn das Eisen Stahl werden soll, muss es immer aus dem Heißen ins Kalte und wieder zurück. [...] Meine Arbeit macht sehr ermutigende Fortschritte und ich fühle mich darin sehr zufrieden."[57]

Am 21. November 1886 tauft er zum ersten Mal fünf Personen.[58] Er fühlt, dass ihm die Mitglieder der Gemeinde zugetan sind und mehr und mehr Menschen unter seinen Einfluss kommen. Für junge Männer richtet er eine Sonntagsschulklasse ein, am Sonntagmorgen noch vor der Predigt, in der er „allerhand praktische, sittliche und religiöse Fragen in ganz ungenierter Weise"[59] bespricht. Angeregt durch einen Artikel in „Der Sendbote", dem Organ der deutschen Baptisten in Amerika, schreibt er für dieses Blatt seinen ersten Beitrag über „Das Fußwaschen". Darin warnt er, dass rituales Fußwaschen, wie z. B. das des Papstes oder des österreichischen Kaisers, die Gefahr in sich birgt, von den eigentlichen Aufgaben der Mitmenschlichkeit nur abzulenken:

„Das Verhältnis zu unserem unsichtbaren Herrn erfordert eine wiederholte symbolische Darstellung. Das Verhältnis zu unseren sichtbaren, stets gegenwärtigen Mitmenschen erfordert eine solche Darstellung nicht. Ein symbolischer Ausdruck der dienenden Liebe kann die praktische Betätigung dieser Liebe nicht fördern; sie bringt nur die Gefahr nahe, dass man sich mit dem schönen Symbol begnügt und die unbequeme Sache selbst vergisst."[60]

Selber erst 25 Jahre alt, versucht er besonders für junge Menschen zu schreiben. Er fordert sie zum regelmäßigen Besuch der Jugendversammlungen auf.[61] Anzeichen seiner abweichenden theologischen Ansichten sucht man bei all dem vergebens, er weiß sie durchaus zu verschweigen. Er erinnert sich später, "my idea then was to save souls in

---

[57] W.R.: Korrespondenz, 24. Dezember 1886, NABS Nr. 52.
[58] Der Sendbote, 8. Dezember 1886, 388.
[59] W.R.: Korrespondenz, 14. Januar 1887, NABS Nr. 55.
[60] W.R.: Das Fußwaschen, in: Der Sendbote, 26. Januar 1887.
[61] W.R.: Für die Glieder der Jugendvereine, in: Der Sendbote, 11. Mai 1887. Ein Artikel in derselben Zeitschrift vom 16. Februar 1887 mit dem Titel „Zehn goldene Regeln für junge Christen" ist nur mit W.R. unterzeichnet, sonst nutzt er stets seinen vollen Namen. Er könnte aber von ihm sein.

the ordinarily accepted religious sense",[62] und seine kleinen Artikel geben dem durchaus recht. Das heißt aber nicht, dass er eine festgesetzte theologische Position gehabt hätte. Vielmehr finden sich verschiedentlich in den übriggebliebenen Resten seiner Korrespondenz Anzeichen seines Bedürfnisses, durch theologische Diskussion eine tragende Basis zu finden.

Dieses Gespräch scheint er besonders mit zwei alten Freunden geführt zu haben, die ebenfalls auf dem Wege waren in den geistlichen Dienst. Edward Hanna, sein Freund seit dem gemeinsamen Besuch der Freien Akademie in Rochester,[63] hatte in Rom das Collegio de Propaganda Fide absolviert und war „resident Professor" am American College in Rom.[64] Der andere war Ernst Cremer, Freund seit dem gemeinsamen Besuch des Gymnasiums in Gütersloh, der gerade dabei war, sich auf sein Examen vorzubereiten.[65] Nur die Antworten der beiden sind noch erhalten, und die waren für Rauschenbusch sicher nicht sehr hilfreich, da beide Freunde selbst noch keinen „theologischen Standpunkt" hatten, der ihn befriedigt hätte. Die Briefe sind aber Zeugnisse dafür, dass Rauschenbusch sich noch als auf der Suche befindlich fühlte.

Ein Einblick in soziale Ungleichheit

In dieser Situation war er offen auch für die eigentümliche Form des Sozialismus, die Henry George mit seiner Idee der „Single Tax" vertrat. Später bekennt er: "I owe my own first awakening to the world of social problems to the agitation of Henry George in 1886, and wish here to record my lifelong debt to this single-minded apostle of a great truth."[66] Henry George war Kandidat als Bürgermeister von New York 1886, aber der Wahlkampf selber und die dabei vertretenen Ideen scheinen Rauschenbusch nicht beeinflusst zu haben. Er macht nirgendwo eine Bemerkung darüber. Man muss zumindest sagen, dass die Wirkung verzögert war.[67] Die stärkste Unterstützung aus kirchlichen Kreisen erhielt

---

[62] W.R.: The Genesis of „Christianity and the Social Crisis", in: The Rochester Theological Seminary Bulletin. The Record, November 1918, 51; auch: Stackhouse: The Formation of a Prophet, in: Andover Newton Quarterly, Januar 1969, 137–159, 142 Anm. 19.

[63] Sharpe: Rauschenbusch, 41.

[64] Brief von Hanna an W.R., 10. Januar 1887, NABS Nr. 967; siehe auch den Artikel „Hanna" in New Catholic Encyclopedia, Bd 6, New York, 1967, 914 f.

[65] Brief von Ernst Cremer an W.R., 22. September 1886, in: D.R. Sharpe Collection. Weitere Briefe finden sich im NABS Archiv, z. B. vom 1. September 1887, Nr. 890.

[66] W.R.: Christianizing the Social Order, New York 1912, 394.

[67] Stackhouse: Formation, 143.

Henry George von Edward McGlynn, einem irisch-amerikanischen Priester in der größten und beliebtesten katholischen Gemeinde in New York, St. Stephen. Er war gleichermaßen anziehend für Arbeiter und auch die Geistlichkeit von New York. Nach der Wahlniederlage Georges fing er erst richtig an, die neuen Ideen in die Praxis umzusetzen, vor allem durch die Gründung einer „Anti-Armuts-Gesellschaft". Rauschenbusch berichtet:

> „I remember how Father McGlynn, speaking at Cooper Union in the first Single Tax campaign in New York, in 1886, recited the words ‚Thy kingdom come! Thy will be done on earth‘, and as the great audience realized for the first time the social significance of the holy words, it lifted them off their seats with a shout of joy."[68]

Sehr wahrscheinlich gibt er hier seine eigene Erfahrung wieder, wenn er die Reaktion der Allgemeinheit als derartig mitgerissen beschreibt. Die erwähnte Rede, bekannt geworden unter dem Titel „The Cross of the New Crusade", hielt McGlynn nicht 1886, sondern zum ersten Mal am 29. März 1887,[69] um sie danach noch oft zu wiederholen. George berichtet dasselbe Ereignis folgendermaßen:

> „Never before in New York had a great audience sprung to its feet and ín a tumult of enthusiasm cheered the Lords Prayer; but it is the Lord's Prayer with a meaning that the Churches have ignored. The simple words ‚Thy Kingdom come, Thy will be done on earth as it is in Heaven‘ as they fall from the lips of a Christian priest who proclaims the common Fatherhood of God and the common Brotherhood of man; who points to the widespread poverty and suffering not as in accordance with God's will, but in defiance of God's order, and who appeals to the love of God and the hope of heaven, not to make men submissive to social injustice, which brings want and misery to man, but to urge them to the duty of sweeping away this injustice – have in them the power with which Christianity conquered the world."[70]

Der Eindruck, dass Rauschenbusch hier den entscheidenden Anstoß erhielt, der ihn auf den Weg zum sozialen Evangelium brachte, verstärkt sich bei der Lektüre eines Briefes, den er in dieser Zeit nach Deutschland sandte. Darin erwähnt er zum ersten Mal sein Interesse an den sozialen Verhältnissen:

> „In dem vergangenen Jahr bin ich viel älter geworden; ich meine nicht abgelebter, sondern eingelebter. Der Kreis meiner Erfahrungen hat sich sehr erweitert, und damit

---

[68] W.R.: Christianizing, 91–92.
[69] Aaron I. Abell (Hg.): American Catholic Thought on Social Questions, Indianapolis 1968, p 162; Charles Albro Barker: Henry George, Oxford University Press New York 1955, 492.
[70] Henry George, in: The Standard, 7. Mai 1887.

auch der Kreis meiner Sympathien. Seit ich hier in N.Y. bin, habe ich wenig in Büchern gelebt und viel unter den Menschen; habe gelernt, was sie bewegt, worüber sie denken, wonach sie streben. Manches in Romanen und Poesie, was mir früher sehr schön erschien, kommt mir jetzt sehr unwahr und gemacht vor. Es ist zu viel wirkliches Elend in der Welt, als dass man noch erdichteten Weltschmerz hinzu zu brüten brauchte. Es sind zwei Dinge, die mich gegenwärtig hauptsächlich interessieren und meine Gedanken in Anspruch nehmen. Das eine sind unsere sozialen Verhältnisse, die ungleiche Verteilung des Besitzes, und die wachsende und berechtigte Spannung zwischen denen, die haben und zwischen denen, die nicht haben. Der Abstand zwischen beiden ist hier in New York sehr groß. Das zweite sind die geistlichen Bedürfnisse der Menschen um mich her. Denn ich glaube, dass der Mensch mehr ist als eine höhere Art von Schwein, und dass darum seine Lage nicht völlig gebessert wird durch mehr Futter, bessere Stellung etc., wie die eines Tieres gebessert wird. Meine Frage ist, wie kann ein Mensch wirklich besser gemacht werden, was hat Macht über seine Seele, so dass seine Hauptfrage nicht mehr sei ‚Was ist angenehm?‘ sondern ‚Was ist recht?‘ Dies scheint Dir vielleicht eine enge Darstellung meiner Aufgabe; aber wenn ich eine vollständige Lösung dieser Frage hätte, wäre ich weiter als manche, die viel höhere Worte brauchen und doch nicht wissen, was sie eigentlich wollen."[71]

So tritt also nun zu Rauschenbusch, dem Prediger, und Rauschenbusch, dem Kirchengeschichtler, noch ein Rauschenbusch, der Sozialreformer.

Max L. Stackhouse hat die Predigten Rauschenbuschs in dem hier interessierenden Zeitraum sorgfältig untersucht. Er stellt fest, dass die Predigten, trotz der zunehmenden Radikalisierung Rauschenbuschs sozialer Auffassungen, bis 1891 eigentlich durchweg konservativ bleiben, obwohl sich eindeutig theologische Änderungen erkennen lassen.[72] Im Frühjahr 1887 beginnt er sich mit dem Problem von Glaube und Gnade auseinanderzusetzen. Er lässt die Auffassung von Glauben als „für wahr halten" hinter sich und sieht Glauben mehr als ein Vertrauen in zukünftige Möglichkeiten.[73] Im Herbst ist er soweit, dass er seine erste Predigt drucken lässt mit dem Titel: „Warum Glauben?"[74] Kommend von seiner eigenen Erfahrung definiert er Glauben z. B. als das Vertrauen zu einem Arzt, der mit zitternder Hand am Augapfel operiert.

---

[71] W.R.: Korrespondenz, 12. März 1887, NABS Nr. 64.

[72] Stackhouse: Formation, 137, 155 u. ö.

[73] Ebd., 141 f.

[74] W.R.: Warum glauben?, in seinem Sammelalbum in der D.R. Sharpe Collection, Predigtbuch Nr. 7 (Predigten vom 4. September bis 23. Oktober 1887), gehalten am 23. Oktober 1887.

„Glaube ist das Vertrauen, das eine Person zu einer anderen hat. Dies Vertrauen tut sich dann unter anderem auch darin kund, dass man den Worten und Versprechungen dieser Person glaubt. Der Glaube an Gott ist ganz dasselbe."[75]

Dem Glauben entgegengesetzt ist eine Lebenshaltung, die nach Reichtum und Ansehen strebt, denn man muss mit seiner ganzen Kraft danach streben und Gewalt anwenden. Zu genau kann man es mit Wahrheit und Ehrlichkeit, mit Menschenliebe und Erbarmen dann nicht nehmen.[76] In einem Artikel in „Der Sendbote" im Januar 1888 schließlich spricht er es so aus: Glaube ist „das ruhige, vertrauensvolle Festhalten. Wenn alles dunkel ist, wenn der praktische Verstand keinen Ausweg sieht und die tiefste Erkenntnis selbst keinen Boden mehr unter den Füssen fühlt, dann ertönt die klare, ruhige Stimme des Glaubens."[77] Hier zeigt sich zum ersten Mal eine typische Bewegung: Nachdem Rauschenbusch sich lange mit einem Problem beschäftigt hat, stellt er es in einem Artikel zur Diskussion, gewöhnlich in „Der Sendbote", aber auch in anderen Blättern und an anderen Plätzen; später natürlich besonders in der von ihm mit herausgegebenen Zeitschrift „For the Right".

Wollte man beschreiben, welche Fortschritte er mit seinen sozialen Interessen machte, so müsste man sagen, dass er noch dabei war, sich umgehender darüber zu unterrichten. Während der Ferien besuchte er ein Staatsgefängnis für jugendliche Strafgefangene, das ihn sehr interessierte. Die letzten Tage des Urlaubs verbrachte er an der See, weil er sehen wollte, wie die Menschen an einem Badeort leben.[78] Derartige Erfahrungen brauchte er schon, um seine Predigten vorzubereiten. Sie waren ihm wichtiger als Kommentare und theologische Werke:

„Ich kriege nicht viel Hilfe von dem ganzen Quark. Wenn ich die Bibel im Grundtext habe und die Menschen im Original, dann bin ich meistens um den Stoff nicht bange."[79]

Diese Erfahrungen waren es auch, die ihm die Ausmaße der sozialen Probleme deutlich machten. Er fing 1888 an, in kleinen Artikeln diese Erfahrungen niederzuschreiben. Sharpe hat den zweiten dieser Artikel ausführlich wiedergegeben: „Beneath the Glitter" beschreibt den krassen Unterschied zwischen der leuchtenden Front der Großstadt New

---

[75] Ebd., 6.
[76] Ebd., 14.
[77] W.R.: Mancherlei Gaben und ein Geist, in: Der Sendbote, 18. Januar 1888.
[78] W.R.: Korrespondenz, 18. August 1887, NABS Nr. 59.
[79] W.R.: Korrespondenz, 31. Mai 1887, NABS Nr. 823.

York und der Not der kleinen Leute, deren Ausbeutung diesen Glitzer erst ermöglicht. Er schrieb: „Guess I am something of a crank on these things. Wish you'd trot around with me for a week; you woudn't think so highly of things as they are."[80]

Ein etwas früher erschienener Artikel, „The Savings Efficacy of Money", geht von dem Wort Jesu aus, dass es für einen Reichen so schwer ist, in das Himmelreich zu gelangen, wie es für das Kamel ist, durch ein Nadelöhr zu gehen. Die Tatsache im kirchlichen Leben sei aber, dass ein reicher Mann viel mehr Möglichkeiten und bessere Gelegenheiten habe als ein armer, sich seines Heils zu versichern. So stehen die schönsten und angenehmsten Kirchen in den reichsten Gegenden der Städte. Zwar gebe es auch einen Dienst an den Armen, aber nur so, wie nach einer Weinlese manche Trauben hängengelassen werden für die Bedürftigen. Dabei hatte doch Jesus entgegen der landläufigen Praxis gesagt, dass die Reichen auf dem Wege ins Reich Gottes im Nachteil seien.[81]

Ende des Jahres 1887 entstand ein Manuskript über Henry George, mit dem sich Rauschenbusch offensichtlich in diesem Jahr besonders beschäftigt hatte. Auf dem letzten Blatt trägt es den Vermerk: "My first paper on the social question".[82] Er schließt:

> „Dear friends, there is a social question. No one can doubt it, in whose ears are ringing the wailings of the mangled and the crushed, who are borne along on the pent-up torrent of the human life. Woe to the man who stands afar off and says: Peace, peace, when there is no peace. The Jews were blinded by existing customs and the traditions of their Fathers, and they rejected Christ. Let us take heed lest we too bow to that which is, and refuse allegiance to that which *ought to be*."[83]

Aber neben seinem neuen Interesse an den sozialen Problemen bleibt er noch seiner alten Liebe, der Kirchengeschichte, treu. Am 19. Dezember liest er ein Referat über die Waldenser vor den sich regelmäßig treffenden Baptistenpredigern von New York.[84] Ge-

---

[80] W.R.: Beneath the Glitter, in: Christian Inquirer, New York, 2. August 1888, zitiert in: Sharpe: Rauschenbusch, 81 f.

[81] W.R.: The Savings Efficacy of Money, in: Christian Inquirer, 24. Mai 1888; vgl. Bodein: Gospel, 5.

[82] Stackhouse bemerkt in seiner Bibliographie, dass das Manuskript inzwischen verloren gegangen sei; in: W.R.: Righteousness, 306.

[83] Zitiert in Sharpe: Rauschenbusch, 80.

[84] Veröffentlicht in: American Baptist, St. Louis 1888.

rade die mittelalterliche Geschichte ist für Rauschenbusch von bleibendem Interesse geblieben.[85] Aber genau wie in seinen Predigten findet sich auch hier kein Anzeichen für sein neues soziales Interesse.

Natürlich sind damit die Interessengebiete Walter Rauschenbuschs noch längst nicht erschöpft. Wie jeder aufgeweckte Mensch hatte er vielfältige Interessen und war vielfältigen Einflüssen ausgesetzt. Um nur einige seiner weiteren Wirkungsgebiete zu nennen: Vor allem durch den Einfluss seiner Schwester Emma, mit der er trotz der großen Entfernung immer in engem Kontakt blieb, ist seine Unterstützung der Mission sein Leben lang erhalten geblieben.[86] Seine Position und die perfekte Beherrschung der englischen und deutschen Sprache machten ihn zu einem natürlichen Vertreter der Einwandererkirchen. Er war als Redner zu diesem Thema gefragt und auch anerkannt, gerade in einer Zeit, als viele eine Änderung der Einwanderungspolitik als ein Mittel zur Verbesserung der sozialen Situation empfahlen.

Dann hatte er noch zeitlebens eine stille Liebe für Poesie. Diese Liebe lag in der Familie, auch seine Schwester Emma schrieb Gedichte.[87] Während Walters eigene Gedichte selten blieben,[88] benutzte er sein Talent doch, um geistliche Lieder ins Deutsche zu übertragen und natürlich später, um seine berühmten Gebete zu schreiben.[89] Er hielt Liedgut für ein wesentliches Mittel zur sozialen Erweckung.[90]

---

[85] Vgl. Sherman B. Barnes: Walter Rauschenbusch as Historian, in: Foundation, Sommer 1969, 254–262, hier 255 und Anm. 8. Neben den Nachschriften aus kirchengeschichtlichen Vorlesungen von W.R. weist er auf ein Referat am 16. Oktober 1890 und auf eine Predigt im August 1893 hin.

[86] Handy: Gospel, 268, schreibt in einer Einleitung zu dem Aufsatz von W.R.: Conception of Mission: „Because of his intense concern for the social question, Rauschenbusch's continuing interest in Mission has often been overlooked."

[87] W.R. übersetzte eines ihrer Gedichte ins Deutsche, um es in „Der Sendbote" zu veröffentlichen; W.R.: Korrespondenz, 14. Juli 1886, NABS Nr. 849.

[88] Das erste der von W.R. selbst angelegten Sammelalben, jetzt im Archiv der American Baptist Historical Society (ABHS), D.R. Sharpe Collection, enthält auf der ersten Seite eine Reihe von Gedichten von W.R., darunter eines mit dem Titel: „Fass, Vater, meine Hand", veröffentlicht in Hamburg, Januar 1889. Am bekanntesten wurde eins mit dem Titel: „The Little Gate to God" von 1918, in: The Record, November 1918, auch bei Sharpe: Rauschenbusch, 451 f.

[89] 1889 übersetzte W.R. Lieder aus Ira D. Sankeys „Gospel Hymns No. 5" und gab sie mit ihm zusammen heraus, ergänzt mit „deutschen Kernliedern", als „Evangeliums-Lieder", New York 1891; weitere Sammlungen kamen 1897 und 1907 hinzu; als „Evangeliums-Sänger 1–3" hatten die Lieder viele Auflagen in Deutschland bis in die 1930er Jahre. Die Gebete, die z. T. schon in „The American Magazine" 1909 erschienen, sind zusammengefasst in: W.R.: For God and the People. Prayers of the Social Awakening, Boston 1910.

[90] W.R. schrieb einen Aufsatz über „Hymns of Social Redemption", der mit folgenden Worten endet: „If the church has old hymns of social redemption stored away, let us have them. If not

28

Das Christentum der Sozialarbeit

Während all die verschiedenen Dinge, mit denen er sich beschäftigte, doch recht zusammenpassten, zeigte sich die soziale Frage als eine Art Fremdkörper in seinem Gedankengebäude:

„I began to work in New York, and there among the working people my social education began. I began to understand the connection between religious and social questions. I had no social outlook before. I hadn't known how society could be saved. When I had begun to apply my previous religious ideas to the conditions I found, I discovered that they didn't fit. All this time my friends were urging me to give up this social work and devote myself to ‚Christian work'. Some of them felt grieved for me, but I knew the work was Christ's work and I went ahead, although I had to set myself against all that I had previously been taught. I had to go back to the Bible to find out whether I or my friends were right. I had to revise my whole study of the Bible. Then I began to write for newspapers. That is where my ideas began to clear up.

People didn't want to hear my message; they had no mind for it; they would take all I said about religion in the way they had been used to it, but they didn't want any of ‚this social stuff'. All my scientific study of the Bible was undertaken to find a basis for the Christian teaching of a social gospel."[91]

Die biblischen Studien, von denen er hier spricht, beginnt er zu dieser Zeit, um die Jahreswende 1887/88 mit einer Auslegung von 1. Korinther 12. Darin findet er eine biblische Grundlage für die Auffassung von der Kirche als einem sozialen Organismus:

„Eine Gemeinde ist eine Gemeinschaft, die von einer Anzahl Personen freiwillig gebildet wird, um das Reich Gottes in sich selbst und in anderen zu fördern. Durch diesen gemeinsamen Zweck und nicht durch Gleichheit in Bildung, Vermögen oder Beruf werden sie zusammengeführt. Deshalb besteht in einer Gemeinde eine große Verschiedenheit der natürlichen Anlagen und Erfahrungen. [...] Eine Gemeinde ist ein wunderbarer Organismus, der sein Leben in hundert verschiedenen Richtungen betätigen kann, und in jeder neuen Richtung kommen neue Gaben ins Spiel."[92]

---

let us make new ones. But social redemption wants hymns.", in: The Record, November 1918, 12. Zum wenig beachteten Verhältnis von Social Gospel zum Liedgut der Kirche vgl.: Horton Davies: The Expression of the Social Gospel in Worship, in: Studia Liturgica 1963, 174–192.

[91] The Record, November 1918, 51 f.

[92] W.R.: Mancherlei Gaben und ein Geist, in: Der Sendbote, 18. Januar 1888. Hier macht sich die Ansicht Herbert Spencers bemerkbar, dass die Gesellschaft als Organismus gesehen werden kann. W.R. erwähnt Spencer nur einmal, sehr früh: That Boston Fad, in: Christian Inquirer, 15. August 1889. Er könnte ihm bei Henry George begegnet sein: Henry George: Progress and

Diese Auffassung von der Kirche als Organismus wird ein wesentlicher Bestandteil der Theologie Walter Rauschenbuschs. Sie ist in erster Linie gewonnen durch eine Exegese des Neuen Testamentes, obwohl sie sicherlich nahegelegt wurde durch neue soziale Theorien aus Europa und durch die Verbreitung evolutionistischer Theorien. Interessanter noch ist ein Artikel, den Rauschenbusch über das Gebot „Du sollst nicht stehlen" schreibt: Hier macht er sich grundlegende Gedanken über Handel, Eigentum und Ursache ungleichmäßiger Verteilung des Besitzes. Zunächst stellt er fest, dass ursprünglich die natürliche Umgebung des Menschen Gottes Gabe an alle Menschen ist. Dennoch schließt das keineswegs persönliches Eigentum aus:

„Dadurch wird im Grunde etwas unser Eigentum, dass wir das Rohmaterial, welches Gott uns in seiner Schöpfung bietet, bearbeiten und die Kräfte der Natur lenken, so dass sie unsere Wünsche befriedigen.

Dies Eigentumsrecht können wir nun auch auf andere übertragen. [...] Ein rechter Handel schließt stets in sich ein, dass jeder Teil etwas erhält, das ihm wenigstens ebenso viel wert ist wie das, was er hingibt. [...]

Diebstahl besteht darin, dass jemand einem anderen Eigentum nimmt, ohne demselben etwas dafür zu geben, was demselben ebenso viel oder mehr wert ist als das, was er hergibt. Wenn man daher im Leben irgendeinen Fall findet, wo jemand Eigentum gewinnt, ohne etwas ziemlich Gleichwertiges dafür zu liefern, dann kann man mit einiger Sicherheit schließen, dass da, bewusst oder unbewusst, eine Unredlichkeit vorfällt. Wenn z. B. auf der Börse jemand heute für $ 10.000 Aktien kauft und bis morgen sind dieselben durch irgendeine Manipulation so gestiegen, dass er sie mit $ 1000 Reingewinn verkauft, so fragen wir, wo hat er die $ 1000 her? Hat er irgendeine Arbeit verrichtet, die so viel wert war? [...] Durchaus nicht. [...] Ich glaube, solches Geld ist überhaupt nicht verdient, und ist deshalb unrechtmäßiger Gewinn. [...]

Deshalb sagt Paulus: Wer nicht arbeitet, soll auch nicht essen. Denn wenn jemand nicht arbeitet und isst doch, so isst er das Brot, das eines anderen Schweiß erzeugt hat."[93]

Diese gewiss sehr radikale Ansicht, die an den Grundlagen des kapitalistischen Wirtschaftssystems rüttelt, ist vorsichtig eingebettet in andere Beispiele über Diebstahl, wie sie sonst in jeder Predigt vorkommen, z. B. von der Hausfrau, die im Laden Erdbeeren

---

Poverty, New York 1958, 517 u. ö. Über den Einfluss Spencers auf progressive Geistliche in Amerika siehe Richard Hofstadter: Social Darwinism in American Thought, Boston 1955, Kap. 6.

[93] W.R.: Du sollst nicht stehlen, in: Der Sendbote, 18. Juli 1888.

kostet, obwohl sie nicht die Absicht hat, überhaupt welche zu kaufen. Auch das ist Diebstahl. Aber das ist sicherlich nicht, was Rauschenbusch eigentlich sagen wollte. Vielmehr steuert er zielbewusst auf diese Lücke im System hin, die eigentlich eine Verletzung des göttlichen Gebotes bedeutet. Wenn man den Artikel im Ganzen liest, so bekommt man ein Gefühl für das Bestreben Rauschenbuschs, das Evangelium einfach zu machen: „making the Gospel simple so that slow moving brains can understand".[94]

Ein weiterer Artikel, der in diesem Zusammenhang wichtig ist, befindet sich in einer Reihe von Predigten über die vier Evangelisten, abgedruckt in „Der Sendbote" im Herbst 1888.[95] Darin sagt er über Lukas unter anderem:

„Er war erbarmungsvoll gegen die Armen und Verlorenen. Das sehen wir auch aus dem Inhalt seiner Schriften. Er allein erzählt das Gleichnis vom reichen Mann und armen Lazarus und das vom Abendmahl, wo der Herr befiehlt, die Armen und Krüppel und Lahmen hereinzuholen. Er allein berichtet, wie der Heiland gleich am Anfang seiner Wirksamkeit sagt, der Herr habe ihn gesandt, den Armen das Evangelium zu verkündigen, und auch, wie Jesus Johannes dem Täufer es als ein Merkmal seines Reiches angibt, dass den Armen das Evangelium gepredigt werde. Das Evangelium des Lukas ist besonders für die Armen und Verlorenen. Er allein berichtet von der großen Sünderin, vom verlorenen Sohn, von Zachäus, von der Annahme des Schächers, von des Herren Gebet für seine Henker. Und Lukas allein hat uns das Wort des Herrn Jesu aufbewahrt: „Es wird Freude sein im Himmel über einen Sünder, der Buße tut, vor neunundneunzig Gerechten, die der Buße nicht bedürfen".

Die Betrachtung aller Evangelisten unter dem Einfluss der sozialen Frage brachte Rauschenbusch zu einer eindeutigen Bevorzugung des Lukasevangeliums.

---

[94] Zitat aus einem Brief von W.R. an Hanna, in dessen Antwort, 9. April 1887, NABS Nr. 968. Aus einer Zeit, als W.R. sich schon klarer war über einen Christlichen Sozialismus, stammt folgender Brief: „I am glad, that you continue to think about socialism. [...] It will not be the final word in God's history, but now it is a duty which lies before mankind and it's moral leaders. Your plan, to inform slowly is the best. Single ardent sermons don't help much – especially with slow thinking people. Always a little bit here and there, especially in talks. Don't throw the wisdom to the people from above. But sit with them together and think. To put a question mark in the heads of young people is a lasting work." Brief von W.R. an Max Leuschner, 23. Dezember 1903, zitiert in: Donovan E. Smucker: The Origins of Walter Rauschenbusch's Social Ethics, unpublished Ph.D. diss., University of Chicago 1957, 79.

[95] W.R.: Die vier Evangelisten, in: Der Sendbote, 31. Oktober 1888 (Matthäus); 7. November 1888 (Markus); 14. November 1888 (Lukas); 21. November 1888 (Johannes).

Brotherhood of the Kingdom

Wir sehen also mindestens seit Dezember 1887, wie Rauschenbusch sich bemüht, eine Position zu erarbeiten, die groß genug ist, alle seine Interessen zu umfassen. In diesen Bemühungen war er nicht ganz allein. Zumindest im Frühjahr 1888, wahrscheinlich aber früher, begann seine Freundschaft mit Leighton Williams und Nathaniel Schmidt. Williams war Pastor der naheliegenden Amity Baptist Church und Schmidt Pastor einer Schwedischen Baptistenkirche.[96] Die drei Freunde bildeten die Keimzelle der "Brotherhood of the Kingdom", die 1892 entstand.[97] So hatte Rauschenbusch eine Aufgabe vor Augen und Freunde, mit denen er über die neuen Ideen reden konnte. In seiner Gemeindearbeit fühlte er sich wohl:

„In meiner Wirksamkeit hier geht es bis jetzt gut. Ich habe Freude an meiner Arbeit. In meinen Predigten versuche ich so volkstümlich und interessant zu sein wie möglich und es kommt mir sehr selten vor, dass die Zuhörer mir nicht ihre volle Aufmerksamkeit schenken."[98]

In dieser Situation erreichte ihn ein Ruf zum Seminar in Rochester, seinem Vater als Professor zu folgen, da dieser in den Ruhestand treten wollte. Walter Rauschenbusch hatte schon vorher zum Ausdruck gebracht, dass seine Neigungen nicht in diese Richtung gingen, dennoch hatten die zuständigen Gremien ihn einstimmig berufen und ihn ernstlich gebeten, den Ruf anzunehmen. Rauschenbusch lehnte ab. Zunächst gab er gesundheitliche Gründe an, dann fährt er fort:

„Endlich hat während der letzten Wochen ein (weiterer) Grund immer mehr Kraft bei mir gewonnen. Ich zögere, so früh in meinem Leben aus dem Predigtamte und der Seelsorge herauszutreten, um dauernd in der Treibhausluft einer gelehrten Anstalt zu leben. Zum Gedeihen meines eigenen inneren Lebens habe ich den Umgang mit den Menschen, die schlichte Arbeit nach dem Vorbilde meines Meisters noch nötig. Deshalb möchte ich noch eine Zeit lang hier fortarbeiten, wo meine Arbeit, wie es mir scheint, noch nicht ganz zu Ende ist."[99]

---

[96] Es ist schwierig, den Beginn dieser Freundschaft zu bestimmen. W.R. hielt die Ordinationspredigt für Schmidt im Frühjahr 1888: Stackhouse: Formation, 146–148. Das Gästebuch von Williams Haus in Malborough, New York (im Archiv der ABHS), hat einen ersten Eintrag von W.R. und Schmidt am 18. August 1888.

[97] Eine eingehende Untersuchung der „Brotherhood" liegt vor mit Frederic Hudson: The Reign of the New Humanity, unveröff. Ph.D. Diss., Columbia University 1968.

[98] W.R.: Korrespondenz, 12. Dezember 1888, NABS Nr. 57.

[99] Brief von W.R. vom 11. Juni 1888, abgedruckt in: Der Sendbote.

Ein Jahr später war die Situation im Seminar noch nicht gebessert und Augustus H. Strong, Präsident des Seminars, bat ihn abermals, seine Entscheidung zu überdenken, wiederum mit dem gleichen Resultat.[100] Erst im Jahre 1897 fühlte er die „volle Freudigkeit", dem erneuten Rufe zu folgen.[101]

Im Winter 1888, so berichtet uns Sharpe mit bewegenden Worten, erkrankte Rauschenbusch an einer Erkältung. „Um dem Herzensschrei der leidenden Menschheit zu beantworten" stand er zu früh vom Krankenbett auf und erlebte einen Rückfall, der seine Hörfähigkeit weiter beeinträchtigte. Der Sturm, den New York am 12. März erlebte, war der schwerste in einer langen Zeit: Nach einer Wärmeperiode wurde es plötzlich wieder Winter, Schneestürme erreichten 60 Meilen in der Stunde. Der Verkehr brach zusammen und die Börse stellte zum ersten Male den Handel offiziell ein. Unter den 200 Opfern waren allein 24, die den Tod in den Straßen der Stadt fanden.[102]

Während seine Schwerhörigkeit nicht allein diesen Ereignissen zugeschrieben werden kann, fühlte doch Rauschenbusch die Belastung seiner Arbeit durch dieses Gehörleiden nun immer mehr. Am Ende des Jahres berichtet er, dass er wesentlich an Gewicht verloren hatte. Und:

„Mein Vollbart ist zu einer stehenden Institution des Vaterlandes geworden, lediglich weil ich kein Barbiermärtyrer werden will und mir täglich die Haarwurzeln ausreißen lassen, wie ein moderner – wie hieß gleich der mythologische Onkel, dem die Geier die Leber fraßen?"[103]

Zu einem Punkt ohne Rückkehr

Zu zwei Konferenzen reist Walter Rauschenbusch im Jahre 1888. Man möchte fast sagen, eine für die Frömmigkeit des Predigers und eine für die Einübung des Sozialreformers. Die erste ist Moody's Northfield Meeting, die zweite der baptistische Kongress. Über die erste schreibt er:

---

[100] Postkarte von Strong an W.R., 6. März 1889, in: D.R. Sharpe Collection.
[101] Der Sendbote, 30. Juni 1897.
[102] Einzelheiten aus Edwin Emerson Jr.: A History of the Nineteenth Century, New York 1902, 1692.
[103] W.R.: Korrespondenz, 12. Dezember 1888, NABS Nr. 57.

„Indeed, life is wonderful sweet here. It is a near approach to heaven. The green leaves and the far away beauty of the Connecticut valley; the rambles through the glen and fields with saintly souls, the lift and rush of the spirit in the great meetings; the absence of wickedness and the simplicity and trustfulness of intercourse and the constant turning of thoughts on God's truth and Christ's love; surely, heaven cannot be very unlike all this... Two things are fundamental to the thinking of this Conference: the authority of the Bible and the reality of the direct work of God's spirit on the spirit of man."[104]

Beim Baptist Congress im Dezember hat er selbst eine Rede zu halten über die Frage: „Wer soll erziehen? Die Kirche oder der Staat". Er findet, dass die Erziehung immer mehr in die Hände des Staates übergeht. Und das ist richtig so, denn es liegt im allgemeinen Zuge der Demokratisierung:

„I find throughout the government of the nations that there is a drifting away from monarchical government to democratic. I believe that tendency is of God, and that a government of the people, and by the people, is the Divine ideal towards which we ought to stretch forward."[105]

Wie die Aufgaben der Menschenpflege und Fürsorge immer mehr vom Staat übernommen worden sind, weil es sich eigentlich dabei um Aufgaben der ganzen Gesellschaft handelt, so sollte es auch mit der Erziehung geschehen:

„One by one the laws of the kingdom of heaven are becoming the laws of the kingdoms of earth. The Church is ever pressing onward and the State is following on. Where the Church once stood, the State stands now. Where the Church now stands, the State will stand in the future."[106]

Der Grundgedanke der Christianisierung der gesellschaftlichen Ordnung ist damit zum ersten Male von Rauschenbusch ausgesprochen worden. Es ist interessant zu lesen, wie einer der Mitredner es gehört hat:

„There are always new fields of beneficence open and the church can always stay far in advance of the state till the day comes when all society is reached by the leaven of

---

[104] W.R.: Impressions of the Northfield Meetings, in: Christian Inquirer, 16. August 1888.

[105] W.R.: Who Shall Educate? Church or State?, in: Seventh Annual Session of the Baptist Congress 1888, 28–31.

[106] Ebd.

Christianity, the state is absorbed into the church and the kingdom of Christ is realized on earth."[107]

Vielleicht hat es Rauschenbusch so gesagt, vielleicht auch nicht; die Idee vom Reich Gottes auf Erden war jedenfalls bereits lebendig unter den Freunden im Herbst 1888. Williams hatte einen Vortrag gehalten vor der New York Baptist Pastors Conference und ließ ihn auch drucken. Der Titel war „The Established Tendencies Toward Social Reform". Rauschenbusch schrieb darüber in der Presse. Seine Beschreibung von Williams könnte eine Beschreibung seiner selbst sein:

> „The author of this pamphlet is one of that growing class of young man who, aroused by what they see about them and constrained by the Spirit of Christ within them, are giving some of their most earnest thoughts to social questions. He is not one of those, who believe, that the world is quite as good as can be desired, and that anyone who fails to get along must be either lazy, intemperate or unlucky. He sees a great pushing and striving for a better life and a more universal happiness. That striving is only the old millennial hope for the kingdom of God on earth. The realization is constantly made more urgent by the increasing strain of our new industrial life, which demands now adjustments. Political economy is giving precision and direction to the vague demand that are stirring the masses of people everywhere."[108]

Im Rückblick wird also deutlich, dass seit 1888, eigentlich seit Dezember 1887, die soziale Frage von Rauschenbusch Besitz ergriffen hat und einen wesentlichen Teil seines Intellektes beansprucht. Um nicht den Eindruck zu erwecken, dass alleine diese Probleme ihn ausfüllten, sei noch auf andere Dinge hingewiesen, mit denen er sich beschäftigte. Am 27. Oktober 1887 hatte er bei der New Yorker Baptistenprediger-Versammlung einen Vortrag gehalten über die „Importance of the Proper Christian Education of Our German Population". Mindestens seitdem ist er ein anerkannter Vertreter der Immigrantenkirchen. Er hat immer den Standpunkt vertreten, dass es zur Verbreitung des Evangeliums notwendig sei, den Einwanderern in ihren Heimatsprachen zu predigen. Obwohl er in seiner eigenen Gemeinde die deutsche Sprache immer mehr durch die englische ersetzte,[109] hat er doch weiterhin die Berechtigung fremdsprachlicher Gemeinden in Amerika verteidigt. Dabei

---

[107] Norman Fox: The Church and the State, in: Christian Inquirer 1888.

[108] W.R.: Zeitungsausschnitt in seinem Sammelalbum, D.R. Sharpe Collection.

[109] Stackhouse: Formation, 144.

konnte er statistisch auf die verhältnismäßig besseren Erfolge dieser Kirchen hinweisen.[110] Daneben vertrat er eine weiterhin liberale Einwanderungspolitik, zum Teil mit einer
überraschenden Begründung:

„I think this very pressure of population brought on by immigration is a boon to us;
even the anarchists are a boon to us, for the explosion of a dynamite bomb has set
us thinking. We have been turning our attention to social questions in a way we have
never done before."[111]

Das war natürlich eine sehr oberflächliche und nachlässige Begründung und sie zwang
ihn dazu, ernsthafter über das Verhältnis von sozialer Reform und Gewaltanwendung
nachzudenken.

Seine Anteilnahme an den Geschehnissen in der Mission wurde verstärkt dadurch, dass
er nun in dem Telugu-Komitee der Baptist Missionary Union war. Auf dem Treffen der
Union im Mai 1889 in Boston legte er den Bericht des Komitees vor.[112] Daneben finden
sich vereinzelt kleine Beiträge über missionarische Themen in „Der Sendbote".[113] Mindestens seit 1888 war er Missionssekretär der östlichen Konferenz der deutschen Baptisten.[114] Seine kirchengeschichtlichen Studien vernachlässigt Rauschenbusch in der folgenden Zeit zugunsten des Neuen Testamentes und der Soziologie. Das erschien ihm
zunächst erfolgversprechender.[115] Und es wurde für die kommende Diskussion der sozialen Frage sehr viel dienlicher.

---

[110] W.R. vor der Baptist Social Union von New York, März 1889, Zeitungsausschnitt im
Sammelalbum, D.R. Sharpe Collection; vgl. W.R.: What Shall We Do with the Germans, 1897,
NABS Nr. 271.

[111] W.R. in: Seventh Annual Session of the Baptist Congress 1888, 87. Es sei noch hingewiesen
auf zwei weitere Beiträge von W.R. über Einwandererkirchen: W.R.: Condition of the Church
as seen among the Foreign Population, 9. Oktober 1889, in: The New York Baptist Annual
1890, 38–41 (mit statistischen Angaben); W.R.: German Baptists and Theological Education,
erwähnt in W.R.: Aus Rochester, in: Der Sendbote, 17. Dezember 1890.

[112] Baptist Missionary Magazin, Juli 1889, 184–187.

[113] W.R.: Dr. Edward Judson über Traktatverbreitung, in: Der Sendbote, 22. Februar 1888; ders.:
Des Missionars Berufung, in: ebd., 16. Januar 1889. Dieser Artikel enthält eine Übersetzung
des Gedichts „The Missionaries Call" von Nathan Brown. Es stammt aus dem Buch „Baptist
Hymn Writers and their Hymns", über das er im Sendboten berichtet hatte: „Die Liederdichter
der Baptisten", 9. Januar 1889.

[114] W.R.: Bericht von der östlichen Konferenz, in: Der Sendbote, 9. Oktober 1889. In dieser
Funktion schreibt er „An die Gemeinden der östlichen Konferenz", in: Der Sendbote, 1. Januar
1890.

[115] „In 1891 I spent a year of Study in Germany, partly on the teaching of Jesus, and partly on
sociology.", in: W.R.: Christianizing, 93.

Ist Gewalt gerechtfertigt?

Zunächst hatte er sich mit der Frage auseinanderzusetzen, welche Mittel bei der Änderung der sozialen Zustände angewandt werden können. Sind Gewaltakte etwa zulässig, wenn sie eine schnelle Verbesserung herbeiführen? Am 27. März 1889 erscheint von ihm in „Der Sendbote" ein Artikel unten dem Titel „Schlagen oder tragen?", in dem sich für ihn sein Verhältnis zum radikalen Sozialismus entscheidet:

> „Wir kommen fortwährend in Zusammenstoß mit anderen Menschen, und sie sind alle so eifrig am Rennen und Drängen, dass, wenn man nicht, wie Robinson Crusoe, allein auf einer Insel wohnt, einem alle Augenblick jemand auf die Zehen tritt. Unsere Interessen geraten in Konflikt. Schlagen oder tragen? Auf eins von den beiden kommt es gewöhnlich hinaus. [...] Mit anderen Worten: Wenn uns ein Unrecht angetan wird, sollen wir es ruhig hinnehmen oder sollen wir es heimzahlen?"

Und dann geht er von dem Gebote Jesu aus, nicht Böses mit Bösem, sondern mit Gutem zu beantworten, und von dem Worte des Paulus, der sagt, dass Rache allein die Sache Gottes ist. Es sei sogar besser, Unrecht zu erleiden, als Streit anzufangen. Jesus selbst gab das beste Beispiel:

> „Wenn es je am Platze war, sich gegen Unrecht aufzulehnen und gewaltsam zu wehren, dann war es, als Jesus ergriffen wurde, um gemordet zu werden. Einer der Jünger versuchte es, aber Jesus verwies es ihm. Und vor Pilatus sagte er, es sei seinem Reiche, als einem solchen, dass nicht von dieser Welt ist, eigentümlich, dass seine Untertanen keinen gewaltsamen Widerstand ausübten."

Selbst nach der Besprechung einer ganzen Reihe von Einwänden bleibt er dabei, dass ein Leben der Gewaltlosigkeit möglich ist. Zwar gibt es wohlbegründete Gedanken, zum Beispiel den der Strafe als Abschreckung und als Schutz der Gesellschaft, dennoch gilt es für einen Christen eindeutig, dem Vorbilde Jesu nachzueifern. Die Beantwortung von Unrecht mit Gewalt kann nur neues Unrecht bedeuten.

> „Nimmt man ein Unrecht ruhig hin, so bleibt es bei dem ersten. Wehrt man sich, so folgt das zweite und dritte sicherlich nach. [...] Es ist ein allgemeiner Gedanke, Gewalttätigkeit schadet immer dem, der sie ausübt. [...] Es ist gar nicht so schwer, dem Gebot zu gehorchen. Im Ganzen würde man leichter und glücklicher durchs Leben kommen, als die meisten jetzt tun. Dies ist nicht der höchste Grund für eine solche Handlungsweise. Der höchste Grund ist, dass es recht ist; aber wenn etwas recht ist, dann ist es auch schließlich weise und nützlich."

Die Position ist klar. Zwar gibt es ungerechte Zustände, besonders in der Großstadt New York:

„Any system of land tenure which enables man to hold land idle in the midst of great cities, where dying children and weary women moan for more space, is unjust and ought to be changed."[116]

Und die Ungerechtigkeiten machen ein moralisches Leben so gut wie unmöglich,[117] aber eine gewaltsame Änderung kann nicht die Lösung sein.[118]

Stackhouse berichtet, dass Rauschenbusch seine erste volle Predigt über ein soziales Problem in diesem Frühjahr 1889 hält. Darin vertritt er die Meinung, dass die USA in der Welt die Aufgabe haben, von Freiheit, Demokratie und sozialer Gleichheit zu zeugen. Eine freie Regierung ist nur möglich mit aufgeklärten und gerechten Menschen. Die Baptisten haben dabei die besondere Aufgabe, ein Modell der reinen Demokratie zu sein.[119]

Pause

In den nächsten Monaten hat Rauschenbusch wenig Zeit gehabt, weitere Artikel über aktuelle Fragen zu schreiben. Abgesehen von einer Verteidigung von Bellamy's „Looking Backward, 2000 to 1887", von dem er sich sehr beeindruckt äußert, und der damit verbundenen Bewegung,[120] hat er sich bis Oktober 1889 mehr um seine Gemeinde kümmern müssen.

---

[116] W.R.: High Rents and low Morals, in: National Baptist, März 1889.

[117] Ebd.: "I think it's real hard to be good, when there is no back yard."

[118] Stackhouse erwähnt zwei Predigten aus dem Jahr 1890, die das gleiche Thema der Gewaltlosigkeit haben: „Rauschenbusch's nascent social radicalism had been born of Biblican Conservatism and pastoral concern. It was also bound by these. He was deeply troubled by the violence which was being advocated by some. He recognized in many instances that blood was the price of progress and that change might not be possible without it. Yet he could not advocate bloodshed. The cross was for him still stronger then the sword." In: Stackhouse: Formation, 158.

[119] Ebd., 151 f.

[120] W.R.: That Boston Fad, in: Christian Inquirer, 15. August 1889. Es ist inzwischen schon deutlich, dass Rauschenbusch Bellamys „amerikanischer" Sozialismus sehr viel näherlag als der europäisch-kontinentale.

In den letzten drei Jahren war seine Gemeinde von 145 auf 213 Mitglieder gewachsen.[121] Die Kirche war vor allem für Abendversammlungen schon lange zu klein geworden.[122] Erste Pläne eines Umbaus wurden bald verworfen und das Gebäude für $ 29.000 verkauft. Das Geld reichte gerade, um ein neues Grundstück in einer ruhigeren Gegend, 45. Straße nahe 10. Avenue, zu kaufen. Die Kosten für ein neues Gebäude wurden zunächst auf $ 24.000 veranschlagt. Damit ergab sich für Rauschenbusch die Notwendigkeit, sich um die Finanzierung des Baues zu kümmern. Er begann, Sonntagsschullektionen für den „Christian Inquirer" zu schreiben und benutzte das Geld dazu, die Gemeinde finanziell zu entlasten.[123] Zwei Monate Urlaub konnte er in diesem Jahr nicht machen.

Seit seiner Seminarzeit war er mit Charles Strong befreundet,[124] dem Sohn von Augustus E. Strong. Die alte Freundschaft zwischen Augustus E. Strong und John D. Rockefeller brachte auch Charles Strong oft in das Haus der Rockefellers. Die Zuneigung zwischen ihm und Bessie Rockefeller, der ältesten Tochter, führte schließlich zur Heirat im April 1889.[125] Rauschenbusch war auf der Hochzeitsfeier und schenkte dem Paar eine Mappe mit Szenen aus den Leben Jesu von Heinrich Hoffmann, einem deutschen Künstler.[126] Vielleicht waren es diese Umstände, die Rauschenbusch ermunterten, sich an Rockefeller um Hilfe zu wenden. Wie es Rockefellers Art war, erkundigte er sich zunächst bei der Baptist City Mission und sagte schließlich eine Zuwendung in Höhe von $ 8.000 zu, unter der Bedingung, dass die Gemeinde die restlichen $ 16.000 bis März 1890 deckte.[127] Zum

---

[121] Sharpe: Rauschenbusch, 68.

[122] W.R.: Korrespondenz, 11. März 1889, NABS Nr. 91.

[123] W.R.: Korrespondenz, 4. Juli 1889, NABS Nr. 48.

[124] Sharpe: Rauschenbusch, 47.

[125] Allan Nevins: Study in Power. John D. Rockefeller, Industrialist and Philanthropist, 2 Bd., New York 1953, Bd. 2, 88 f.

[126] Brief von Bessie an W.R., 6. Mai 1889, D.R. Sharpe Collection.

[127] W.R.: Aus der Zweiten Gemeinde, New York, in: Der Sendbote, 18. Dezember 1889. Die D.R. Sharpe Collection enthält vier Briefe von Rockefeller an W.R., datiert vom 20. Mai, 26. und 29. November 1889 und 3. März 1890. Zu den Bedingungen Rockefellers vgl. Nevins: Study, Bd. 2, 157: „Rockefeller wished to give to well-established or established causes and institutions, to give in a way, that would stimulate other gifts and enlist numerous supporters; to give to undertakings that would persist after his support was removed; and to give for subjects not merely sound, but the soundest within the range of his investigations." Die Baptist Education Society, die zur Gründung der University of Chicago führte, ist wohl gegründet worden, um diesen Vorstellungen Rockefellers entgegen zu kommen, vgl. A.H. Newman: A History of the Baptist Churches in the United States, New York 1900, 3. Aufl., 477. Rockefeller unterstützte auch den Ausbau der deutschen Abteilung des Seminars in Rochester (W.R.: Aus Rochester, in: Der Sendbote, 17. Dezember 1890) und den Aufbau des baptistischen Seminars in Hamburg, Deutschland.

Zeitpunkt der Einweihung war man schließlich übereingekommen, dass die Mission ebenfalls $ 8.000 beisteuerte und die Gemeinde für die restlichen $ 11.000 der inzwischen auf $ 27.000 gestiegenen Baukosten aufkam.[128] Der Grundstein wurde am 19. Oktober 1889 gelegt[129] und im April 1890 konnte die Gemeinde schon Einweihung feiern. Das Gebäude war einfach, dreistöckig, mit hellen Räumen und vielen Nebenräumen für die vielfältigen und wachsenden Aktivitäten der Gemeinde.[130] Rauschenbusch war mit den Bauarbeiten und den Vorbereitungen dazu voll beschäftigt, wie man sich denken kann: „Es hat [...] viel Mühe gemacht. Ich kann Dir jetzt besser sagen, wie viel Backsteine per 100 kosten, als ich Dir griechische Verba konjugieren könnte."[131]

Ende September nahm Rauschenbusch an der Bundeskonferenz der deutschen Baptisten in Milwaukee teil. Er wurde in das Komitee des Seminars gewählt.[132] Während seines Aufenthaltes dort traf er auch zum ersten Mal Pauline Rother, die 1893 seine Frau werden sollte.[133]

For the Right

Der Herbst sollte für Rauschenbusch und Williams dramatischer werden. Im Oktober erschien die erste Ausgabe von „For the Right".[134] Die Zeitschrift ist ausführlich von Sharpe und Bodein beschrieben worden, deshalb kann eine nähere Beschreibung hier wohl ausbleiben. Neben Rauschenbusch und Williams zeichneten Elizabeth Post und J.E. Raymond verantwortlich für die Herausgabe. Die Zeitschrift verstand sich als christlich sozial, und sie war „published in the interest of the working people of New York City". Es ist wohl mit Recht argumentiert worden, dass die Zeitschrift weder in Form noch in Thematik geeignet war, ihren Zweck zu erfüllen.[135] Es ist dies dann auch der einzige größere Versuch

---

[128] W.R.: Einweihung in der zweiten Gemeinde, New York, in: Der Sendbote, 16. April 1890.

[129] Eine Einladungskarte zur Grundsteinlegung ist noch vorhanden: NABS Nr. 865; vgl. Der Sendbote, 30. Oktober 1889.

[130] W.R.: Einweihung... etc., ebd.

[131] W.R.: Korrespondenz, 17. Dezember 1889, NABS Nr. 49.

[132] Die 9. Bundeskonferez, in: Der Sendbote, 9. Oktober 1889.

[133] Sharpe: Rauschenbusch, 71.

[134] Die erste Ausgabe scheint völlig verloren gegangen zu sein. In W.R.s Sammelalbum, D.R. Sharpe Collection, befindet sich noch ein redaktioneller Beitrag von W.R., abgedruckt bei Bodein: Gospel, 9f., und sein Artikel „Where does it all come from?"

[135] Siehe John R. Aiken: Walter Rauschenbusch and Education for Reform, in: Church History, Dezember 1967, 465f.

geblieben, zu denen zu sprechen, von denen soziale Reform ausgehen sollte und die am meisten davon zu profitieren hätten. Es war dies aber ein ernsthafter Versuch der Herausgeber, ihre sozialreformerischen Ideen nun auch wirklich anzuwenden. Sie wollten endlich Ernst machen.

Auf dem Baptist Congress im November 1889 zeigten die beiden Freunde dieselbe Ernsthaftigkeit. Williams war „Secretary" des Kongresses. Als die Diskussion auf Henry George und die „Singl Tax" kam, wurde ihm und Rauschenbusch spontan erlaubt, als Redner mit ganzer Redezeit an der Diskussion teilzunehmen.[136] Rauschenbusch nutzte die Gelegenheit, um sein neues Verständnis von der Aufgabe der Kirche vorzulegen:

> „It is true that it is one of the main objectives of Christianity to change the individual life, and to implant in the heart of man the truth and love of the Lord Jesus Christ. But I claim that this is only one-half of the objective of Christianity, that the other half is to bring the Kingdom of God, and that the efforts of the Christian Church ought to be directed in a like measure to the accomplishment of that last object and that not only indirectly, by changing the individual and gradually having the influence emanate from him, but directly, and then having the influence of society re-act upon the individual."[137]

Was muss die Kirche tun, um das Königreich Gottes herbeizuführen?

> „We must attack the wrongs of human society and the unjust laws of the community, to bring about righteousness through the Kingdom of God in the world, and then we shall also have an influence radiating from society and centering upon the individual."[138]

So kann also Rauschenbusch zumindest in den Mitteln mit George übereinstimmen, wenn es darum geht, die soziale Situation zu verbessern: Er erwähnt ungerechte Steuerpolitik und Landspekulation als typische Beispiele für ungerechte Zustände und empfiehlt als Lösung eine Änderung der Steuerpolitik, die künstliche Monopole im Lande schafft, und Verstaatlichung von Industrien, die ein natürliches Monopol haben, wie zum Beispiel die Verkehrsmittel. Dennoch geht ihm George nicht weit genug:

---

[136] Eighth Annual Session of the Baptist Congress 1889, 54 f.

[137] W.R: Natural and Artificial Monopolies, ebd., 55–61, hier 55, wieder abgedruckt in Landis: Reader, 138–143.

[138] Ebd., 56.

„This is where the socialists and Mr. George disagree. He says that after laissez faire has been secured, social ills would stop and go no further. The socialists say that even after that, we should still have many of the the phenomena of social life that at present distress us, and I, for my part, cannot but think that they are right. Even after that, there would still be a power of the stronger over the weaker."[139]

Die beiden Schwerpunkte des Christentums

Nicht viele Teilnehmer an dem Baptist Congress konnten oder wollten Williams und Rauschenbusch soweit folgen. Sie gehörten seitdem zum äußersten linken Flügel dieser schon recht liberalen baptistischen Versammlung. Die nachfolgende Diskussion über das Verhältnis von Staat und Kirche gaben Rauschenbusch Gelegenheit, die theologischen Hintergründe seiner Gedanken zu erläutern. Zunächst war auf dem Kongress die traditionell baptistische Lehre von der radikalen Trennung von Staat und Kirche vertreten worden. Dem hielt er seine Ansicht entgegen:

„I read a short time ago the life of that great and noble man, Thomas Arnold of Rugby, and also that of Frederick Dennison Maurice: and I remember that they held the view that the Church and State are necessarily and in their nature, one. [...] The State must be built on righteousness among men, and its ultimate goal is to be merged in the Kingdom of God which is to come on earth. The kingdoms of this world shall become the kingdoms of the Christ, and the day shall come when every knee shall bow and every tongue shall confess that Jesus Christ is Lord, to the glory of God the Father. That is the ultimate glorious ideal towards which the whole organization of the world must be tending. That is the ideal of the State. Now, what has the Church to do with it? [...] I believe in the prophetic ministry of the Christian Church within the State. I believe that the Church is composed of men who are touched with the power of the life to come, with the power of the *aion mellon*, of the world era that is coming. They see the things that shall be in the future, but which are not yet. The Church must announce those things in the ears of the State; it must declare that truth which is not yet recognized. [...]

We must be [Christians and citizens] at the same time, and we can be that in just one way – by being animated by the life of Jesus Christ, and by carrying that life into the State in every direction."[140]

---

[139] Ebd., 60.
[140] W.R.: Relation of Church and State, ebd., 138–140, wieder abgedruckt in Landis: Reader, 143–145.

Man hat den Eindruck, dass Rauschenbuschs soziales Evangelium in seinen wesentlichen Punkten hier schon ausgedrückt ist. Er hat später daran gearbeitet, aber es doch nicht mehr sehr geändert. Der Grundzug seiner Gedanken läuft etwa so: Das Christentum hat zwei Zielpunkte: Die Erlösung des Einzelnen und die Gestaltung einer gerechten Gesellschaft. Die Vollendung der Gesellschaft liegt in eins mit der Vollendung der Kirche, dem Reich Gottes. Der geeignetste Weg zur Umgestaltung der Gesellschaft ist der des Sozialismus.

Wie bereits erwähnt, hat Rauschenbusch schon 1886 Maurice kennengelernt. Nun zeigt sich, dass dieser Mann wesentliche Einflüsse auf Rauschenbuschs soziale Gedanken hat. Sicherlich hat die Freundschaft mit Williams diesen Einfluss wesentlich vertieft. Anders als Rauschenbusch, der z. T. in Deutschland erzogen worden war, war Williams nach England orientiert, welches er seit den I880ern jede Dekade einmal besuchte.[141] Maurice hatte furchtlos den Begriff „Christlicher Sozialismus" benutzt, was Rauschenbusch darin unterstützt haben wird, dasselbe zu tun. Man muss aber wohl sagen, dass Rauschenbusch Maurice missverstanden hat, wie er eigentlich immer missverstanden wurde, schon von seinen Freunden, die mit ihm während der ersten, kurzen Periode eines Christlichen Sozialismus zusammenarbeiteten. Maurice schreibt an J.M. Ludlow, wohl seinem engsten Mitarbeiter, am 24. September 1852, also am Ende dieser Periode:

„[...] my business, because I am a theologian, and have no vocation except for theology, is not to build, but to dig, to show that economy and politics must have a ground beneath them, that society is not to be made new by arrangements of ours, but it is to regenerated by finding the law and ground of its order and harmony, the only secret of its existence in God. This must seem to you an impractical and unchristian method; to me its the only one that makes action possible, and Christianity anything more than an artificial religion for the use of believers. [...] The Kingdom of Heaven is to me the great practical existing reality which is to renew the earth and make it a habitation for blessed spirits instead of for demons.

To preach the Gospel of that Kingdom, the fact that it is among us, and is not to be set up at all, is my calling and business. [...] But if I ever do any good work, and earn any of the hatred, which the godly in Christ Jesus receive, and have a right to, it must be in the way I have indicated, by proclaiming society and humanity to be divine realities, *as they stand*, not as they may become, and by calling upon the priests, kings, prophets of the world to answer for their sin in having made them unreal by separating

---

[141] Hudson: Humanity, 48.

them from the living and eternal God who established them in Christ for His glory. This is what I call digging, this is what I oppose to building."[142]

Maurice hat sich dagegen gewehrt, zu einem Reformer gemacht zu werden,[143] Rauschenbusch war aber zu sehr von der Idee der Evolution ergriffen, wohl auch zu aktiv, als dass er nicht das Bedürfnis verspürt hätte, selbst zum Fortschritt der Gesellschaft beizutragen. Die durch Industrialisierung hervorgerufenen menschlichen Nöte erschienen ihm zu drückend, als dass er noch Geduld üben konnte. Er war ein „impatient liberal"[144] unter den fortschrittlichen Männern dieser Zeit.

Im folgenden Jahr ging Rauschenbusch nicht zum Baptist Congress, 1891 war er sowieso in Deutschland, sodass er sich vor diesem Forum erst 1892 wieder meldete. Bis zu seiner Abreise nach Deutschland schrieb er neben seinen Sonntagsschullektionen nur noch seine Beiträge in „For the Right" und etliche Artikel in „Der Sendbote". In „For the Right" konnte er seine Ideen über die praktische Verwirklichung einer besseren Gesellschaftsordnung entwickeln. Die Artikel in „Der Sendbote" aber gaben ihm Gelegenheit, mit den Mitgliedern seiner eigenen Denomination über die theologische Bedeutung der sozialen Frage zu diskutieren. Darin liegt die besondere Bedeutung dieser Artikel.

Angestoßen wurde die Diskussion in Juni 1890 durch einen Artikel eines älteren Predigers, E. Anschütz, über „Die sociale Frage".[145] Darin stellt dieser fest: „Wir werden uns auf längere Zeit hin der Behandlung dieser brennenden Zeitfrage nicht entziehen können, [...] auch, weil die Heilige Schrift uns eine Antwort gibt, die Antwort auf die ‚soziale Frage'". Als Ursachen für die anliegenden Probleme sieht er in erster Linie moralische Mängel auf der Seite der unzufriedenen unteren Klassen. Erstens: größere Empfindlichkeit; Not habe es schon immer gegeben, nur ist man heute ihr gegenüber viel empfindlicher. Zweitens: die Genusssucht, das Bedürfnis, allen Luxus mitmachen zu müssen: „Man überschreitet seine Mittel, die Not kehrt ein, und man beklagt die Notstände, die bei einem weisen Haushalten nicht eingetreten wären." Drittens: die erwachte Selbstständigkeit der Menschen; die alten Abhängigkeitsverhältnisse werden nicht mehr anerkannt. Auch das führt zu einem moralischen Mangel: „Nicht mehr einer dem anderen nützen, sondern ausnützen, das ist die Parole."

---

[142] Maurice: Life, Bd. 2, 137 f., vgl. Bd. 2, 575; vgl. ders.: The Gospel of the Kingdom of Heaven, New York ³1888, 122.

[143] Diesen Sachverhalt hat eigentlich erst aufgezeigt: Torben Christensen: Origin and History of Christian Socialism 1848–54, passim.

[144] Diese Bezeichnung von Frederic Hudson: Humanity, 84, scheint mir sehr zutreffend.

[145] E. Anschütz: Die sociale Frage, in: Der Sendbote, 9. Juni 1890.

Es zeigt sich, dass Anschütz die Probleme nicht in den gesellschaftlichen Umständen sieht, sondern in Charaktermängeln der Unzufriedenen. Dementsprechend beurteilt er auch die Hauptansichten der Vertreter der „socialen Frage". Erstens: Ihre Weltanschauung ist materialistisch, diesseitig, und daher mit dem Christentum nicht vereinbar. Die Idee, Böses durch Veränderung der Gesellschaftsverhältnisse auszuräumen, verneint die Realität der Sünde. Zweitens: Die Aufhebung der Standesunterschiede kann nur zum Faustrecht führen, zum Kampf aller gegen alle. Es ist ein falscher Weg, wenn man statt Aussöhnung der Stände Aufhebung der Stände fordert. Drittens: Eine Verstaatlichung der Industrien greift das ganze Problem von der falschen Seite an:

„Es sind nicht zunächst die äußeren Zustände, die Regelungen fordern; es ist vor allem die rechte Gesinnung, die geschaffen werden muss, die solchen Regeln folgt. Die ‚sociale Frage' will von innen nach außen gelöst sein durch die Gesinnung."

Hier nun zeigt sich, dass die anliegenden Probleme in Wirklichkeit Fragen an die Kirche sind:

„Der Staat mag eine Aufgabe in der Lösung der ‚socialen Frage' haben: die äußeren Zustände zu regeln. Das wollen wir nicht verkennen. Die Hauptaufgabe ist und bleibt der Gemeinde überwiesen. Sie hat die rechte Gesinnung zu schaffen. [...] In dem Maße, wie das Evangelium Eingang in die Herzen der Menschen findet und die großen socialen Gedanken Jesu anerkannt und befolgt werden, geht die sociale Frage ihrer Lösung entgegen. Der große sociale Gedanke des Evangeliums aber ist: ‚Liebe deinen Nächsten wie dich selbst.' [...] Nur durch gründliche Vorarbeit der Gemeinde [...] kann die ‚sociale Frage' [...] gelöst werden."

Dieser Artikel ist eine autoritative Wiedergabe der Haltung der deutschen Baptisten in Amerika, und nicht nur dieser, zu den damals aktuellen sozialen Problemen.[146]

---

[146] Vgl. Henry F. May: Protestant Churches and Industrial America, New York 1949, Teil IV, 1. Conservativ Social Christianity, 163–169; C. Howard Hopkins: The Rise of the Social Gospel in American Protestantism 1865–1915, New Haven 1940, Teil IV The Church Challenges Socialism, 67–78.

Rauschenbusch und Aktivismus

Auf frühere ähnliche Äußerungen in „Der Sendbote" hatte Rauschenbusch nicht reagiert,[147] und selbst ein bissiger Angriff auf den von ihm verehrten McGlynn[148] blieb von ihm unbeantwortet. Selbst als der Herausgeber von „Der Sendbote" im Sommer 1889 Rauschenbusch zu einem diesbezüglichen Artikel anzuregen versuchte, hatte er noch keinen Erfolg.[149] Jetzt aber war Rauschenbusch doch schon so sehr zum Aktivisten geworden – wie wir gesehen haben –, dass er sich vorbereitet genug fand, in die Diskussion einzutreten. Dies tat er dann auch sehr vorsichtig, nicht mit der Darstellung aller seiner Ideen, sondern indem er dem Schreiber des ersten Artikels zunächst zustimmte.[150]

„Bis jetzt haben wir als Gemeinden in Bezug auf die sociale Frage hauptsächlich durch unser Schweigen geglänzt. Wir haben uns gewöhnlich damit entschuldigt, dass diese Frage sich mit weltlichen Dingen beschäftigt und darum uns als Gemeinden nichts angeht. Aber wenn, wie Br. Anschütz behauptet, der Staat die Frage lösen kann, erst wenn die Gemeinden die Frage im Lichte des Evangeliums erörtert haben, dann sollten wir uns beeilen, unseren Teil zu tun. Wenn wir in der Bibel die Arznei haben, um die Krankheit zu heilen, die heute die ganze Welt im Fieberfroste schüttelt, dann heraus damit, denn die Sache hat Eile."

Dieser Ton der Dringlichkeit ist derselbe, der alle Artikel in „For the Right" begleitet. Aber das Vordringen Rauschenbuschs bleibt hier zunächst noch ein vorsichtiges Vortasten. Er antwortet, indem er einige Fragen stellt:

„1. Wie verträgt sich eine wirtschaftliche Ordnung, die auf freie Konkurrenz gegründet ist, mit dem Gebote: ‚Liebe deinen Nächsten wie dich selbst', welches Br. Anschütz den großen socialen Gedanken des Evangeliums nennt? Mit anderen Worten, wie kann jemand seinen Nächsten ebenso sehr lieben, wie sich selbst, und doch mit ihm konkurrieren?

2. Welchen Einfluss würde dieses Gebot: ‚Liebe deinen Nächsten wie dich selbst' auf die Existenz der privilegierten Stände haben, wenn es die Gesetze eines Staates durchziehen würde?

3. Br. Anschütz fordert, dass das Evangelium ‚die wirtschaftlichen Fragen über Eigentum und Besitz, über Arbeit und Lohn beantworte'. Welchen Maßstab bietet uns

---

[147] Z.B.: Die Arbeiterbewegung, in: Der Sendbote, 9. Juni 1886.

[148] Pater McGlynn und das neue Evangelium, in: Der Sendbote, 10. August 1887.

[149] W.R.: Die sociale Frage, in: Der Sendbote, 13. August 1890.

[150] Ebd., 16. Juli 1890.

das Evangelium, um zu entscheiden, was rechtmäßiges und was unrechtmäßiges Eigentum ist?"

Natürlich stellt Rauschenbusch diese Fragen nur, weil er für sich schon Antworten gefunden hat. Mindestens eine davon, die über rechtmäßiges und unrechtmäßiges Eigentum, hat er selbst schon vorher beantwortet. Die Fragen weisen deutlich darauf hin, wie weit er sich schon von der normalen, konservativen Position entfernt hat: Sie sagen deutlich, dass soziale Not sehr wohl auch durch äußere Missstände hervorgerufen wird und dass das Evangelium diese Missstände ändern will. Eine konsequente Anwendung des Liebesgebotes ändert nicht nur den einzelnen Menschen, sondern die ganze Gesellschaft und ihre Ordnung.

Diese fast schon vorweggenommenen Antworten haben Anschütz natürlich nicht weiter angefochten. Er konnte alle drei Fragen gut in traditioneller Weise beantworten. Und er konnte zu dem Schluss kommen,

„dass die Lösung der ‚socialen Frage' nicht durch den Umsturz aller bestehenden gesellschaftlichen Ordnungen bedingt ist, sondern dass diese unbeschadet fortbestehen mögen, und dennoch das Evangelium, durch Einpflanzung der rechten Gesinnung und mit seinen durchgreifenden Vorschriften, versöhnend und verklärend alle socialen Verhältnisse beeinflussen kann, dass also die ‚sociale Frage' praktisch gelöst wird."[151]

Diese Antwort nun nötigt Rauschenbusch, seine Position weiter zu erläutern. Zunächst versichert er, dass er selber kein Umstürzler ist: „Ich bin gegen die Anwendung von Gewalt, selbst zur Verteidigung des Rechtes, und halte sie als dem Wesen des Christentums widersprechend."[152]

„Ich glaube nicht an Umsturz, sondern an Entwicklung: ‚zum ersten das Gras, danach die Ähren, danach den vollen Weizen in den Ähren'. Ich glaube, ebenso wie Br. Anschütz, dass der Geist Jesu Christi und seine Wahrheit die treibende Kraft in jeder Entwicklung der Menschheit zum Guten ist und sein muss. Nur fasse ich wohl die Wahrheit des Christentums etwas radikaler auf als er und erwarte deshalb von der allmählichen Anwendung desselben durchgreifendere Veränderungen, als er zu erwarten scheint."

E. Anschütz: Die sociale Frage, in: Der Sendbote, 30. Juli 1890.

Dies und Folgendes: W.R.: Die sociale Frage, in: Der Sendbote, 13. August 1890.

Also gewaltlose, aber drastische Änderungen, ähnlich dem sozialistischen Utopismus Bellamy's, sind für Rauschenbusch der Weg einer konsequenten Anwendung des Liebesgebotes.

Zur ersten Frage nun, zum Verhältnis von Nächstenliebe zum Konkurrenzgedanken, Grundpfeiler des kapitalistischen Wirtschaftssystems, so angenehm unterstützt vom evolutionistischen Grundsatz vom Überleben des Besten; dazu hatte Anschütz in der traditionellen Weise gemeint, die Resultate dieser Idee dienten nur der Wohlfahrt der Menschheit. Wenn sich zwei Kaufleute gegenseitig unterbieten, so hat die ganze Nachbarschaft den Nutzen. Rauschenbusch aber meinte, keine freundlichen Gedanken in einem Geschäftsmann zu finden, der durch Konkurrenz gezwungen würde, seine Gewinne zu kürzen. Genauso wenig würden Arbeiter sich gegenseitig Arbeitsplätze überlassen aus reiner Nächstenliebe, um dann selber hungrig zu gehen.

„Die Konkurrenz gründet sich gerade darauf, dass jeder sich selbst lieber hat, als seinen Nächsten, und deshalb alle Anstrengungen machen wird, um jenem einen Verdienst zu entreißen und sich selber zuzuwenden. Ein jeder, der in diesem Treiben steht, wird dadurch fast gezwungen, andere zu vergessen und seine eigene Haut zu wahren. Ist nicht der Grundsatz der Konkurrenz: ‚Liebe dich selber mehr als deinen Nächsten?‘ Und ist nicht dieser Grundsatz dem Gebote des Herrn Jesu direkt entgegengesetzt?"

Ebenso wenig kann sich Rauschenbusch mit einer traditionellen Antwort in Bezug auf Standesunterschiede begnügen. Nicht nur die schonende Ausübung, sondern die Aufgabe von Vorrechten ist für ihn das Gebot Jesu. Das ist der gesetzliche Ausdruck der christlichen Wahrheit, dass wir alle aus einem Geblüte stammen und einander liebhaben sollen. „So jemand will unter euch gewaltig sein, der sei euer Diener." Also: Nicht Ständewesen, sondern radikale Demokratie ist die Erfüllung des Liebesgebotes.

Rauschenbuschs Stellung zur Eigentumsfrage ist bereits bekannt: Er unterscheidet zwischen rechtmäßigem und unrechtmäßigem Eigentum. Die in diesem Artikel angeführten Beispiele von unrechtmäßigem Besitz, der aus Landspekulation oder Bodenschätzen stammt, zeigt seine offensichtliche Abhängigkeit von Henry George in diesem Punkt.

Christen müssen die Gesellschaft verändern

Alle drei Beispiele zeigen: Das Christentum hat im Liebesgebot eine Idee, die es dazu drängt, die Gesellschaft und ihre Ordnung zu ändern, sie jetzt zu ändern.

Anschütz erwies sich durchaus als ein gewissenhafter Leser. Mit dem Hinweis auf die Fragwürdigkeit der Konkurrenz am Arbeitsplatz hatte Rauschenbusch ein Argument von Henry George benutzt.[153] Anschütz antwortete mit einem Zitat von George aus demselben Abschnitt:

„Diejenigen, welche beim Anblick des äußersten menschlichen Elends, erzeugt durch die Konkurrenz, zu der Schlussfolgerung gelangen, dass deshalb die Konkurrenz abgeschafft werden müsste, sind denen zu vergleichen, die beim Anblick des Abbrennens eines Hauses den Gebrauch des Feuers verbieten wollten. [...] Die Konkurrenz spielt dieselbe Rolle im gesellschaftlichen Organismus wie die unbewussten Lebensimpulse im körperlichen Organismus."[154]

Das wesentlichste Argument aber in der Entgegnung von Anschütz war, dass „durchgreifende" Veränderungen in der gesellschaftlichen Ordnung erst mit dem endgültigen Sieg des Evangeliums eintreten werden. Solange es Sünde in der Welt gebe, solange bleibe auch diese Ordnung bestehen.

Das war genau die Auffassung, gegen die Rauschenbusch nun seit geraumer Zeit Sturm lief:

„Gegen die Ansicht, dass das Christentum eine radikale Veränderung der gegenwärtigen Verhältnisse entweder nicht wolle oder sie nicht vollziehen könne, möchte ich Protest erheben."[155]

Diese Äußerung nun zwingt Rauschenbusch zu erklären, warum das Christentum gerade jetzt diese Aufgaben angreifen solle. Dazu entwickelt er zunächst vier Punkte:

1. Die Welt ist schon immer ein Ort gewesen, der von Ungerechtigkeit statt von Gerechtigkeit beherrscht wurde. Die Welt war schon immer der Veränderung bedürftig und ist es auch heute:

„Unsere jetzige sociale Ordnung ist wie ein großes Gewebe. An dem sausenden Webstuhl der Zeit sitzt die Menschheit und webt es. Jeder rote Faden der Grausamkeit, der einmal hineingeschossen ist, läuft lange fort. Es ist wahr, die weißen und goldenen Fäden der Gerechtigkeit und des Friedens mehren sich, aber das Muster ist noch dasselbe. Deshalb behaupte ich, dass die jetzige sociale Ordnung, mit allem

---

[153] Henry George: Protection or Free Trade, New York 1940, 306.
[154] Ebd., 307.
[155] E. Anschütz: Die sociale Frage, in: Der Sendbote, 27. August 1890.

Guten, was sie schon enthält, doch noch in einem solchen Zustande ist, dass sie radikale Veränderungen nötig hat."

2. „Das Christentum behauptet offen, dass es gekommen ist, um eine neue Ordnung an die Stelle der alten zu setzen." Schon der Prophet Daniel hat von einem neuen Reich geredet, das die alten Reiche zerstören wird, Johannes der Täufer hat davon gesprochen, Jesus selbst erklärte dieses Reich bereits als gegenwärtig, und seine Apostel empfanden die gegenwärtige Ordnung als der Vergangenheit angehörig.

3. Dieser „revolutionäre Charakter des Christentums" wurde auch besonders von denen anerkannt, die sich am meisten davor zu fürchten hatten: die Privilegierten der alten Ordnung. Im Judentum gehörten dazu die „Hohenpriester, Schriftgelehrten und Obersten des Volkes". Sie waren es, die Jesus umbrachten. Dieselbe Angst sah Rauschenbusch auch hinter den Christenverfolgern. Ihnen waren die umstürzlerischen Gedanken des Christentums umso unheimlicher, als die Vertreter dieser Lehre es ablehnten, zur Durchsetzung einer neuen Ordnung Gewalt anzuwenden. Der revolutionäre Charakter ist dem Christentum erst abhandengekommen,

„als die Christen anfingen, sich in die gewöhnliche Ordnung zu schicken, anstatt dagegen zu protestieren; als sie willig wurden, den Baum der Ungerechtigkeit wachsen zu lassen, wenn sie nur von den Früchten einen guten Teil mitkriegten; als der unheilvolle Bund der Kirche mit Konstantin geschlossen wurde und die Führer der Kirche es lernten, den Fürsten zu schmeicheln, anstatt, wie Paulus, sie zittern zu machen; da sind dem Simson seine Locken geschoren und seine Kraft gewichen."

4. Eine vollendete neue Ordnung wird erst mit dem Kommen des Herren eintreten, aber die Entwicklung muss jetzt schon beginnen. Während Rauschenbusch zur Unterstützung dieses Gedankens später vor allem die Wachstumsgleichnisse Jesu heranzieht, benutzt er hier ein ähnliches, aber eigenes Bild aus der Natur:

„Die Entwicklung muss vor dem Abschluss vor sich gehen; gerade wie das Ausschlüpfen des Schmetterlings den Entwicklungsprozess abschließt, aber diesem Abschluss geht wochen- und oft monatelang die Entwicklung voraus."

Wer die Neugestaltung der Gesellschaft auf später verschieben will, zweifelt an der gegenwärtigen Kraft des Christentums.

„Es ist geradezu eine Irrlehre, die schlimmste Verdrehung des Christentums in Bezug auf den Einzelnen, wenn die Erneuerung des Lebens auf ein zukünftiges Leben verschoben wird und nicht in der Gegenwart gefordert wird. Die schlimmste Verdrehung des Christentums in Bezug auf die menschliche Gesellschaft ist, wenn die Umgestaltung der socialen Ordnung auf eine zukünftige Epoche verschoben wird und nicht als die Aufgabe der Gegenwart mit ruhiger Glaubenszuversicht in Angriff genommen wird."

Rauschenbusch lehnte die Anwendung von Gewalt ab und lehnte deswegen für sich die Bezeichnung „Umstürzler" ab. Dennoch hatte Anschütz ihn so bezeichnet. Dazu meinte Rauschenbusch:

„Nun meinetwegen, mein Bruder; wenn du es im rechten Sinne fassen willst, dann nenn mich nur einen Umstürzler. Ich bin ja ein Glied in der revolutionärsten Gesellschaft, die es je auf Erden gegeben hat – der Jüngerschaft Jesu."

An dieser Stelle nun hat sich die Diskussion festgefahren. Anschütz konnte nur mit seiner schon bekannten Position antworten: I. Änderungen in der Gesellschaft geschehen nur indirekt durch die Umkehr Einzelner. 2. Eine radikale Erneuerung der Gesellschaftsordnung erfolgt erst bei der Wiederkunft Christi.[156]

Rauschenbusch fügt in seiner folgenden Antwort noch ein wichtiges Argument zu seinen bereits ausgeführten: Die Interpretation der Gegenwart als Krisenzeit.[157] Die Anwendung von Dampfkraft in Produktion und Transport hatte zu einer industriellen Revolution geführt, die entscheidende Änderungen in dem Verhältnis der Menschen zueinander hervorrief. Ein Handwerker arbeitete mit seinen Gesellen zusammen, die zugleich Mitglieder seiner Familie wurden. Ein Fabrikbesitzer dagegen kennt seine Fabrikarbeiter fast gar nicht. Ein Kunde ging zu diesem Handwerker und verhandelte über dessen Produkt. Ein Fabrikbesitzer kennt dagegen seine Kunden überhaupt nicht mehr. Die moderne Wirtschaft, aufgebaut auf Massenproduktion und Massenkonsum, führt zum Zusammenbruch wesentlicher menschlicher Beziehungen. Ein Fabrikbesitzer konnte nicht mehr Anteil nehmen am Glück und Leid seiner Arbeiter: Es macht keinen Unterschied für ihn, ob zu Hause ein Kind geboren wurde oder die Frau krank im Bett lag, er ist nur an der Arbeit seiner Leute interessiert. Es gab keinen Ort mehr, an dem z. B. Notsituationen im persönlichen Kontakt aufgearbeitet werden konnten. Die industrielle Wirtschaft schaffte Situationen, die die alte christliche Ethik gar nicht vorausgesehen hatte.

„Die alten Vorschriften über das, was einen guten Bürger und ehrlichen Mann ausmacht, reichen nicht mehr aus. Wir haben vor uns das eigentümliche Schauspiel, dass dieselben Männer zärtliche Gatten, treffliche Väter, tätige Gemeindemitglieder,

---

[156] Ebd., 22. Oktober 1890.
[157] Zum Folgenden: W.R.: Die sociale Frage, in: Der Sendbote, 5. November 1890.

zartfühlende Freunde, ja, betende Christen sein können, und doch im ganzen Lande bekannt sein können als solche, die kleinere Geschäftsleute erbarmungslos an die Wand drücken und die Lebensmittel eines ganzen Volkes verteuern, um sich selbst zu bereichern. [...]

Was wir dringend nötig haben, ist eine Rekonstruktion der Sittenlehre, eine Anpassung der alten und ewig geltenden Grundsätze des Rechtes und der Liebe an die neuen Verhältnisse."

An dieser Neufassung der Ethik muss jeder Christ mitarbeiten; besonders aber muss sich jeder Lehrer des Volkes, das heißt also besonders die Geistlichen, mit den Problemen bekannt machen und so, gleichzeitig ein Lernender und ein Lehrender, zur Änderung der Gesinnung des Volkes beitragen. In einer Zeit, in der die Wohlfahrt des Einzelnen immer mehr von der Wohlfahrt der Gesamtheit abhängt, ist es letztlich der Wille des Volkes, der bessere Gesetze schafft und eine gerechtere Ordnung und damit eine bessere Chance für das Glück eines jeden Menschen.

„Es ist mir überaus wichtig, dass wir Propheten des Neuen Bundes nicht, statt Seher der Zukunft, bloß als nörgelnde Schriftgelehrte erfunden werden. Das Volk ist ruhelos. Es kommt auch zu uns, wie Israel zu den Propheten, und fragt: ‚Habt ihr ein Wort des Herrn an uns?' Bis jetzt hat es sich noch meist achselzuckend abgewendet; wir hatten zu viel mit anderem zu tun. Soll es so bleiben?"

Damit könnte man die Diskussion über die "sociale Frage" eigentlich als abgeschlossen betrachten. Die beiden wesentlichen Positionen, die man gegenüber dieser Frage einnehmen kann, sind damit herausgearbeitet. In „Der Sendbote" aber scheint die Diskussion erst richtig zu beginnen. Ein älterer Prediger meinte, man sollte die reichen Leute nicht beneiden, sie hätten auch ihre Probleme, wie Krankheit und ähnliche Dinge; und überhaupt solle sich der Prediger aus der Frage um das „Mein und Dein" heraushalten, Jesus habe das auch getan.[158] Auf das erste Argument kann Rauschenbusch einfach antworten: Zwar gibt es viele arme Reiche, aber noch mehr arme Arme. Das Ziel sollte sein, eine Gesellschaft aufzubauen, in der jeder genug zum Leben hat und niemand zu viel. Ansonsten solle die Kirche zwar nicht etwa Lohnschlichter werden – Jesus hat es abgelehnt, Erbschlichter zu sein –, sehr wohl aber unrecht nennen, was unrecht ist.[159] Wenn es die Kirche nicht tut, so werden es andere tun, und die sind nicht geleitet von Gerechtigkeit, Milde und Hoffnung.

---

[158] A. Henrich: Die Sociale Frage, in: Der Sendbote, 24. September 1890.
[159] W.R.: Die sociale Frage, in: Der Sendbote, 15. Oktober 1890.

Zum gleichen Thema meldete sich auf seiner Seite Nathaniel Schmidt. Er meinte, dass sich der einzelne Mensch immer mehr als Teil der Gemeinschaft verstehe. Für eine gesunde Gemeinschaft aber sei es nicht nützlich, sehr arme und sehr reiche Leute zu haben. Überhaupt widerspricht diese Trennung von „Mein und Dein" dem Gemeinschaftsgedanken. Wenn die Prediger mehr von der Liebe predigen und die Menschen mehr für das Recht der anderen eintreten, wird sich diese Frage um das „Mein und Dein" lösen lassen.[160] Ein anderer Beitrag wandte sich gegen Henry George's Vorschlag, privaten Landbesitz abzuschaffen.[161] Weitere Artikel erschienen, ohne wirkliche neue Argumente vorzutragen.[162] Andere sind aus dem Grund nicht mehr erschienen. Der Redakteur entschloss sich, die Besprechung abzubrechen und Rauschenbusch das abschließende Wort zu erteilen: „Gewiss wird es allen Lesern interessant sein, von ihm, der sich eingehend damit beschäftigt hat, mehr als die meisten andren von uns, darüber etwas Ausführlicheres zu vernehmen."[163]

Dieser abschließende Artikel ist nun besonders interessant.[164] Er enthält unter anderem eine Bücherliste, die besonders gut zeigt, von wem Rauschenbusch am meisten beeinflusst wurde. Darin wird auch deutlich, dass er bisher in seinen sozialen Anschauungen kaum von deutscher Theologie, liberal oder nicht, beeinflusst wurde. Dafür entschuldigt er sich geradezu bei seinen deutschen Lesern:

> „Es tut mir leid, dass die Bücher meist englisch sind. Ich habe noch nicht viele deutsche Bücher darüber in die Hände bekommen, und was ich gelesen habe, war nicht so, dass ich es den Lesern empfehlen möchte.
>
> 1. Über die Stellung des Christentums zur socialen Frage:
>   a) Die Bibel; besonders die Gesetzgebung Moses, die Propheten und das Evangelium Lukas.
>   b) ‚Social Aspects of Christianity' by Prof. R.T. Ely. Prof. Ely ist mir persönlich bekannt; ein einfacher, ernster Mann; ein entschiedener Christ und einer der ersten Fachmänner in der National-Ökonomie.
>
> 2. Über die Landfrage:
> Dies ist die grundlegende Frage in allen socialen Untersuchungen. Das epochemachende Buch darüber ist: ‚Progress and Poverty' von Henry George. Das Buch ist

---

[160] Nathaniel Schmidt: Das Mein und Dein, in: Der Sendbote, 29. Oktober 1890.

[161] F.A. Kemsies: Die sociale Frage, in: Der Sendbote, 1. Oktober 1890.

[162] C.A. Daniel: Welche Stellung sollen wir, als Gemeinde, der socialen Frage gegenüber einnehmen?, in: Der Sendbote, 10. Dezember 1890. Daniel war seit der gemeinsamen Seminarzeit mit Rauschenbusch befreundet und gerade 1890 Prediger in Harlem, New York, geworden. T.J. Kötzli: Zur sociale Frage, in: Der Sendbote, 1. und 7. Januar 1891.

[163] Redaktioneller Beitrag in: Der Sendbote, 7. Januar 1891.

[164] Zum Folgenden: W.R.: Noch einmal die sociale Frage, in: Der Sendbote, 28. Januar 1891.

keine leichte Lektüre. Derselbe Stoff ist in fasslicherer Form geboten in: ‚Social Problems'. Obgleich Henry George den Versuch aufgegeben hat, eine eigene politische Partei zu gründen, dringen seine Ansichten immer mehr durch. Sie sind oft lächerlich gemacht worden von Leuten, die sie nur vom Hörensagen kannten; verdienen aber ernste Beachtung. Henry George ist ein begabter, aufrichtiger Mann; er bekennt offen seinen Glauben an Gott und Unsterblichkeit; sein Charakter ist, trotz vielfacher Verleumdung, ganz unbescholten. Er ist ein strammer Gegner des Socialismus.

3. Über den Socialismus:
   a) ‚Looking Backward' by Edward Bellamy. Ein berühmtes Buch, auch in Deutsch zu haben.
   b) ‚Fabian Essays'.

4. Über Freihandel und Schutzzoll:
   a) ‚Problems of Today' by R.T. Ely
   b) ‚Protection and Free Trade' by Henry George.

5. Über die Arbeiterbewegung:
   ‚Labor Movement in America' by R.T. Ely.

6. Über die Geldfrage, die jetzt besonders unter den Farmern so lebhaft erörtert wird, weiß ich kein gutes Buch anzugeben. Ich habe mich noch selbst wenig damit beschäftigt.

7. Über christliche Liebestätigkeit handelt das höchst tüchtige Buch:
   ‚In Darkest England' von General Booth von der Heilsarmee.

An Zeitschriften kann ich empfehlen:
   ‚The Dawn'.

Es wird mir wohl niemand verübeln, wenn ich auch ein monatliches Blatt nenne, an dem ich selbst mitarbeite:
   ‚For the Right'."

Noch wichtiger als diese Bücherliste ist eine kurze Beschreibung der von Rauschenbusch vertretenen Form des christlichen Sozialismus, die es wert ist, nachfolgend ganz wiedergegeben zu werden.

Ein doppelter Unterschied

„Der Standpunkt, auf dem ich gern unsere Gemeinden sähe, unterscheidet sich nach links und rechts von zwei anderen Richtungen; nach rechts von dem Standpunkt des Durchschnittschristen; nach links von dem Standpunkt der Socialisten und Reformer. Unsere Aufgabe scheint mir zu sein, nicht ängstlichen Fußes einen ungefährlichen Mittelweg zwischen beiden zu suchen, sondern kühn beiden zu entnehmen, was sie

Wahres und Gutes enthalten, und es zu einem Ganzen wieder zu vereinen, das der Lehre Jesu näher kommt, als irgendeins von beiden. Der Unterschied scheint mir vor allem in folgenden Gesichtspunkten zu liegen.

I. Das Christentum in seiner landläufigen Form legt viel Nachdruck auf die Umgestaltung des einzelnen Menschen und wenig auf die Umgestaltung des Gesamtlebens der Menschheit. Es strebt danach, den Einzelnen in den Himmel zu bringen, aber nicht danach, den Himmel auf Erden zu bringen. Es predigt die Rechtfertigungslehre des Paulus, aber die Centrallehre Jesu von dem Reiche Gottes auf Erden ist halb vergessen. Ich sage, wir müssen das eine tun, aber das andere nicht lassen. Das Christentum hat, wie eine Ellipse, zwei Mittelpunkte: ,das ewige Leben', als Vollendung der Entwicklung des einzelnen Menschen, und ,das Reich Gottes', als Zielpunkt der Entwicklung für die ganze Menschheit. Nur wer die beiden Gedanken in ihrer vollen Bedeutung und in all ihren Zwischenbeziehungen ergreift, hat ein vollständiges Christentum.

2. Das Christentum, wie es um uns her besteht, weist zwar mit Stolz hin auf sociale Veränderungen, die schon durch den Einfluss des Christentums geschaffen sind, z. B. die Abschaffung der Sklaverei, die gehobene Stellung des Weibes usw., weigert sich aber zielbewusst die noch vorhandenen Übelstände anzugreifen. Es erwartet, dass diese allmählich schwinden werden. Wir glauben auch, dass schon der unbewusste Einfluss eines Lebens, welches den Geist Jesu verkörpert, dem Bösen einen Damm setzt. Aber wir glauben, dass dieser Prozess noch rascher vor sich gehen würde, wenn die Jünger Jesu mit klarer Erkenntnis und unbeugsamem Willen die Übelstände enthüllen und auf ihrer Abschaffung bestehen würden.

3. Die christliche Kirche beschränkt sich im Allgemeinen, den socialen Übeln gegenüber, darauf, Wohltätigkeit zu üben. Das lindert wohl die Folgen der persönlichen und socialen Sünden, lässt aber ihre Ursachen bestehen. Sie predigt ferner dem Einzelnen Buße von seinen Sünden, und damit greift sie die Ursache des Elends an, soweit es auf persönliche Verschuldung beruht. Aber sehr, sehr viel von dem heutigen Elend, der Armut, der Krankheit und selbst dem Laster um uns her wird durch den ungerechten Aufbau des socialen Gebäudes verursacht. Und die Kirche, als der Mund Christi, tut nicht ihre Pflicht, wenn sie nicht auch dem Staate Buße predigt. Gott ist nicht bloß Liebe; er ist auch Gerechtigkeit. Lasst die Gerechtigkeit ihr Werk verrichten und dann die Liebe eingreifen, um das Elend, das auch dann noch immer kommen wird, zu lindern.

4. Die christliche Kirche hat die Lehre Jesu über Geld und Reichtum kläglich abgeschwächt. Sie protestiert wohl hier und da gegen übergroßen Reichtum, aber im Ganzen beschränkt sie sich darauf, zu fordern, dass ein Teil des Reichtums für wohltätige Zwecke verwandt werden soll. Wenn ein reicher Herr ein Zehntel seines Einkommens für christliche Zwecke gibt, wird er gelobt und bewundert. Ich behaupte, wir haben erst zu fragen: Wo hast du es her? und danach erst: Wo geht es hin? Wenn die christliche Gerechtigkeit mehr das Wächteramt hätte am Eingang des Geldschrankes,

dann könnte die christliche Liebe leichter fertig werden auf ihrem Posten beim Ausgang.

Ich habe diese Punkte näher dargelegt, weil ich für einen christlichen Leserkreis schreibe. Die folgenden Punkte werde ich aus demselben Grunde nur kurz nennen. Schriebe ich diesen Artikel für ein socialistisches Blatt, so würde ich die vorstehenden Punkte abkürzen und die nachstehenden gründlich ausführen, denn beide sind mir gleich wichtig.

1. Die große Masse der Socialreformer, auch wo sie nicht anerkannt atheistisch sind, lässt doch Gott aus der Rechnung. Sie erhoffen die Abschaffung alles Elends von einer Änderung der Verhältnisse, in denen die Menschen leben. Mit dem Alten Testament in der Hand geben wir den gewaltigen Einfluss dieser Faktoren gern zu. Aber wir nennen es eine unheilvolle Verkürzung der Tatsachen, wenn das geistliche Leben, ‚Christus in uns‘, außer Acht gelassen wird, als die mächtigste Potenz im menschlichen Leben.

2. Die sociale Bewegung ist großenteils materialistisch gefärbt. Sie fordert Teilnahme am Genuss. Bei ihnen heißt es: ‚Eure Pflichten und unsere Rechte‘. Bei uns Christen muss es heißen: ‚Unsere Pflichten und eure Rechte‘. Wir dürfen nichts für uns selbst fordern, aber alles für andere. Uns hungert nicht nach Genuss, sondern nach Gerechtigkeit.

3. In der socialistischen Bewegung ist viel Hass. Sie appelliert an den Hass und schürt ihn als ihren besten Verbündeten. Wir weisen ihn von uns ab als ein zweischneidiges Schwert ohne Griff, das dem, der es führt, seine eigenen Hände zerschneiden wird. Wir behaupten, dass sich der furchtlose Widerstand gegen Ungerechtigkeit mit Besonnenheit und Liebe vereinigen lässt und dass diese Vereinigung weit kraftvoller ist als der Hass.

4. Eine große Abteilung der radikalen Reformpartei betrachtet die Gewalt als ein erlaubtes Mittel im Kampf gegen sociale Ungerechtigkeit. Christus hat die Anwendung von Gewalt verworfen, selbst zum Schutze der Unschuld. Diejenigen von uns, die Ihm unbedingt folgen wollen, tun dasselbe."

Auch einige Hinweise auf die neue Verhaltensweise eines christlichen Sozialisten sind recht interessant. Auf die Frage „Was jetzt?" antwortet er etwa mit der Aufforderung zum Konsumverzicht: „Wenn du Sünden im modernen Geschäftsleben erkennst, weigere dich, ihre Früchte länger zu genießen." Für den Einzelnen und die Gemeinde gilt es, Notleidenden ihre Hilfe nicht als ein Almosen hinzuwerfen, sondern ihnen etwas zuteilwerden lassen, worauf sie ein Recht haben. Alle aber sollen in politischer Aufklärung und im politischen Wahlgang darauf hinarbeiten, dass bessere Gesetze zu einer besseren Gesellschaftsordnung führen.

Artikel über die Propheten

Ein Vergleich mit Rauschenbuschs erstem durchschlagenden Buch über das „Social Gospel", „Christianity and the Social Crisis",[165] zeigt, dass hier bereits die wesentlichen Elemente dieses Buches angesprochen sind, vielleicht mit einer Ausnahme: die Indienstnahme der sozialen Botschaft der alttestamentlichen Propheten. Es war etwa in dieser Zeit um 1890/91, dass Rauschenbusch diese Botschaft persönlich entdeckte. Im März erscheint in „Der Sendbote" eine Reihe von vier Artikeln von Rauschenbusch, die sich mit dieser Thematik beschäftigen.

Der erste enthält eine Beschreibung des prophetischen Amtes im Allgemeinen.[166] Nicht die Fähigkeit, Zukünftiges vorauszusagen ist das besondere Kennzeichen eines Propheten, sondern ein absolut geistliches Leben. Ein Prophet steht derartig unter dem Einfluss des Geistes Gottes, dass er von dem Zauber des Sichtbaren nicht gefangen genommen werden kann. Von daher sind auch die Tätigkeiten der Propheten bestimmt:

1. Sie kämpfen für das geistliche Leben gegen Sinnesgenuss.

2. Sie kämpfen für ein geistliches Leben und gegen einen Gottesdienst, der nur aus alten Riten besteht. Innere Wahrheiten sind wichtiger als äußere Formen. Das ist einer der Gründe, warum Propheten von den Priestern, als den Hütern der Tradition, verfolgt wurden.

3. Im Staatsleben betonten die Propheten die Gerechtigkeit gegenüber der sogenannten Staatsklugheit. Sie waren Politiker, viele ihrer Reden waren politische Reden. Aber sie gingen nicht von dem aus, was nützlich war, sondern betrachteten alles vom Standpunkt der Gerechtigkeit. Das machte sie den professionellen Politikern oft sehr unbequem.

4. Propheten wussten sich nur von Gott abhängig und hatten darum keine Angst vor Menschen, hoch oder niedrig.

5. Sie waren Männer der Zukunft.

> „Die Zukunft ist anders als die Gegenwart. Gott sitzt im Regiment, und durch alle Sünden der Menschen, durch alle scheinbaren Niederlagen, führt er die Welt seinem Reiche entgegen. [...] Die Gegenwart ist Gott näher als die Vergangenheit; die Zukunft wird ihm näher sein als die Gegenwart. Und die, in welchen der Geist Gottes wohnt, fühlen im Voraus, was kommt. [...] Und dadurch, dass sie schon jetzt im Austausch und Verständnis stehen mit Gottes Zukunft, können sie die Zukunft vorbereiten und herbeiführen."

---

[165] W.R.: Christianity and the Social Crisis, New York 1907.
[166] W.R.: Das prophetische Amt, in: Der Sendbote, 4. März 1891.

Es ist verheißen, dass im Neuen Bund der prophetische Geist Gottes Gemeingut des ganzen Volkes Gottes sein soll. Alle Christen sollten Propheten sein; für alle Christen sollten die prophetischen Kennzeichen Leitlinien für ein gottgefälliges Leben sein.

Ein prophetisches Leben aber ist nicht in erster Linie durch geistliche Höhenflüge gekennzeichnet; ganz im Gegenteil: Typisch für einen Propheten ist das prophetische Leiden.[167] Wann immer ein Prophet den Menschen ein aktuelles Wort Gottes brachte, wiederholte sich dasselbe Schauspiel: Statt dieses Wort Gottes mit offenen Herzen aufzunehmen, verschlossen die Menschen ihre Ohren und versuchten, diesen Mund Gottes mit allen Mitteln zu verschließen. Die Arten der prophetischen Leiden sind vielfältig. Folgende Generationen jedoch erkannten die Wahrheit dieser Botschaft und hielten sie wert und richteten sich danach. „So geht es von einem Geschlecht zum anderen. Jedes Geschlecht ehrt die Propheten der Vergangenheit und verfolgt die Propheten der Gegenwart." Die Menschheit lernt wirklich aus den Fehlern vergangener Genrationen und macht so Fortschritte. Nur auf das aktuelle, gegenwärtige Wort Gottes hat sie nicht zu hören gelernt.

„So hebt Gott die Menschheit von Stufe zu Stufe empor. [...] Von Epoche zu Epoche rückt die Menschheit unter der Triebkraft des Geistes vorwärts und aufwärts. Prophetische Männer, welche ihrer Zeit voraus sind und die Kraft der kommenden Epoche schmecken, rufen uns auch heute dasjenige Wort Gottes zu, welches uns heute Not tut."

So zeigt sich, dass in dieser Zeit für Rauschenbusch der Gedanke des Fortschrittes und der Evolution die Bewegung des prophetischen Wortes in der Weltgeschichte am besten wiedergibt. Er glaubte an „die Gegenwart Gottes in der Welt und an seinen fortschreitenden Sieg in über die Welt".[168]

„Der einzelne Mensch entwickelt sich. Die Gesamtheit entwickelt sich ebenfalls. Ersteres zu glauben und letzteres zu leugnen heißt das Erlösungswerk Gottes zerspalten. [...] Ich glaube, ein jeder Mensch ist ein Gegenstand der göttlichen Liebe und Wertschätzung und ein Zielpunkt der göttlichen Erlösung, die für ihn in der Teilhabe an dem ewigen und göttlichen Leben gipfelt. Ich glaube ebenfalls, dass die gesamte Menschheit in Gottes Augen ein Ganzes ist, gewissermaßen eine gewaltige Persönlichkeit, die auch sündigt, lernt und fortschreitet. Und diese Persönlichkeit ist ebenfalls ein Zielpunkt der göttlichen Erlösung, die für sie in der Vollendung des Reiches Gottes auf Erden gipfelt."

---

[167] W.R.: Das prophetische Leiden, in: Der Sendbote, 11. März 1891.

[168] Zum Folgenden: W.R.: Die prophetische Mission der Gemeinde Christi, in: Der Sendbote, 18. März 1891.

Daraus ergibt sich der prophetische Auftrag der Gemeinde. Der Geist Gottes ist gegenwärtig in den einzelnen Gliedern der Gemeinde Gottes, noch mehr jedoch in der Gemeinde als Ganzes. Die Gemeinde als Gesamtheit hat die prophetische Gabe und das prophetische Amt. Die Gemeinde als Gesamtheit muss der Menschheit im Denken voraus sein. „Sie muss das Leben schon jetzt führen, welches die übrigen Menschen erst in der folgenden Zeitperiode führen werden." In einigen Punkten hat sie das schon getan:

1. Sie hat die Welt gelehrt, dass es falsch ist, Orte und Dinge für heilig zu halten. Vielmehr kann man Gott überall verehren. 2. Die Gemeinde hat in ihren Reihen nationale Barrieren abgelehnt und so die Menschheit auf einen Weg geleitet, der Rassenhass und Nationalismus beenden wird.

„3. Die Gemeinde Christi hat zuerst den Gedanken von der organischen Verbindung der Menschheit vertreten, den Paulus unter dem Bilde eines Körpers mit vielen Gliedern ausdrückt. Damit ist die Verpflichtung aller gegen alle vorausgesetzt; ebenso die Verpflichtung der Gesellschaft, für ihre schwachen Glieder zu sorgen. Alle staatliche Armen- und Krankenpflege zeigt, dass die Menschheit angefangen hat, dieses prophetische Wort des Christentums nachzustammeln. Die gesamte bevorstehende Umwälzung im socialen Leben der Kulturvölker wird einfach der Versuch sein, diesen prophetischen Gedanken im täglichen Leben zu verwirklichen."

4. Ein weiterer christlicher Gedanke, der bereits Eingang in das Leben der Gesellschaft gefunden hat, ist der der Selbstaufopferung. Am meisten ist er vorgedrungen in der medizinischen Welt, am wenigsten aber in der Geschäftswelt.

Ein Anfang ist da, aber die Gemeinde übt ihren prophetischen Beruf nur unbewusst, indirekt aus. Sie ist viel zu sehr mit sich selbst beschäftigt und benutzt den größten Teil ihrer Energie dazu, sich selber in Gang zu halten. Wie viel wirksamer könnte sie sein, wenn sie sich ihrer Aufgabe bewusst wäre und sie bewusst ausführen würde.

In einem letzten Artikel schließlich legt Rauschenbusch dar, dass die Baptisten eine besondere prophetische Aufgabe haben.[169] Er war zeitlebens ein Baptist aus Überzeugung,[170] obwohl er immer die Zusammenarbeit mit allen Christen forderte. Hier nun erklärt er, was die Baptisten so besonders macht: Es ist vor allem das Prinzip der absoluten

---

[169] W.R.: Die prophetische Aufgabe der Baptistengemeinden, in: Der Sendbote, 25. März 1891.

[170] Vgl. W.R.: Why I am a Baptist, in: Rochester Baptist Monthly, November 1905 – März 1906, wieder abgedruckt in: Colgate Rochester Divinity Scholl Bulletin, Dezember 1938. Sydor L. Stealy führt einen überarbeiteten Abdruck so ein: „It is one of the best statements ever written on our distinctive Principles.", in: Syndor L. Stealy: A Baptist Treasury, New York 1958, 163. Siehe Dokumentation 2 in diesem Band.

Volksherrschaft und das der freiwilligen Kooperation. Das eine ist Vorbild für die Regierungsform überall in der Welt, das andere Vorbild für die zukünftige Form in der industriellen Produktion. Auch auf einem anderen Gebiet, damals wie heute, zeigen sich die Baptisten fortschrittlicher: Sie geben den Frauen Anteil an den Entscheidungen der Gemeinde, wenn auch noch nicht in dem Maße, in dem das geschehen sollte. Die Baptisten sind zumindest in der Gemeindeform am fortschrittlichsten und sollten dies als eine prophetische Aufgabe ansehen und freudig ihre Ansichten propagieren.

Rauschenbusch ist gerne als Prophet gekennzeichnet worden. Er hat sich schon in frühen Jahren selbst so verstanden. Ihm ist dasselbe widerfahren wie allen anderen Propheten: Gerade die deutschen Baptisten haben am wenigsten auf ihn gehört und haben sich später beständig geweigert, auf seine Botschaft von der sozialen Verantwortung der Gemeinde zu hören. Die Diskussion über die soziale Frage in „Der Sendbote" war bald vergessen. Spätere Beiträge in „Der Sendbote" zeigen, dass die ursprüngliche, konservative Haltung der deutschen Baptisten die Diskussion unbeschadet überstanden hat.

England und Deutschland

Als die beiden letzten Artikel dieser Reihe erschienen, war Rauschenbusch selber schon nicht mehr in Amerika. Die Schwerhörigkeit hatte in den vergangenen zwei Jahren immer mehr zugenommen, so dass ihm persönliche Gespräche und vor allem die persönliche Seelsorge ganz unmöglich wurden. Er hatte das Gefühl, für die Gemeinde mehr eine Belastung als eine Hilfe zu sein. Darum entschloss er sich, das Predigtamt niederzulegen. Er hatte noch gezögert und wollte diesen Schritt erst vollziehen, nachdem die mit dem Kirchenbau zusammenhängenden Geldangelegenheiten bereinigt waren. Nun aber war die Zeit gekommen Abschied zu nehmen. Er plante, sich zunächst in Deutschland um weitere medizinische Hilfe zu bemühen, um danach dann nach New York zurückzukehren, wo er noch seine zukünftige Aufgabe sah.[171]

Die Gemeinde weigerte sich völlig, die Resignation anzunehmen. Statt dessen gewährte sie ihm einen längeren Urlaub nach Deutschland.[172] Selber noch unentschieden über seine Zukunft trat Rauschenbusch diese Reise am 14. März 1891 an. Seine Schwester Emma, die seit längerer Zeit in der Nähe von Boston studierte, begleite ihn auf seiner

---

[171] Ein Brief der Resignation, oder zumindest ein Entwurf dazu, ist noch vorhanden: NABS Nr. 846.

[172] Redaktioneller Beitrag in: Der Sendbote, 25. Februar 1891.

Reise. Sie fuhren zunächst nach England, um die Heilsarmee und den Fabianismus näher kennenzulernen.[173] Dann, nach einem kurzen Aufenthalt in Hamburg, hielten sich beide bis Ende Juli in Berlin auf und danach in dem ruhigeren und kühleren Universitätsstädtchen Greifswald an der Ostsee. In beiden Städten studierte Rauschenbusch sehr intensiv. Erstaunlicherweise sind eine ganze Reihe von Ausleihzetteln von beiden Universitätsbibliotheken erhalten geblieben sowie weitere Notizen, die uns zeigen, welche Bücher Rauschenbusch in dieser Zeit gelesen hat oder zu mindestens zu lesen vorhatte. Etwa 70 Titel habe ich entziffern können. Mit folgenden Themen und Themenreihen hat er sich besonders beschäftigt: Die Entstehung des Messianismus und der Gottesreich-Idee im Spätjudentum,[174] das Leben Jesu[175] und Ethik, besonders in ihrem Zusammenhang mit Statistik und Soziologie.[176] Daneben las er historische Standardwerke von

---

[173] Sharpe: Rauschenbusch, 68; Bodein: Gospel, 28; siehe auch W.R.: Righteousness, 233.

[174] U.a.: H. Jolowicz: Die Himmelfahrt und Vision des Propheten Jesaja, Leipzig 1854; August Dillmann: Das Buch Henoch, Leipzig 1853; Eduard Riehm: Die messianische Weissagung. Ihre Entstehung, ihr zeitgeschichtlicher Charakter und ihr Verhältnis zu der neutestamentlichen Erfüllung, Gotha 1865; Richard Clemens: Die Offenbarungen der Propheten Enoch, Esra und Jesaia im Jahrhunderte des Heils, Stuttgart 1850; Heinrich Ewald: Die Geschichte des Volkes Israel bis Christus, Göttingen 1857; Emil Schürer: Geschichte des jüdischen Volkes im Zeitalter Jesu Christi, Leipzig 1890; Carl Scholl: Die Messias-Sagen des Morgenlandes, Hamburg 1852; Heinrich Corrodi: Kritische Geschichte des Chiliasmus, Frankfurt/Leipzig 1781; Joseph Beck: Über die Entwicklung und Darstellung der Messianischen Idee in den heiligen Schriften des alten Bundes, Hannover 1835; Johann Jacob Broix: Ueber den Ursprung und die allmähliche Entwicklung des Messianismus, Landshut 1822; Th. Bredow: Das Reich dieser Welt und das Reich Gottes; Richard Whately: The Kingdom of Christ Delineated, New York 1864; Carl August Hase: Neue Propheten, Leipzig 1851.

[175] Carl August Hase: Das Leben Jesu. Lehrbuch zunächst für akademische Vorlesungen, Leipzig 1829 – vgl. W.R.: Christianity, 46; Theodor Keim: Die Geschichte Jesu von Nazara in ihrer Verkettung mit dem Gesamtleben seines Volkes, Zürich 1867; August Neander: Das Leben Christi in seinem geschichtlichen Zusammenhange und seiner geschichtlichen Entwicklung, Hamburg 1837; John Robert Seeley: Ecce Homo. A Survey of the Life and Work of Jesus Christ, London 1866; Bernhard Weiß: Lehrbuch der biblischen Theologie des Neuen Testaments, Berlin 1868; Franz Delitzsch: Jesus und Hillel. Mit Rücksicht auf Renan und Geiger, Erlangen 1867; August Sartori: Die Stellung Jesu zu den Parteien seiner Zeit, Lübeck o.J.

[176] Carl Friedrich Stäudlin: Geschichte der Sittenlehre Jesu, Göttingen 1812; Bernhard Wendt: Kirchliche Ethik vom Standpunkt der christlichen Freiheit, Leipzig 1864; Adolph Wagner: Die Gesetzmäßigkeit in den scheinbar willkührlichen Handlungen vom Standpunkte der Statistik, Hamburg 1864; Alexander von Oettingen: Die Moralstatistik in ihrer Bedeutung für eine christliche Socialethik, Erlangen 1874; Albert Schäffle: Bau und Leben des socialen Körpers, Erlangen 1875. Dieses letzte Buch schien seinen Interessen besonders dienlich gewesen zu sein, er zitierte es mehrfach: W.R.: Righteousness, 154, 161, 171f; W.R.: The Ideals of Social Reformers, in: American Journal of Sociology, September 1896, 210; W.R.: Das kollektive Leben der Menschheit, unveröffentlichtes Manuskript (D.R. Sharpe Collection, 9).

Ranke, Sybel und Treitschke, las die beiden wichtigsten Werke von Maurice[177] und lernte auch die beiden wichtigsten Veröffentlichungen von Hermann Cremer zur sozialen Frage kennen.[178] Cremer war ein anerkannter Führer der „positiven" Theologie, überzeugter Gegner der liberalen Theologie und Gründer der „Greifswalder Schule". Er war in Greifswald Theologieprofessor. Rauschenbusch war mit seinem Sohn Ernst Cremer seit der gemeinsamen Gymnasiumzeit befreundet. Sie trafen sich auch jetzt in Berlin.[179] Frühe Korrespondenz zeigt, dass auch zu den Eltern seit langem ein herzliches Verhältnis bestand.[180] Rauschenbusch wohnte bei den Eltern für eine Woche in Greifswald und erhielt von ihnen jede nötige Unterstützung.[181]

Hermann Cremer war in allen Punkten ein strammer Gegner der liberalen Theologen, und es gibt nur ein Gebiet, auf dem er für eine kurze Zeit mindestens meinte, mit ihnen zusammenarbeiten zu können: im evangelisch-sozialen Kongress.[182] Eine gemeinsame christliche Liebestätigkeit schien ihm ein Weg zu sein, die Unterschiede in der Theologie zu überwinden. Der Hofprediger Stöcker war ihm ein klares Beispiel: Dieser war theologisch konservativ, auf dem sozialen Gebiet aber sehr progressiv. Viele der Verlautbarungen von Cremer sind ursprünglich zu verstehen als eine Verteidigung Stöckers. Überraschend viele Abschnitte seiner sozialen Schriften könnten von Rauschenbusch geschrieben sein. Er meint die „gegenwärtige Gesellschaftsordnung sei so wenig ein Glaubensartikel wie einst Sklaverei und Leibeigenschaft, und wo etwas faul sei in der Gesellschaft, werde das Christentum auf der Seite der Reform, freilich nicht der Revolution stehen müssen".[183] Die Dringlichkeit sozialer Reformen sei der Kirche nicht neu:

> „Auf die Gefahren der industriellen Entwicklung mit ihrer Verschärfung des Gegensatzes zwischen Reich und Arm und der Anhäufung besitzloser Arbeitermassen in den Industriezentren, der Armut unmittelbar neben dem Glanz des Reichtums, hatten einsichtige Männer, besonders auf christlicher Seite, längst hingewiesen."[184]

---

[177] Frederic Denison Maurice: The Kingdom of Christ; ders.: Theological Essays.

[178] Hermann Cremer: Über den Einfluss des christlichen Prinzips der Liebe auf die Rechtsbildung und Gesetzgebung, Greifswald 1889; ders.: Die Fortdauer der Geistesgaben in der Kirche, Gütersloh 1890.

[179] W.R.: Korrespondenz, 22. Juli 1891, NABS Nr. 128.

[180] Im Brief von Ernst Cremer an W. R. vom 1. September 1887 schließt er mit den persönlichen Grüßen von der Mutter und weist auf eine Korrespondenz zwischen ihr und W.R. hin, NABS Nr. 890.

[181] W.R.: Korrespondenz, 22. Juli 1891, NABS Nr. 128.

[182] Zum Folgenden: Ernst Cremer: Hermann Cremer. Ein Lebensbild, Gütersloh 1912, Kap. 1: Auf den Synoden. Arbeiten zur sozialen Frage. Cremer und Stöcker, 180–206.

[183] Ebd., 191.

[184] Ebd., 185.

Aber die Kirche hatte schon zu viel auf diesem Gebiet versäumt, was zum Wachsen der „staats- und kirchenfeindlichen Sozialdemokratie" geführt hatte. Sein größter Vorwurf gegenüber den Sozialisten ist deren Materialismus:

> „Sozialdemokratie und Kapitalismus sind Brüder, auf einem Stamm gewachsen und durch ein unzerreißbares Band verbunden zu gemeinsamem Verderben. Der Stamm ist der Materialismus, das Band der Mammon."[185]

Was nötig sei, wäre eine Durchdringung der staatlichen Gesetze mit dem christlichen Prinzip der Liebe. Der christliche Grundsatz der Gleichheit aller Menschen sei schon sehr weit fortgeschritten. Dem Altertum sei der Gedanke der Rechtsgleichheit noch völlig fremd gewesen.

> „Sobald die Kirche Volkskirche wurde, und soweit auch nur ein Hauch von Evangelium verkündigt und geglaubt wurde, war die Rechtlosigkeit ganzer Klassen des Volkes gar nicht mehr haltbar. Und eben in der Aufhebung dieser Rechtlosigkeit ist die erste Einwirkung des christlichen Prinzips der Liebe auf die Rechtsbildung zu erblicken."[186]

Am wenigsten hat sich dieses Prinzip bisher auf dem Gebiet des Eigentums durchgesetzt.

> „Das Prinzip der Liebe stand im denkbar größten Gegensatz gegen den römischen rechtlichen Eigentumsbegriff und hat das römische Recht bis heute nicht umgestaltet."[187]

Diese Beispiele zeigen, dass sich Walter Rauschenbusch und Hermann Cremer in der Frage der sozialen Verantwortung der Kirche sehr gut verstanden haben müssen. Beide waren theologisch konservativ und gingen aus von der Verwirklichung der christlichen Liebe in der Gesellschaft; für beide war die Geschichte ein Beweis dafür, dass dieser Vorgang bereits begonnen hatte, aber nicht weit genug gegangen war, beide forderten eine Änderung der Gesellschaftsordnung durch Reform, nicht durch Revolution. Es ist zu vermuten, dass für Rauschenbusch Cremer der hauptsächliche Gesprächspartner in Deutschland in 1891 war. Wie sehr er an derartigen Gesprächen interessiert war, zeigt folgender Bericht von August Rauschenbusch über Aktivitäten seines Sohnes:

---

[185] Ebd., 187 f.
[186] H. Cremer: Einfluss, 16 f.
[187] Ebd., 25.

„Walther ist ganz erfüllt von christlich-socialen Ideen und hat seinen Aufenthalt in Deutschland meistens dazu benutzt, sich aus den Bibliotheken in Berlin und Greifswald Bücher hierüber geben zu lassen, sich mit einsichtsvollen Männern hierüber zu unterhalten und – ein Buch in englischer Sprache darüber zu schreiben, das er in Amerika bald in Druck geben wird. Vielleicht wird ihm das großen Ruf als Schriftsteller zu Wege bringen, vielleicht auch nicht. Diesem Buche hat er alles andere geopfert."[188]

Nicht alle seine Zeit konnte Rauschenbusch auf dieses Buch verwenden. Er predigte auch in Berlin und Hamburg, und Hörer waren „förmlich hingerissen".[189]

Er hatte keine Hoffnung, sein Gehör wiederzuerlangen und nahm im Herbst an einem längeren Kursus teil, in dem er das Ablesen von den Lippen erlernte.[190]

Im Dezember schließlich kehrte er nach Amerika zurück. Er hatte sich bei seiner Abreise von New York nicht in Bezug auf seine Zukunftspläne festgelegt. Während des Herbstes erhielt er das Angebot, Hilfseditor im Verlagshaus der deutschen Baptisten in Cleveland zu werden.[191] Aber der überaus herzliche Empfang der Gemeinde in New York[192] wird ihn wohl bewogen haben, dieses Angebot abzulehnen. Bis 1897 ist er noch der geliebte Prediger dieser seiner einzigen Gemeinde geblieben.

Zusammenfassung

Zusammen mit den bereits bekannteren Artikeln in „For the Right" lässt sich bei Rauschenbusch schon in deutlichen Umrissen eine Theorie der gesellschaftlichen Umgestaltung durch die Kirche erkennen.

Gerade für die armen und unterprivilegierten Menschen in der Gesellschaft ist es schwer, wenn nicht unmöglich, ein gottgefälliges Leben zu führen. Sicher ist das z. T. mit ihren persönlichen Verfehlungen zu erklären, aber das ist nicht alles. Ihr Platz innerhalb der Gesellschaft macht sie zu Sündern. Der Kampf ums Leben diktiert ihnen, gegen die Grundregeln einer christlichen Ethik zu verstoßen. Die Fehler liegen in einer fehlerhaften

---

[188] A.R.: Korrespondenz, 10. November 1891, NABS Nr. 43.

[189] Ebd.

[190] W.R.: Korrespondenz, 14. Oktober 1891, NABS Nr. 58.

[191] Die südwestliche Konferenz, in: Der Sendbote, 7. Oktober 1891.

[192] Zweite deutsche Baptisten-Gemeinde in New York, in: Der Sendbote, 7. Okt. 1891.

Gesellschaftsordnung. Individuelle Liebestätigkeit kann darum nicht mehr die hauptsächliche Antwort auf menschliche Not sein, die ganze Ordnung muss derartig geändert werden, dass sie jedem einzelnen Menschen erlaubt, den Geboten Gottes zu folgen.

Individuelle Liebestätigkeit kann sogar gegen das Liebesgebot verstoßen: Zu oft stammt das Geld aus Industriebetrieben, die in der Ausbeutung von Menschen besonders erfolgreich waren, oder aus Spekulationen, die ihrerseits zur Not der Menschen beitragen.[193]

Es ist nun die Aufgabe der Kirche, auf diese notwendigen Änderungen in der Gesellschaftsordnung hinzuarbeiten. Wenn es die Kirche nicht tut, werden es andere tun, die nicht von Liebe und Barmherzigkeit motiviert sind. Die Kirche hat in der Botschaft von der Liebe Gottes das richtige Mittel zu einer Erneuerung des Menschen und der Menschheit. Es ist interessant zu beobachten, wie Rauschenbusch immer auf dieser Verbindung von individueller und sozialer Erlösung bestanden hat. Niemals hat er den Fehler begangen, wie später so manche seiner Nachfolger, die soziale Verkündigung einfach an die Stelle der persönlichen Verkündigung zu stellen. Aber er brauchte die Kirche nicht aufzufordern, an der Erlösung der einzelnen Menschen zu arbeiten, vielmehr musste er ihr klarmachen, dass evangelistische Arbeit auch soziale Arbeit einschließen soll.

Die Hauptwirkung versprach sich Rauschenbusch von einer prophetischen Kirche: Durch eine wahre Gemeinschaft und durch ein Ernstnehmen der göttlichen Gerechtigkeit kann die Kirche Vorbild sein für eine kommende weltliche Ordnung. Zugleich erzieht sie das einzelne Gemeindemitglied zu einem gesellschaftsbezogenen Handeln. Das würde unweigerlich zu einer besseren, gerechteren Gesetzgebung in der Welt führen.

Diese Vorstellungen erfordern natürlich ein neues Überdenken des Verhältnisses von Staat und Kirche. Die alte Auffassung von der strikten Trennung von Staat und Kirche hat ihre Berechtigung, enthält aber nur die halbe Wahrheit. Ziel der Christenheit müsste es sein, den Staat nach ihren Idealen zu gestalten. Genauso wie für die Kirche ist auch für den Staat das Reich Gottes der Zielpunkt.

Die Tatsache, dass derartige Gedanken nicht sofort vom Kirchenvolk stürmisch aufgenommen werden, schreckt Rauschenbusch nicht sonderlich ab. Die Geschichte der Sklaverei war ihm ein gutes Beispiel für seine eigene Situation: Es hatte schon immer Menschen gegeben, die die Sklaverei als unrecht und unchristlich brandmarkten. Aber sie waren in der Minderheit. Die Kirche schwieg nicht nur, sie versorgte die Sklavenhalter sogar mit biblischen Argumenten und unterstützte sie. Dennoch drang die christliche

---

[193] Diese grundsätzliche Erkenntnis hat Rauschenbusch aber nicht davon abgehalten, von Rockefeller Geld für den Kirchenbau seiner Gemeinde anzunehmen. Auch später ist er in der Sammlung von Geld recht erfolgreich gewesen.

Wahrheit von der Freiheit eines jeden Menschen immer mehr durch und hat schließlich zur Befreiung der Sklaven in Amerika geführt.[194] Genauso wird es mit dem sozialen Evangelium sein. Es gibt einige Personen, die diese christliche Wahrheit schon jetzt vertreten, aber es wird längere Zeit dauern, bis diese neue Einsicht zum Allgemeingut von Kirche und Gesellschaft wird. Und die Kirche selbst wird die besten Argumente dagegen liefern. Aber das ist nur ein Zeichen von der Berechtigung dieser neuen Einsichten. Die Geschichte der Prophetie zeigt, dass Gott bisher immer noch, selbst gegen den Widerstand der Traditionshüter, die Menschheit durch prophetische Worte weiter nach vorn gebracht hat. Das prophetische Wort ist der Motor im Fortschritt der menschlichen Gesellschaft.

Seit sich das christliche Prinzip der Gleichheit aller Menschen durchgesetzt hat und immer mehr Staaten zur Demokratie übergehen, ist auch die Chance für eine Neugestaltung der ganzen Gesellschaft viel grösser: Alle Menschen haben ein Mitspracherecht bei der Verfassung der staatlichen Gesetze. Der eigentliche Fehler im jetzigen System liegt gerade darin, dass die Idee der Demokratie sich in den Bereichen der Wirtschaft noch nicht durchgesetzt hat.

Der Weg der Gesellschaft zum Reich Gottes, d. h. der Weg zur Christianisierung der Gesellschaft, ist der der radikalen Demokratisierung. So wie in der Natur nach dem Gesetz der Evolution der Fortschritt unausweichlich ist, so ist auch der Fortschritt in der Gesellschaft unausweichlich.

Der Trend ist schon deutlich: Alles, was die Kirche zu tun hat, ist der Zukunft Gottes hereinzuhelfen, statt sie draußen zu lassen. Das ist ihr prophetisches Amt. Die Geschichte des Christentums selbst weist den Weg.[195]

Rauschenbusch hat schon 1892 die Überzeugung von der Unausweichlichkeit des Fortschritts aufgegeben,[196] nicht aufgegeben aber hat er die Annahme, dass radikale Demokratisierung der Weg zum Reich Gottes sei. Er hat diese Überzeugung sein Leben lang

---

[194] W.R. hat dieses Beispiel oft und gerne benutzt. Aber es ist wohl zu Recht argumentiert worden, Rauschenbusch habe die Rassenfrage außer Acht gelassen. Jedoch auch auf diesem Gebiet scheint er prophetisch zu sein. So meint er 1909: „A solution of the labor question so thorough that it would be possible to hand over entire industries to the black race without evoking industrial hostility, would offer a solid hope to the negro.", in: The Sagamore Sociological Conference 1909, 12.

[195] So deutlich in: Der Sendbote, 18. März 1891; vgl. W.R.s spätere Definition von Prophezeiungen: „The only safe form of prophesing is to prolonge the curve of the past", in: W.R.: The Influence of Historical Studies on Theology, in: American Journal of Theology 1907, 111–127, hier 127.

[196] W. R.: The Conception of Missions, in: The Watchman, 1. Dezember 1892; wieder abgedruckt in: Handy: Gospel, 268–273; vgl. Winthrop S. Hudson: The Great Traditions oft he American Churches, Rev. Edition, New York 1963, 228.

vertreten. Der letzte Abschnitt in seinem letzten Buch redet ebenfalls von dieser Verbindung von Reich Gottes und politischer Demokratie:

„The Cross of Christ contributes to strengthen the Power of prophetic Religion, and therewith the redemptive forces of the Kingdom of God. Before the Reformation the prophet had only a precarious foothold within the Church and no right to live outside of it. The rise of free religion and political democracy has given him a field and a task. The era of prophetic and democratic Christianity has just begun. This concerns the social gospel, for the social gospel is the voice of prophecy in modern life."[197]

Diese Verbindung von Politik und Religion in dem Konzept vom Reiche Gottes ist schon in Rauschenbuschs ersten Jahren klar vorhanden und ist schließlich Zielpunkt der Hauptkritik seines wichtigsten Kritikers Reinhold Niebuhr geworden.[198]

Rauschenbusch ist in seinen ersten Jahren entscheidend von Henry George beeinflusst worden. Seit Edward McGlynn frei dessen Ideen vertreten konnte, ist auch Rauschenbusch, wie viele andere Reformer dieser Zeit, in den Bann dieses Mannes gezogen worden.[199] Viele der Ideen von George meinte er in der Bibel wiederzufinden.[200] Er vertrat viele Ideen von George öffentlich, sobald dessen Bücher erschienen. Aber George war ihm schließlich doch zu sehr Individualist, er betrachtete die Gesellschaft nicht als einen Organismus, wie das Rauschenbusch tat. Deshalb hielt er auch eine radikale Veränderung der Gesellschaftsordnung nicht für notwendig.[201] Rauschenbusch fühlte sich in diesem Punkte den Sozialisten viel näher, lehnte aber deren Materialismus, ihre Religionsfeindlichkeit und vor allem deren Verhältnis zur Gewaltanwendung ab. In einer Verbindung von Sozialismus und Christentum sah er den erfolgversprechendsten Weg in eine

---

[197] W.R.: A Theology for the Social Gospel, New York 1917, 279.

[198] So Donald B. Meyer: The Protestant Search for Political Realism 1919–1941, Berkeley 1961, 260.

[199] C.A. Daniel, ein Gefährte von W.R. seit frühen Jahren, erinnert sich so: "Walter Rauschenbusch soon entered into the interest of the common people, became interested in social welfare of the people, made an ardent study of social ideals, the Kingdom of God, and the book of Henry George on Progress and Poverty. Henry George and Father McGlynn were a great force among the multitudes and the idea of the Kingdom of God gripped Walter's soul.", in: Some reminiscences of my friend Walter Rauschenbusch, NABS Nr. 820.

[200] So ist W.R.s Definition von Eigentum beeinflusst von George: „as a man belongs to himself, so his labor when put in concrete form belongs to himself", in: George: Progress, 334.

[201] So z.B. C. Barker: „Henry George, with only the slightest waverings of inconsistency, had always been a procapitalist thinker. [...] He was always conservative as to [...] our institutions of church and state", in: Barker: George, 509. W.R. bezeichnete die Single-Tax Anhänger 1901 als „new-school individualists", in: W.R.: Dogmatic and Practical Socialism; wieder abgedruckt in: Handy: Gospel, 308–322, hier 309.

bessere Zukunft. Die „Brotherhood of the Kingdom" sah die Herstellung dieser Verbindung als ihre Hauptaufgabe an.[202]

Es ist nicht verwunderlich, dass ihm in dieser Situation der kontinentale Sozialismus uninteressant erschien. Mehr interessierten ihn die Ereignisse in England. Dort hatte Maurice bereits eine Generation vorher den christlichen Sozialismus mit der Idee des Reiches Gottes verbunden. Dort fand im Fabianismus gerade eine Wiedererweckung des christlichen Sozialismus statt. Und Booth schien mit seiner Heilsarmee neue Wege der Sozialarbeit der Kirche auszuprobieren.[203] Abgesehen von Bellamys amerikanischem Sozialismus waren es gerade englische Ideen, die Rauschenbusch beeinflussten.[204] Daneben beschäftigte er sich noch mit Fazzini, in dem er Unterstützung fand für die Sicht vom gesellschaftlichen Fortschritt als einer wachsenden Verwirklichung christlicher Ansichten. Außerdem wird uns berichtet, dass er Tolstois „My Religion" in dieser Zeit las,[205] ein Buch, dessen radikales Christentum sehr befruchtend auf die Entstehung des „Social Gospel" in Amerika wirkte.[206] Rauschenbuschs Vorstellungen von einem prophetischen Christentum haben sich später kaum geändert. Er hat sich über jedes Buch gefreut, das ähnliche Anschauungen vertrat und hat viele andere Meinungen zitiert, wenn er damit seine eigenen Thesen untermauern konnte. Entstanden aber sind seine Überzeugungen bereits in den ersten fünf Jahren seines Dienstes in New York. Als er, noch nicht dreißigjährig, nach Deutschland ging, suchte er schon nicht mehr nach Antworten, sondern nur noch nach Bestätigungen. Und diese Bestätigungen erhielt er in erster Linie von einem konservativen Theologen, nicht von der liberalen Seite. Nicht so deutlich, wie man wünschen könnte, ist sein Verhältnis zu Albrecht Ritschl. Er erwähnt Ritschl zum ersten Mal im Juli 1892.[207] Davor taucht der Name Ritschl nicht auf. Aber die berühmte Interpretation des Christentums als einer Ellipse mit zwei Mittelpunkten, der eine die persönliche Erlösung,

---

[202] Hudson: Humanity, IX f.

[203] Die Enttäuschung W.R.s über die Heilsarmee beschreibt Sharpe: Rauschenbusch, 427.

[204] Zum englischen Einfluss auf das amerikanische „Social Gospel" siehe Winthrop S. Hudson: How American is Religion in America?, in: Jerald C. Brauer (Hg.): Reinterpretation in American Church History, Chicago 1968, 153–167, hier 163 ff.

[205] Leo Tolstoi: My Religion. What I believe, London 1885; deutsch: Worin besteht mein Glaube?, Leipzig 1885. Spätere Ausgaben haben den Titel: Mein Glauben.

[206] Tostois Ansichten wurden Amerika besonders durch die „Christian Commonwealth Community" vermittelt, siehe James Dombrowski: The Early Days of Christian Socialism in America, New York 1936, Kap. XII.

[207] W.R.: A Conquering Idea, in: The Examiner, 21. Juli 1892.

der andere das Reich Gottes,[208] hat Rauschenbusch bereits 1891 benutzt, lange bevor es eine Ritschl-Schule in Amerika gab.[209]

„Das Christentum hat, wie eine Ellipse, zwei Mittelpunkte, „das ewige Leben" als Vollendung der Entwicklung des einzelnen Menschen und „das Reich Gottes" als Zielpunkt der Entwicklung für die ganze Menschheit."[210]

Diese Formulierung ist doch zu typisch, als dass es sich um einen Zufall handeln könnte. Rauschenbuschs eigene Situation zwang ihn, zu genau dieser Position zu kommen. In seiner Gemeinde sah er die Hauptaufgabe, Seelen zu retten. Als Bürger in New York sah er die Aufgabe, die menschliche Gemeinschaft als Ganzes zu beeinflussen und zu ändern, entsprechend den biblischen Richtlinien. Dennoch ist es schwer zu entscheiden, ob Rauschenbuschs unabhängiger Geist von Ritschl angestoßen und beeinflusst wurde oder ob er Ritschl als sich selber verwandt erkannte und ihn deshalb benutzen konnte.

Wesentliche Voraussetzung in der Entwicklung Rauschenbuschs war dessen theologische Unabhängigkeit. Sein Misstrauen gegenüber dem Alten Testament ermöglichte es ihm, die Propheten ganz neu zu entdecken. Diese Unabhängigkeit war es, die es ihm ermöglichte, das soziale Problem mit seiner Frömmigkeit zu verbinden. Diese Offenheit war wichtiger für die Entwicklung seines „Social Gospel" als jeder äußere Einfluss, dem er ausgesetzt war.

---

[208] Albrecht Ritschl: The Christian Doctrine of Justification and Reconciliation, Edinburgh 1902, 11.

[209] Die beiden Hauptvertreter der Theologie Ritschls in Amerika, William Adams Brown und William Newton Clarke, hatten ihre Hauptwerke noch nicht veröffentlicht. Letzterer war bedeutender Theologe der „Brotherhood of the Kingdom".

[210] W.R.: Noch einmal die sociale Frage, in: Der Sendbote, 28. Januar 1891.

Quellen und Literatur

Walter Rauschenbuschs veröffentlichte Artikel 1884–1891:

Baptist Mission Work in Germany, in: National Baptist, Philadelphia 31. Juli 1884

Review of „Der Index der Verbotenen Bücher. Ein Beitrag zur Kirchen- und Literaturgeschichte, von Dr. Fr. Heinrich Reusch, Bonn 1883 und 1885", in: The Baptist Quarterly Review, Oktober 1886, 564–567

Das Fußwaschen, in: Der Sendbote, 26. Januar 1887

Zehn goldene Regeln für junge Christen, in: Der Sendbote, 16. Februar 1887

Review of „Die Geschichte der beiden Märtyrer Adolf Clarenbach und Peter Fliesteden, nach gleichzeitigen städtischen und landesherrlichen Urkunden und aus wieder aufgefundenen Druckschriften erzählt von Carl Krafft, Elberfeld 1886", in: The Baptist Quarterly Review, April 1887, 275 f.

Für die Glieder der Jugendvereine, in: Der Sendbote, 11. Mai 1887

Bericht aus Newark, N.Y., in: Der Sendbote, 8. Mai 1887

Warum Glauben? Predigt über Matthäi 9, 29, Cleveland 1887

Eastern Conference of the German Baptist, in: The Standard, Chicago, September 1887

The Importance of the Proper Education of Our German Population. Vortrag am 27. Oktober 1887, in: New York Baptist Annual, 1888

Einweihung in Boston, Mass., in: Der Sendbote, 16. November 1887

The Waldenses, in: American Baptist, 1888

Mancherlei Gaben und ein Geist, in: Der Sendbote, 18. Januar 1888

Dr. Edward Judson über Traktatverbreitung, in: Der Sendbote, 22. Februar 1888

The Savings Efficiency of Money, in: Christian Inquirer, New York, 24. Mai 1888

Du sollst nicht stehlen, in: Der Sendbote, 18. Juli 1888

Beneath the Glitter, in: Christian Inquirer, 2. August 1888

Impressions of the Northfield Meetings, in: Christian Inquirer, 16. August 1888

Der Gebrauch der Stimme in der öffentlichen Rede, in: Der Hülfsbote, Stettin, Oktober 1888

Die vier Evangelisten. Matthäus, in: Der Sendbote, 31. Oktober 1888

Die vier Evangelisten. Markus, in: Der Sendbote, 7. November 1888

Die vier Evangelisten. Lukas, in: Der Sendbote, 14. November 1888

Die vier Evangelisten. Johannes, in: Der Sendbote, 21. November 1888

Who Shall Educate? Church or State?, in: Seventh Annual Session of the Baptist Congress, 1888, 28ff.

On Immigration, in: Seventh Annual Session of the Baptist Congress, 1888, 86f.

Shall the Christian Academies Go?, in: National Baptist, 17. Januar 1889

Die Liederdichter der Baptisten, in: Der Sendbote, 9. Januar 1889

Des Missionars Berufung, in: Der Sendbote, 16. Januar 1889

High Rent and Low Morals, in: National Baptist, März 1889

Schlagen oder tragen?, in: Der Sendbote, 27. März 1889

That Boston Fad, in: Christian Inquirer, 15. August 1889

Report of the Committee on the Telugu Missions, in: Baptist Mission Magazine, Juli 1889

The Condition of the Churches as seen among the Foreign Populations, in: The New York Baptist Annual 1890, 38–41

Influence of Mazzini, in: Colloquium, November 1889

Natural and Artificial Monopolies, in: Eighth Annual Session of the Baptist Congress 1889, 55–61

Relation of Church and State, in: Eighth Annual Session of the Baptist Congress 1889, 143–145

Notes on the Dancing Question, in: Colloquium, April 1890

Review of Social Aspects of Christianity by Richard T. Ely, in: Colloquium, April 1890

Einweihung in der Zweiten Gemeinde, New York, in: Der Sendbote, 16. April 1890

What Changes in Society are Necessary?, in: Colloquium, Juli 1890

Die sociale Frage, in: Der Sendbote, 16. Juli 1890

Die sociale Frage, in: Der Sendbote, 13. August 1890

Die sociale Frage, in: Der Sendbote, 24. September 1890

Die sociale Frage, in: Der Sendbote, 15. Oktober 1890

Die sociale Frage, in: Der Sendbote, 5. November 1890

State Insurance in Germany, in: National Baptist, Dezember 1890

Noch einmal die sociale Frage, in: Der Sendbote, 28. Januar 1891

Das prophetische Amt, in: Der Sendbote, 4. März 1891

Das prophetische Leiden, in: Der Sendbote, 11. März 1891

Die prophetische Mission der Gemeinde Christi, in: Der Sendbote, 18. März 1891

Die prophetischen Aufgaben der Baptistengemeinden, in: Der Sendbote, 25. März 1891

Nicht eingeschlossen sind Rauschenbuschs Beiträge in der Zeitschrift „For the Right" und seine Sonntagsschul-Lektionen.

Weitere erwähnte Veröffentlichungen Rauschenbuschs:

Neue Lieder. Übersetzungen von Ira D. Sankeys „Gospel Hymns No. 5", New York 1889

The Righteousness of the Kingdom, edited and introduced by Max L. Stackhouse, Nashville/TN 1968

A Conquering Idea, in: The Examiner, 21. July 1892

What shall we do with the Germans? 1897

Leben und Wirken von August Rauschenbusch, completed by his son Walther Rauschenbusch, Kassel 1901

Dogmatic and Practical Socialism, in: The Rochester Herald, 14. März 1901

Why I am a Baptist, in: Rochester Baptist Monthly, November 1905 – März 1906

The Influence of Historical Studies on Theology, in: The American Journal of Theology 1907, 111–127

Christianity and the Social Crisis, New York 1907

For God and the People. Prayers for the Social Awakening, Boston 1910

Christianizing the Social Order, New York 1912

A Theology for the Social Gospel, New York 1917

The Genesis of „Christianity and the Social Crisis", in: The Rochester Theological Seminary Bulletin. The Record, November 1918, 51–53

Sekundäre Quellen:

Abell, Aaron I. (Hg.): American Catholic Thought on Social Questions, Indianapolis 1968

Aiken, John R.: Walter Rauschenbusch and Education for Reform, in: Church History, Dezember 1967, 456–469

Baker, Ray Stannard: The Spiritual Unrest, New York 1910

Barker, Charles Albro: Henry George, New York 1955

Barnes, Sherman B.: Walter Rauschenbusch as Historian, in: Foundations, Sommer 1969, 263–272

Bodein, Vernon P.: The Social Gospel of Walter Rauschenbusch and Its Relation to Religious Education, New Haven/CT 1944

Bonhoeffer, Dietrich: Gesammelte Schriften, Bd. 1: Briefe, Aufsätze, Dokumente. 1928–1942, München 1958

Bowden, Henry W.: Walter Rauschenbusch and American Church History, in: Foundations, Sommer 1966, 234–250

Brose, Olive J.: Frederick Denison Maurice, Athens/OH 1971

Cremer, Ernst: Hermann Cremer. Ein Lebensbild, Gütersloh 1912

Cremer, Hermann: Die Fortdauer der Geistesgaben in der Kirche, Gütersloh 1890

Cremer, Hermann: Über den Einfluss des christlichen Prinzips der Liebe auf die Rechtsbildung und Gesetzgebung, Greifswald 1889

Christensen, Torben: Origin and History of Christian Socialism 1848–1854, Aarhus 1962

Cross, Robert D.: Introduction to the Torchbook edition of Christianity and the Social Crisis, New York 1964

Dawson, Joseph Martin: Baptists and the American Republic, Nashville/TN 1956

Dombrowski, James: The Early Days of Christian Socialism in America, New York 1936

Emerson, Edwin: A History of the Nineteenth Century, Bd. III, New York 1902

George, Henry: Progress and Poverty, New York 1958

George, Henry: Protection or Free Trade, New York 1940

Handy, Robert T.: The Social Gospel in America 1870–1920, New York 1966

Harrison, Berverly: Review of „The Righteousness of the Kingdom", in: Social Action, Mai 1969, 34 f.

Hofstadter, Richard: Social Darwinism in American Thought, rev. edition, Boston/MA 1955

Hopkins, C. Howard: The Rise of the Social Gospel in American Protestantism 1865–1915, New Haven/CT 1940

Hudson, Frederic M.: The Reign of the New Humanity, unpublished Ph.D. dissertation, Columbia University 1968

Hudson, Winthrop S.: The Great Tradition of the American Churches, rev. edition, New York 1963

Hudson, Winthrop S.: How American is Religion in America?, in: Jerald C. Brauer (Hg.): Reinterpretation in American Church History, Chicago/IL 1968, 153–167

Landis, Benson Y.: A Rauschenbusch Reader, New York 1957

Maurice, Frederick Denison: The Kingdom of Christ, 2 Bd., London 1959

Maurice, Frederick Denison: The Gospel of the Kingdom of Heaven, New York [3]1888

Maurice, Frederick Denison: The Life of Frederick Denison Maurice. Chiefly Told in His Own Letters, Edited by his Son Frederik, 2 Bd., New York 1884

May, Henry F.: Protestant Churches and Industrial America, New York 1949

Meyer, Donald B.: The Protestant Search for Political Realism 1919–1941, Berkeley/CA 1961

Meyer, F.W.C.: Walter Rauschenbusch, Preacher, Professor and Prophet, in: The Standard, 3. Februar 1911

Meyer, F.W.C.: Walter Rauschenbusch, in: Bulletin of the German Department of the Rochester Theological Seminary, Jubiläumsausgabe, Juli 1927, 47–50

Moehlman, Conrad Henry: The Life and Writings of Walter Rauschenbusch, in: Colgate-Rochester Divinity School Bulletin, October 1928, 32–37

Müller, Reinhart: Walter Rauschenbusch. Ein Beitrag zur Begegnung des deutschen und des amerikanischen Protestantismus, Leiden/NL 1957

Nevins, Allan: Study in Power. John D. Rockefeller, Industrialist and Philanthropist, 2 Bd., New York 1953

Newman, A.H.: A History of the Baptist Churches in the United States, New York 1900

Rauschenbusch-Clough, Emma: Social Christianity in the Orient, New York 1914

Ritschl, Albrecht: The Christian Doctrine of Justification and Reconciliation, Edinburgh 1902

Sharpe, Dores R.: Walter Rauschenbusch, New York 1942

Smucker, Donovan E.: The Origins of Walter Rauschenbusch's Social Ethics, unpublished Ph.D. dissertation, University of Chicago, 1957

Smucker, Donovan E.: The Rauschenbusch Story, in: Foundations, January 1959, 4–12

Stackhouse, Max L.: The Formation of a Prophet. Reflections on the Early Sermons of Walter Rauschenbusch, in: Andover Newton Quarterly, January 1969, 137–159

Stealy, Syndor L.: A Baptist Treasury, New York 1958

Walter Rauschenbusch

Dokumentation

1. Walter Rauschenbusch in: „Der Sendbote" (1888–1891)

Die Zeitschrift „Der Sendbote" war das Organ der deutschen Baptisten Nord-Amerikas, hg. im Publishing Hause of the North American Baptist General Conference, Cleveland/ Ohio. 119 Jahre lang – von 1852 bis 1971 – ist er ohne Unterbrechung erschienen. Erster Herausgeber war Prediger Konrad Anton Fleischmann. „Der Sendbote" erschien zunächst als Monatszeitschrift, ab 1863 halbmonatlich und später wöchentlich. Erst 1968 kam er wieder halbmonatlich, ab 1970 monatlich heraus.

Der Sendbote, 18. Juli 1888
Du sollst nicht stehlen

Vielleicht denkt mancher Leser des „Sendboten", einen Artikel über das Stehlen könne man sich wirklich sparen. Aus Zuchthäuslern oder solchen, die es werden wollen, besteht doch der Leserkreis des „Sendboten" gewiss nicht. Hoffentlich nicht. Aber die Gebote Gottes sind sehr tief. Wenn man ein Senkblei hinablässt, kann man viel Leine auslassen, ehe man den Boden findet. Mancher hält sich sicherlich nicht für einen Mörder, dem das Wort Gottes doch das Kainszeichen auf die Stirn drückt (siehe 1. Joh. 3, 15). Und so ist vielleicht mancher ein Dieb, der sich das nicht träumen lässt.

Das Gebot: „Du sollst nicht töten" trifft die Vergehung gegen das Leben Anderer. Das Gebot: „Du sollst nicht stehlen" trifft die Vergehen gegen das Eigentum anderer. Wir müssen darum erst verstehen, was Eigentum ist und wie man es gewinnt; dann können wir erst recht verstehen, was eine Sünde am Eigentum sein wird.

Als Gott den Menschen schuf, war die Erde schon da; das Gras spross schon, die Tiere weideten, die Bäche murmelten talwärts und die Sonne schien hell darüber. Als nun hundert Menschen auf der Erde waren, konnte keiner von ihnen sagen: „die Luft ist mein", oder: „das Wasser ist mein". Das alles war Gottes Gabe an alle Menschen und keiner konnte es als sein ausschließliches Eigentum beanspruchen. Aber wenn einer von ihnen im Talgrund den Boden lockerte und vom Unkraut säuberte und Rüben hineinsäte und sie pflegte und umhegte, dann hat er augenscheinlich auf die Rüben ein Anrecht, welches seine 99 Mitmenschen nicht teilten. Er hatte die Naturkräfte, die allen gemeinsam gehören, mit seinen Kräften und seinem Verstande gelenkt und bemeistert, und das Produkt war sein Eigentum. Ebenso, wenn ein anderer eine Schnur flocht und einen Haken hämmerte und Köder suchte und fing einen Fisch, dann gehörte der Fisch ihm und sonst niemand. Der Fluss gehörte ihm nicht und die anderen Fische auch nicht; aber der Fisch, den er durch seinen Fleiß und seine Klugheit den Elementen abgerungen hatte, der gehörte ihm. Also dadurch wird im Grunde etwas unser Eigentum, dass wir das Rohmaterial, welches Gott uns in seiner Schöpfung bietet, bearbeiten und die Kräfte der Natur lenken, so dass sie unsere Wünsche befriedigen. Dies Eigentumsrecht an einem Gegenstande können wir nun auch auf andere übertragen. Wenn jener Fischer lieber Gemüse als Fisch haben wollte, und jener Bauer mehr Rüben hatte, als er brauchte, so konnten sie den Fisch gegen einen Arm voll Rüben umtauschen. Dann gehörte der Fisch nicht mehr dem, der ihn gefangen hatte; er hatte ihn hingegeben um etwas anderes, das ihm eben so viel oder mehr wert war. Das ist die rechtmäßige Übertragung von Eigentum durch Handel oder Verkauf. Ein rechter Handel schließt ein, dass jeder Teil etwas erhält, das ihm wenigstens ebenso viel wert ist wie das, was er hingibt. (Bei Geschenken geht auch Eigentum aus einer Hand in die andere, aber der Besitzer verzichtet aus irgendeinem Grunde freiwillig auf den Empfang von etwas Gleichwertigem.)

Außer Geschenk und Handel gibt es nur noch eine Weise, wie Eigentum von dem Besitzer auf einen anderen übergehen kann; das ist durch Stehlen. Beim Diebstahl geht stets Eigentum aus den Händen des Besitzers, ohne dass derselbe etwas dafür empfängt, was in seinen Augen eben so viel oder mehr wert ist. Diese Eigenschaft bleibt sich stets gleich, wie auch die Weise des Diebstahls sein mag. Ob man mit der Pistole in der Hand auf einsamem Wege einem Manne die Uhr abfordert; oder im Gedränge der Menschen sie ihm aus der Tasche zieht; oder unter einem Vorwand sie ihm abborgt und damit verschwindet; oder ihn in seiner Trunkenheit überredet, sie gegen eine rostige Flinte zu vertauschen: es ist stets Diebstahl, denn man hat sein Eigentum genommen, ohne ihm etwas zu geben, was ihm wenigstens eben so viel wert ist. Und hiervon sagt nun der Herr: Du sollst nicht!

Und er fügt keine Bestimmung von groß oder klein hinzu, sagt nicht: Einen Elefanten sollst du nicht stehlen, aber bei einer Stecknadel macht es nichts aus. Er sagt einfach: Du sollst nicht! Es gibt sehr viel gedankenlose Unredlichkeit im Kleinen, auch unter Christen. Junge Männer in dem Office brauchen ihres Herren Briefpapier und Marken für ihre Privatkorrespondenz. Mägde nehmen ein wenig Zucker und ein wenig Tee von dem Überfluss der Herrschaft heim zu Muttern. Hausfrauen naschen ein paar Erdbeeren im Laden oder tun, als erprobten sie, während sie doch gar nicht vorhaben zu kaufen. „Kleinigkeiten" sagst du. Jawohl, Kleinigkeiten, aber aus Kleinigkeiten besteht das Leben und du sollst nicht stehlen!

Diese Art des Diebstahls ist die einfachste und am leichtesten zu erkennen: wenn man etwas nimmt, ohne etwas dafür zu geben. Verwickelter ist der teilweise Diebstahl. Man nennt denselben oft Betrug, aber Diebstahl darf er auch heißen. Wenn z. B. jemand von einem Händler tausend Stämme Holz zu einem Dollar das Stück kauft, und derselbe liefert, in der Erwartung, dass sie nicht nachgezählt werden, nur 950 Stück, dann hat er 50 Dollar gestohlen, denn er hat sie genommen, ohne etwas dafür wiederzugeben. Ebenso ist es, wenn Müller das Mehl, oder Farmer die Kartoffeln kurz messen oder wenn der Arbeiter, der seinem Arbeitgeber acht Stunden Arbeit für zwei Dollar verkauft hat, ihm nur 7½ Stunden liefert und die andere halbe Stunde hinter seinem Rücken vertändelt.

Ebenso ist es, wenn der Abzug nicht an der Quantität, sondern an der Qualität gemacht wird. Wenn jemand bei einem Papierhändler nach vorgelegten Proben einen Sack Papier bestellt und bezahlt, und die abgelieferte Ware ist um ein Grad dünner als die bestellte, so hat der Verkäufer den Käufer bestohlen um den Unterschied im Preise zwischen dieser und jener Sorte.

Vor Gottes Augen stiehlt auch jemand, der einem anderen eine falsche Meinung einflößt von dem zu kaufenden Gegenstande oder ihn auch nur durch Stillschweigen in einer falschen Meinung belässt. Wenn ein Farmer seine großen saftigen Erdbeeren oben auf die Schachtel tut, die unten mit kleinen und schruppigen gefüllt ist, so tut er das mit der bewussten Absicht, den Käufer zu dem Glauben zu bringen, die Schachtel sei voll von solch guten Beeren. Zahlt derselbe in dieser Meinung das geforderte Geld, so liefert ihm der Farmer nichts, was in den Augen des Käufers so viel wert ist, wie das Geld. Ebenso ist es, wenn jemand sein Pferd verkaufen will, und macht es durch die bekannten Mittelchen feist und feurig, während er doch genau weiß, dass es in drei Tagen wieder gerade so mager und melancholisch sein wird wie je. Der Käufer bezahlt für ein gutes Pferd und kriegt ein schlechtes. Der Verkäufer stiehlt eine Summe Geldes aus der Tasche des Käufers gerade so gut, wie wenn er ehrlich gehandelt, aber dem Käufer nachher aufgelauert und ihm die Summe Geldes geraubt hätte.

Oder gesetzt, ein Hauseigentümer vermietet eine Wohnung; diese hat einen Übelstand, den jemand bei einfacher Besichtigung nicht leicht entdeckt, der aber für die Mieter sehr peinlich ist und den Wert der Wohnung verringert; der Hausherr leugnet den Fehler nicht ab, er schweigt einfach darüber, und der Mieter zieht ein. Dann hat der Hausherr durch sein Stillschweigen belogen und, wie es stets geht, wenn Lügen sich auf Eigentum beziehen, zugleich auch betrogen, d. h. bestohlen.

Also Diebstahl besteht darin, dass jemand einem anderen Eigentum nimmt, ohne demselben etwas dafür zu geben, was demselben ebenso viel oder mehr wert ist als das, was er hergibt. Wenn man daher im Leben irgendeinen Fall findet, wo jemand Eigentum gewinnt, ohne etwas ziemlich Gleichwertiges dafür zu liefern, so kann man mit einiger Sicherheit schließen, dass da, bewusst oder unbewusst, eine Unredlichkeit vorfällt. Wenn z. B. auf der Börse (stock exchange) jemand heute für $ 10.000 Aktien kauft und bis morgen sind dieselben durch irgendwelche Manipulation so gestiegen, dass er sie mit $ 1.000 Reingewinn verkauft, so fragen wir, wo hat er die $ 1.000 her? Hat er irgendeine Arbeit verrichtet, die so viel wert war? Hat er durch seinen Fleiß und seine Tüchtigkeit in dem einem Tage die Eisenbahn, die durch die Aktie repräsentiert ist, so verbessert, dass ihr Eigentum l0 Prozent mehr wert ist? Durchaus nicht. Er hat der Eisenbahn auf einen Tag sein Geld geliehen und dafür war er zu einer Bezahlung berechtigt; er setzte auch sein Eigentum einiger Gefahr aus und konnte dafür Versicherung fordern. Aber beides beläuft sich nicht auf 10 Prozent in einem Tage. Ich glaube, solches Geld ist überhaupt nicht verdient, und es ist deshalb unrechtmäßiger Gewinn.

Gott hat die Welt so eingerichtet, dass sie alle unsere Bedürfnisse befriedigen kann. Aber wir müssen ihr ihre Schätze abringen. Nichts kriegt man ohne Arbeit. Wenn irgendein Stück Besitztum in unserer Hand ist, ein Messer, ein Geldstück, ein Regenschirm, es ist durch die Arbeit eines oder vieler Menschen geschaffen worden. Wenn nun jemand dasselbe an sich bringt (außer als Geschenk), ohne seine eigene Arbeit oder etwas, das ihm Arbeit gekostet hat, dafür zu erstatten, so bleibt irgendjemands Arbeit unbelohnt; irgendjemand hat sich abgemüht, und sein Lohn ist ihm ganz oder teilweise vorenthalten. Deshalb sagt Paulus: Wer nicht arbeitet, der soll auch nicht essen. Denn wenn jemand nicht arbeitet und isst doch, so isst er das Brot, das eines anderen Schweiß erzeugt hat.

Es ist eine böse Stunde für einen jungen Mann, wenn er den Gedanken kriegt, dass er einen Dollar bekommen kann, ohne einen Dollar wert Arbeit dafür zu tun. Er kann es, aber er kann es nur durch Stehlen auf irgendwelche Weise. Es ist ein schlimmes Ding für ein Volk, wenn in demselben viele Leute sind, die nicht arbeiten mit Kopf oder Hand und leben doch. Wir Menschen sind träge Geschöpfe. Wir schlagen immer den kürzesten und leichtesten Weg ein, um unsere Wünsche zu befriedigen. Und wenn uns der Beweis vor Augen steht, dass wir auch ohne Arbeit leben und gut leben können, so werden wir stark versucht sein, diesen Weg einzuschlagen, wenn wir ihn irgendwie finden können.

Noch eine Art des Diebstahls bleibt zu nennen. Wenn jemand anvertrautes Gut verwaltet, so ist er verpflichtet, den Ertrag für den ihm bestimmten Zweck zu verwenden. Wenn er denselben anders verwendet, so veruntreut oder stiehlt er. Nun sind wir alle Verwalter von anvertrautem Gut. Unser Körper mit seinen Kräften, unser Verstand mit seinen Fähigkeiten – wo haben wir die her? Haben wir sie uns gemacht, so dass sie unser Eigentum sind? Oder haben wir sie von einem Menschen eingehandelt? Hat nicht Gott sie uns gegeben? Und wenn so, hat er sie uns bedingungslos gegeben, wie man einem Kinde einen

Cent gibt, um damit sich einen Apfel zu kaufen, oder damit zu spielen, oder ihn wegzuwerfen? Wenn irgendetwas in der Lehre des Herrn klar ist, dann ist es dies, dass Gott uns dies alles mit bestimmten Bedingungen anvertraut hat, damit wir es für ihn verwalten. Brauchen wir nun unseren Körper und Verstand und alles, was wir mit denselben erwerben, zu anderen Zwecken, die dem Willen des eigentlichen Eigentümers nicht entsprechen, so veruntreuen wir. Das heißt, wir stehlen.

Der Sendbote, 27. März 1889
Schlagen oder Tragen?

Wir kommen fortwährend in Zusammenstoß mit anderen Menschen. Die Welt ist sehr voll von Menschen, und sie sind alle so eifrig am Rennen und Drängen, dass, wenn man nicht, wie Robinson Crusoe, allein auf einer Insel wohnt, einem alle Augenblicke jemand auf die Zehen tritt. Unsere Interessen geraten in Konflikt. Zwei Leute greifen nach dem selben Apfel, und was dann? Zwei Brüder möchten gern die leer gewordene Diakonenstelle haben, und was nun? Schlagen oder tragen? Auf eins von den beiden kommt's gewöhnlich hinaus. Die Königin Elisabeth von England hat es einmal in einem lateinischen Spruch knapp ausgesprochen: „Aut fer aut feri; ne feriare, feri." „Trag oder schlag; willst du nicht geschlagen werden, so schlag." War ihr Rat richtig? Es ist ohne Zweifel der Rat, den menschliche Klugheit immer gegeben hat, aber ist er richtig? Mit andren Worten: Wenn uns ein Unrecht angetan wird, sollen wir es ruhig hinnehmen oder sollen wir es heimzahlen? Das Unrecht braucht natürlich nicht in einem Schlage mit der Faust zu bestehen. Die meisten von uns sind zu anständig, um sich mit jemanden herumzubalgen. Das Unrecht kann in einem gehässigen Wort, in einer Übervorteilung im Handel, in Grausamkeit gegen unser Vieh, kurz in fast irgendetwas bestehen. Die Frage ist immer dieselbe: Sollen wir's heimzahlen oder sollen wir's ruhig hinnehmen? Schlagen oder tragen? Was sagt die Schrift?

1. Das Gebot.

„Seht zu, dass niemand Böses mit Bösem vergelte" (1. Thess. 5, 15). „Vergeltet nicht Böses mit Bösem oder Scheltwort mit Scheltwort, sondern dagegen segnet" (1. Petri 3, 8.9). Das sind ausdrückliche Befehle, gerade so gut wie: „Du sollst nicht stehlen" und „Es lasse sich ein Jeglicher taufen". Wer sagt uns, dass dies wichtig und jenes unwichtig ist?

Aber hört, was Jesus selbst sagt: „Ihr habt gehört, dass da gesagt ist: Auge um Auge, Zahn um Zahn. Ich aber sage euch, dass ihr nicht widerstehen sollt dem Übel; sondern so dir jemand einen Streich gibt auf deinen rechten Backen, so biete den anderen auch dar. Und so jemand mit dir rechten will und deinen Rock nehmen, dem lass auch deinen Mantel. Und so jemand dich nötigt eine Meile zu gehen, so gehe mit ihm zwei" (Matth. 5, 38–42). Das ist klar genug.

In dem ersten Satze: „Auge um Auge, Zahn um Zahn" drückt Jesus aus, was zu seiner Zeit allgemein als die rechte Handlungsweise galt. Es gilt auch heute noch so. „Tut dir jemand unrecht, so wehr' dich und zahl's ihm heim. Schlägt dich jemand, so schlag ihn wieder. Schimpft dich jemand, so schimpfe zurück. Auge um Auge, Zahn um Zahn."

Das gilt auch heute noch für recht. Stellt man Müller zur Rede, weshalb er Schulze einen Dieb gescholten habe, so sagt er: „Schulze hat mich einen Betrüger genannt", und das mit einem Tone, als ob er nun ganz gerechtfertigt sei. Er verlässt sich auf den Rechts-grundsatz „Auge um Auge, Zahn um Zahn". Nun sagt Jesus: Nein, das ist verkehrt. Tut dir jemand unrecht, so wehre dich nicht, sondern nimm es ruhig hin. Und dann erläutert er diese allgemeine Regel durch drei besondere Fälle:

1. Angenommen, jemand schlägt dich ins Gesicht; schlage nicht wieder, lass dich lieber noch einmal schlagen als dass du dich wehrst.

2. Angenommen, jemand will mit dir einen Prozess anfangen um deinen Rock, lass ihm ruhig den Rock, gib ihm den Mantel auch noch, wenn ihn das zufrieden stellt, aber pro-zessiere nicht mit ihm.

3. Angenommen, jemand zwingt dich, (wie es zu jener Zeit oft geschah), eine Meile weit Führer oder Packknecht zu sein, wehre dich nicht, gehe ruhig mit ihm, tue noch ein Übri-ges und gehe zwei Meilen, lieber als dass du Streit anfängst.

Paulus geht noch weiter (Röm. 12, 19–21). Er sagt nicht nur, wir sollen uns nicht rächen, sondern die ganze Sache Gott überlassen. Er sagt sogar, wir sollen denen Gutes tun, die uns Böses tun. Und dass er nicht bloß schöne Worte machte damit, zeigt er in 1. Kor. 6, 7, wo er die Korinther schilt, weil sie überhaupt Streitigkeiten unter sich hatten und sich nicht lieber Unrecht antun ließen, als Streit darum anzufangen.

Auch Jesus hat den Grundsatz, den er für uns niedergelegt hat, selbst angewandt. Als die Leute in dem samaritanischen Dorf ihm Aufnahme verweigerten, ist er ruhig anderswo hingegangen (Luk. 9, 51–56). Und als seine Jünger meinten, sie wollten sich rächen an den Einwohnern, sagte er, eine solche Handlungsweise sei seinem Geiste ganz entge-gengesetzt.

Wenn es je am Platze gewesen wäre, sich gegen Unrecht aufzulehnen und gewaltsam zu wehren, dann war es, als Jesus ergriffen wurde, um gemordet zu werden. Einer der Jünger versuchte es, aber Jesus verwies es ihm. Und vor Pilatus sagte er, es sei seinem

Reiche, als einem solchen, das nicht von dieser Welt ist, eigentümlich, dass seine Untertanen keinen gewaltsamen Widerstand ausübten. Deshalb charakterisiert Petrus (1. Petri 2, 23) das Leben Jesu als ein Leben der Widerstandslosigkeit: „Welcher nicht wieder schalt, da er gescholten wurde, nicht drohte, als er litt, er stellte es aber dem heim, der da recht richtet."

Also auf die Frage: „Tragen oder schlagen?" gibt uns das Neue Testament sehr deutlich die Antwort: „Tragen".

2. Einwendungen gegen das Gebot.

Es ist auffallend, dass, trotzdem dieses Gebot so klar dasteht, öfters wiederholt wird und mit besonderen Anwendungen versehen ist, um es deutlich zu machen, man es doch ruhig beiseiteschiebt und behandelt, als wäre es nicht da. Jedermann gibt zu, dass die Welt eine viel schönere Welt sein würde, wenn jedermann nach diesen Regeln handeln würde; aber sie scheinen so erhaben und so schwer zu halten, dass wir gar keine Verpflichtung fühlen, einen Anfang damit zu machen. Wenn man zuerst nachdenkt über die Sache, so scheint aus mehreren Gründen eine solche Handlungsweise nicht möglich und auch nicht wünschenswert. Die Gründe sind etwa die folgenden:

1. Es ist recht, einem Menschen, der uns Unrecht tut, sein Unrecht zu vergelten. Schlägt mich jemand, so ist es nicht mehr wie recht, wenn ich ihn wieder schlage. Mit anderen Worten: Der alte Rechtsgrundsatz: „Auge um Auge, Zahn um Zahn" ist ganz wahr und berechtigt.

Diese Anschauung ist so alt, so tiefgewurzelt und durch unser ganzes gesellschaftliches Leben so allgemein als richtig angenommen, dass es schwer ist, sich davon loszusagen. Aber alle, die Jesum Christum als ihren König und Gesetzgeber anerkennen, frage ich: Was macht ihr denn mit seinen Worten, in denen er diese alte Rechtsregel geradezu umstößt und das Umgekehrte an ihre Stelle setzt? „Ihr habt gehört, dass da gesagt ist: Auge um Auge, Zahn um Zahn. Ich aber sage euch, dass ihr nicht widerstreben sollt dem Übel." Wird es recht, einem Menschen ein Auge auszuschlagen, weil er vorher dasselbe getan hat? Ist Gewalttätigkeit jemals recht?

Wird Verleumdung aus etwas recht Bösem auf einmal in etwas recht Gutes verwandelt, wenn nur der, den man verleumdet, dasselbe vorher auch getan hat? Machen zwei böse Handlungen auf einmal eine gute? Wenn uns jemand ein Unrecht antut, können wir es ihm nicht mit gleicher Münze heimzahlen, ohne auch ein Unrecht zu tun. Die einzige Voraussetzung, unter der wir das Recht haben würden, jemand ein Unrecht zu vergelten, ist, wenn wir als Richter eingesetzt sind, um das Recht an ihm zu vollstrecken. Diesen Einwand wollen wir jetzt vornehmen.

2. „Das Unrecht würde ungestraft bleiben, wenn wir es nicht heimzahlen würden. Unrecht verdient Strafe. Vollstrecken wir, an denen das Unrecht geschieht, die Strafe nicht, so bleibt das Unrecht ungestraft."

Es ist wahr, Unrecht verdient Strafe. Aber sind wir die geeigneten Personen, um die Strafe zu vollziehen? Um recht zu richten, muss man eine Sache genau verstehen. Man muss alle mildernden Gründe gehörig abwägen. Oft tut jemand uns weh, ohne es beabsichtigt zu haben. Oft wird eine Sache durch ein Missverständnis so auf den Kopf gestellt, dass etwas, was aus reiner Freundschaft und guter Absicht geschah, aussieht, wie eine Handlung aus abgefeimter Bosheit. Sind wir dann schnell bei der Hand, uns für das anscheinende Unrecht zu rächen, so tun wir einem unschuldigen Menschen selbst ein Unrecht. Wollen wir den Richter spielen, so müssen wir auch die Verantwortlichkeit des Richters auf uns nehmen, und das ist eine ernste Sache. Paulus mahnt uns: „Rächt euch selber nicht, sondern gebt Raum dem Zorn (Gottes); denn es steht geschrieben: Die Rache ist mein, ich will vergelten, spricht der Herr." Strafe, Vergeltung für das Unrecht, muss sein. Aber wir selbst sind nicht die richtigen Personen, um die Strafe zu verhängen. Überlasst die Strafe Gott. Seinem Arm entflieht niemand, und er vergisst nichts.

Derjenige, an dem das Unrecht getan wird, ist von allen Menschen der unpassendste, um Gerechtigkeit zu vollstrecken, denn er ist der parteilichste. Alles, was uns Menschen selbst angeht, ist in unseren Augen riesig groß und sehr wichtig. Aber jedes Urteil wird schief, sobald eigenes Interesse dabei im Spiel ist. Kein Richter der Ver. Staaten darf zu Gericht sitzen in einem Falle, der ihn selbst oder seine Familie angeht. Er könnte kein unparteiisches Urteil fällen. Wenn jemand uns ein Unrecht antut, fühlen wir es tief; es scheint uns sehr groß. Und wenn wir dann das Urteil fällen und die Strafe ausmessen, wird sie immer viel schwerer ausfallen, als recht ist. Tatsächlich heißt es dann nicht: „Auge um Auge", sondern zwei Augen für ein Auge, und eine ganze Reihe Zähne für ein Stückchen von einem Zahn. Wenn wir ein Unrecht vergelten wollen, geben wir selten weniger, als wir empfangen haben; gewöhnlich ein gut Stück mehr. Es ist dann gewöhnlich, wie wenn zwei Knaben sich zanken. Der eine wirft halb im Scherz mit einem Kieselstein; der andere wird böse und wirft recht ordentlich mit einem faustdicken Stein. Und dann fühlt der erste, dass er eine solche Entgegnung lange nicht verdient hat und packt einen Backstein. Wir haben alle schon gesehen, wie ein Zank zwischen Familien ganz klein angefangen hat und schließlich eine ganze Nachbarschaft oder eine ganze Gemeinde in Aufregung und Hass gebracht hat; nur dadurch, dass immer einer dem anderen ein Unrecht heimzahlte und immer ein wenig mehr gab, als er gekriegt hatte.

Wir sagen wohl, wir dürfen das Unrecht nicht still tragen, sondern müssen es zurückgeben um des Rechts willen. In Wirklichkeit aber wird das Recht nicht gewahrt, sondern gebeugt, wenn wir in unserer Kurzsichtigkeit und Leidenschaft uns als Richter aufwerfen.

Jakobus sagt mit Recht: „Des Menschen Zorn tut nicht, was vor Gott recht ist." Wenn ein und derselbe Mensch Kläger, Richter und Gerichtsvollstrecker ist, wo bleibt dann das Recht?

3. „Wir müssen ein Unrecht heimzahlen, damit der andere sich hiernach scheut, es zu wiederholen." Mit anderen Worten, wir müssen Auge für Auge fordern und Zahn für Zahn, um aus den Übeltätern bessere Menschen zu machen. Aber erreichen wir diesen Zweck durch das Mittel? Im besten Falle jagen wir dem Übeltäter einfach Furcht ein, und er wird es hiernach lassen, weil er sich vor Strafe fürchtet. Aber sein Herz ist nicht anders geworden. Wenn er hiernach Gelegenheit hat, es wieder zu tun, ohne sich vor Strafe fürchten zu müssen, so wird er es tun. Und in vielen Fällen wird er nicht einmal abgeschreckt. Sein Herz wird hart, sein Zorn heiß.

Dies Verfahren bringt die Esaus hervor, deren Hand gegen jedermann ist, weil jedermanns Hand gegen ihn ist. Die Welt hat diese Methode der Wiedervergeltung schon einige Jahrtausende versucht, und man kann nicht behaupten, dass sie sehr dauernde Erfolge errungen hat damit. Paulus empfiehlt uns eine andere Methode (Röm. 12, 19–21). Er sagt, wir sollen das Böse mit Gutem überwinden. Wir sollen uns nicht rächen, sondern die Sache ruhig Gott überlassen, und wo immer wir können, unserem Feinde Freundlichkeit erweisen. Damit, sagt er, werden wir „feurige Kohlen auf sein Haupt sammeln". Dieser Ausdruck wird oft gebraucht, als ob er etwas sehr Angenehmes bedeutete. Aber feurige Kohlen auf seinem Kopfe haben ist keineswegs angenehm, sondern furchtbar schmerzhaft. Und es gibt auch kaum ein peinlicheres Gefühl, als wenn jemand, gegen den wir recht gehässig und unfreundlich gewesen sind, uns in aller Ruhe und Herzlichkeit etwas Gutes tut. Das macht mehr Eindruck als alles Strafen und bewirkt mehr Besserung als alles Vergelten. Wer noch nie den Traktat gelesen hat: „Der Herr, der seinen Nachbarn unschädlich machte", der lasse ihn sich baldmöglichst kommen. Er enthält mehr Lebensweisheit als die meisten Traktate. Wenn es uns um die Besserung anderer zu tun ist, so können wir das viel besser erreichen durch Tragen als durch Schlagen. Überwinde das Böse mit Gutem.

4. „Es würde uns schlimm gehen, wenn wir nach dieser Regel leben wollten. Sie ist ganz gut für das tausendjährige Reich, aber wenn wir heute alles Böse hinnehmen wollten, ohne uns zu wehren, würden wir bald bettelarm an der Mauer liegen." Vielleicht, ja. Aber lasst uns erst ausfinden, ob eine Sache recht ist, und dann können wir fragen, ob sie bequem ist oder nicht. Wenn jemand sich unter die Oberhoheit Jesu gestellt hat, dann hat er gelobt, recht zu tun, mögen die Folgen für ihn selbst sein, was sie wollen. Aber ich glaube, die Schwierigkeiten in der praktischen Ausführung dieser Regel sind lange nicht so groß, wie sie erst scheinen. Ich glaube, ein schlichter Gehorsam gegen dieses Gebot unseres Herrn würde uns viel glücklicher und friedliebender machen, als die meisten von

uns jetzt sind. Jesus verspricht den Sanftmütigen nicht nur ihr Teil im Himmel; er sagt, sie sollen das Erdreich besitzen (Matth. 5, 5). Man kommt schon hier auf Erden weiter mit Sanftmut als mit Zornmut. Wenn jemand in der Nähe eines Bienenschwarms ist, und er schlägt nach den Bienen, geraten sie alle in Aufruhr und fallen über ihn her. Die Menschen machen es ebenso. Es ist ein Element der Kampflust in der menschlichen Natur, die hervorbricht, sobald jemand sie reizt. Wenn du im Winter über die Straße gehst und eine Schar Jungens wirft mit Schneebällen nach dir, und du bleibst stehen, schiltst oder wirfst gar zurück, so kriegst du gewiss einen rechten Hagel über dich. Und jedes Mal danach, wenn dich die Jungen sehen, bist du ihnen eine willkommene Zielscheibe. Gehst du dagegen ruhig deines Weges, so hat die Sache kein Interesse für sie, und es bleibt bei dem ersten Wurf.

So ist es fast überall. Nimmt man ein Unrecht ruhig hin, so bleibt es bei dem ersten. Wehrt man sich, so folgt das zweite und dritte sicher nach. Es ist nicht bloß unrecht, Wiedervergeltung zu üben, sondern es ist auch unweise. Jesus erwähnt diesen Grund auch. Er sagt: „Stecke dein Schwert an seinen Ort; denn wer das Schwert nimmt, der wird (nicht, wie Luther hat: ‚soll‘) durchs Schwert umkommen." Er will damit nicht sagen, dass es gefährlich ist, das Schwert zu nehmen, aber ungefährlich, einen Knüppel zu nehmen. Auch nicht, dass jeder, der je ein Schwert gebraucht hat, notwendig auch mit einem derselben ums Leben kommen wird. Es ist ein allgemeiner Gedanke, Gewalttätigkeit schadet immer dem, der sie ausübt. Ob die Gewalttat in Schwertstreich, Faustschlag, Scheltwort oder heimlicher Nachrede besteht, macht nichts aus. Irgendwie kommt es immer auf den zurück, der zur gewaltsamen Abwehr greift. Jesus sagt: „Gibt dir jemand einen Streich auf den rechten Backen, so biete den anderen auch dar", d. h. gib ihm ruhig die Gelegenheit, es noch einmal zu tun, wenn er will. Tatsächlich wird er es in den meisten Fällen gar nicht wollen. Du würdest gar keinen zweiten Schlag kriegen. Dagegen, wenn du ihn wieder schlägst, musst du recht kräftig schlagen, sonst bekommst du ganz gewiss einen zweiten und dritten Schlag.

Und dann, wenn jemand ein Unrecht oder eine Beleidigung ruhig trägt, erspart er sich so viel Zorn und Ärger. Er hat mehr Frieden nach außen und ganz gewiss mehr Frieden im Herzen. „Denn wo Neid und Zank ist, da ist Unordnung und eitel böses Ding" (Jak. 3, 16). Man macht sich selbst nur elend dadurch. „So ihr euch untereinander beißt und fresst, so seht zu, dass ihr nicht untereinander verzehrt werdet" (Gal. 5, 15). Wer den Groll in sich fressen lässt und grübelt, wie er das Unrecht heimzahlen kann, der hat ein ersticktes Feuer in sich, dessen Rauch ihm in die Augen beißen und ihm Tränen entlocken wird.

Es ist gar nicht so schwer, diesem Gebote zu gehorchen. Im Ganzen würde man leichter und glücklicher durchs Leben kommen, als die meisten es jetzt tun. Dies ist nicht der höchste Grund für eine solche Handlungsweise. Der höchste Grund ist, dass es recht ist; aber wenn etwas recht ist, dann ist es auch schließlich weise und nützlich.

Noch ein Einwurf ist da, den vielleicht jemand machen könnte.

5. „So ruhig alles hinzunehmen ist nicht männlich, und wenn man so handelte, würde man nichts ausrichten in der Welt." Ich weiß es nicht. Ich weiß, dass einer hier auf Erden gewandelt ist, der ganz nach diesem Grundsatz gelebt hat. Er hat nie Gewalt geübt, noch hat er anderen erlaubt, für ihn sie zu üben. Seine einzige Waffe war die Wahrheit. Die hat er überall gesagt. Er hat viel Unrecht von anderen ertragen; er hat es ruhig geduldet und hat ihnen nur Gutes dafür getan. Und doch hat er in dieser Weise mehr getan, um die Sünde aus der Welt zu jagen, als Feuer und Schwert dies getan haben. Und die meisten würden zaudern, ehe sie das Leben Jesu Christi ein unmännliches, feiges Leben nennen würden. Der ist nicht unmännlich, der sich selbst bezwingt. Der ist nicht feige, der es vorzieht, lieber selbst Unrecht zu leiden, als anderen Unrecht zu tun.

Schlagen oder tragen? Was sagt die Schrift? Was sagst du?

Der Sendbote, 16. Juli 1890
Die sociale Frage

Mit großem Interesse habe ich im „Sendboten" vom 18. Juni den Artikel von Br. Anschütz über die sociale Frage gelesen. Der Verfasser stellt in demselben zwei wichtige Behauptungen auf.

1) „Die sociale Frage ist die brennendste Frage der Gegenwart."
2) „Wir, als Gemeinden, haben in immer deutlicherer Weise zu dieser Frage Stellung zu nehmen."

Wenn diese Behauptungen wahr sind (und ich für meinen Teil leugne sie nicht), dann lasst uns den Rock ausziehen und an die Arbeit gehen, denn bis jetzt haben wir als Gemeinden in Bezug auf die sociale Frage hauptsächlich durch unser Schweigen geglänzt. Wir haben uns gewöhnlich damit entschuldigt, dass diese Frage sich mit weltlichen Dingen beschäftigt und darum uns als Gemeinden nichts angeht. Aber wenn, wie Br. Anschütz behauptet, der Staat die Frage lösen kann, erst wenn die Gemeinden die Frage im Lichte des Evangeliums erörtert haben, dann sollten wir uns beeilen, unser Teil zu tun. Wenn wir in der Bibel die Arznei haben, um die Krankheit zu heilen, die heute die ganze Welt im Fieberfroste schüttelt, dann heraus damit, denn die Sache hat Eile.

Um nun die Sache in Gang zu bringen, möchte ich einige Fragen an Br. Anschütz richten, die beim Lesen seines Artikels in mir aufgestiegen sind, und hoffe, dass er sie baldigst im „Sendboten" zum Nutzen aller Leser beantworten wird.

1. Wie verträgt sich eine wirtschaftliche Ordnung, die auf freie Konkurrenz gegründet ist, mit dem Gebote: „Liebe deinen Nächsten wie dich selbst", welches Br. Anschütz den großen socialen Gedanken des Evangeliums nennt? Mit anderen Worten, wie kann jemand seinen Nächsten ebenso sehr lieben, wie sich selbst, und doch mit ihm konkurrieren?

2. Welchen Einfluss würde dieses Gebot „Liebe deinen Nächsten wie dich selbst" auf die Existenz der privilegierten Stände haben, wenn es die Gesetze eines Staates durchziehen würde?

3. Br. Anschütz fordert, dass das Evangelium „die wirtschaftlichen Fragen über Eigentum und Besitz, über Arbeit und Lohn beantworte". Welchen Maßstab bietet uns das Evangelium, um zu entscheiden, was rechtmäßiges und was unrechtmäßiges Eigentum ist?

Mit freundlichen Grüßen an meinen Kollegen jenseits des Hudson.
New York, den 7. Juli 1890
Walther Rauschenbusch

Der Sendbote, 13. August 1890
Die sociale Frage

Ich danke Br. Anschütz für seine freundliche Antwort auf meine Fragen im „Sendboten" vom 30. Juli. Wenn ich noch einmal auf den Gegenstand eingehe, so tue ich es nicht, um meiner persönlichen Ansicht Recht zu verschaffen, sondern weil ich glaube, dass eine brüderliche Besprechung über diesen äußerst wichtigen Gegenstand uns allen nützlich sein wird, und gerade dann am nützlichsten, wenn die, welche an der Besprechung teilnehmen, in manchen Stücken verschiedener Ansicht sind. „Prüft alles und das Gute behaltet." „Es sind mancherlei Gaben, aber es ist ein Geist." Ich würde mich deshalb freuen, wenn Br. Anschütz die Besprechung fortsetzen würde, und noch mehr, wenn auch andere Brüder das Wort ergreifen würden. Ich weiß, dass Br. Haselhuhn ganz zufrieden damit sein wird, denn er hat mir schon vor einem Jahr den Wunsch nach einer Erörterung der socialen Frage ausgesprochen.

Zuerst möchte ich Br. Anschütz die Versicherung geben, dass ich kein Umstürzler bin. Ich bin gegen die Anwendung von Gewalt, selbst zur Verteidigung des Rechtes, und halte sie als dem Wesen des Christentums widersprechend. „Mein Reich ist nicht von dieser

Welt; wäre mein Reich von dieser Welt, meine Diener würden darob kämpfen" (Joh. 18, 36). Ich glaube nicht an Umsturz, sondern an Entwicklung; „zum ersten das Gras, danach die Ähren, danach den vollen Weizen in den Ähren". Ich glaube, ebenso wie Br. Anschütz, dass der Geist Jesu Christi und seine Wahrheit die treibende Kraft in jeder Entwicklung der Menschheit zum Guten ist und sein muss. Nur fasse ich wohl die Wahrheiten des Christentums etwas radikaler auf als er und erwarte deshalb von der allmählichen Anwendung desselben durchgreifendere Veränderungen, als er zu erwarten scheint.

Doch nun zur Sache. Ich hatte Br. Anschütz drei Fragen gestellt und er hat darauf geantwortet. Die allgemeine Richtung seiner Antworten ist mir befriedigend, doch scheint er mir mit der Sache etwas zu leichtfertig zu sein und der Tragweite meiner Fragen nicht ganz gerecht zu werden. Ich erlaube mir deshalb, dieselben noch einmal vorzunehmen.

1. Br. Anschütz behauptet mit Recht, dass der sociale Gedanke des Evangeliums enthalten sei in dem Gebote: „Liebe deinen Nächsten wie dich selbst." Darauf stellte ich die Frage, wie jemand seinen Nächsten ebenso lieben könne, wie sich selbst, und dabei doch noch im Geschäft mit ihm konkurrieren. Br. Anschütz gibt zu, dass dies unmöglich ist, wenn bloß Selbstsucht zur Konkurrenz treibt; dagegen meint er, wenn man bedenke, dass das Herabdrücken der Preise durch die Konkurrenz doch schliesslich zum Wohle für die Menschheit diene, lasse sich die Konkurrenz doch mit der Liebe vereinbaren.

Ja, wenn! Aber wer denkt bei der Konkurrenz an die allgemeine Wohlfahrt? Der Gelehrte mag wohl aus der Vogelschau darauf herabsehen und sagen, es ist alles zum Besten. Aber diejenigen, die mitten in dem Ringen und Drängen drin sind, sehen die Sache ganz anders an. Wenn zum Beispiel ein Ladenbesitzer hört, dass sein Konkurrent um die Ecke die Kartoffeln um 2 Cents billiger verkauft als er, freut er sich, dass er jenen Mann zu solcher Energie angefeuert hat und dass die ganze Nachbarschaft jetzt ihre Kartoffeln billiger bekommt; in Wirklichkeit werden solche menschenfreundliche Erwägungen wohl selten seine Brust durchziehen. Er wird eher daran denken, dass er jetzt auch 2 Cents heruntermuss und dass ihm das nur einen sehr schwachen Verdienst an den Kartoffeln übriglässt. Unser Geschäftsleben ist, wenigstens in den großen Städten, ein hastiges Ringen, in dem sich zehn Hände nach einem Apfel ausstrecken, und wem es gelingt, die anderen beiseite zu stoßen, der kriegt den Apfel. Und nun frage ich, liebt der eine, der den Apfel kriegt, die anderen neun gerade so sehr, wie sich selbst? Und ist es wahrscheinlich, dass die anderen neun sich über seinen Erfolg gerade so sehr freuen, wie wenn sie selbst den Apfel gekriegt hätten? Herr Müller will einen Stall gebaut haben. Drei Bauschreiner bewerben sich darum. Die Arbeit geht flau, ihre Leute müssen Beschäftigung haben, gewisse Zahlungen sind fällig; so unterbietet einer den anderen und sucht ihm auf jeden Preis die Arbeit zu entreißen. Aber wenn jeder von den dreien den anderen genauso liebhätte, wie sich selbst, dann müsste ihm sein eigener Erfolg nicht wichtiger und lieber sein als der des anderen.

In der Abendzeitung steht eine Anzeige: „Verlangt, vier Männer auf Hosen". Ein christlicher Schneider eilt am Morgen früh hinunter an den angegebenen Ort und findet schon 36 vor der Tür, die auch alle angestellt sein wollen. Manche sind junge Burschen, andere sind augenscheinlich Familienväter. Man kann ihnen ansehen, dass sie ängstlich nach Anstellung verlangen. Unser Freund fühlt für sie, aber er denkt auch an Frau und Kinder daheim, drängt sich vorwärts, wird angenommen und lässt die anderen brotlos abziehen. Hat er sie gerade so lieb, wie sich selbst?

Nein, Br. Anschütz, die Frage ist nicht so leicht erledigt. Die Konkurrenz gründet sich gerade darauf, dass jeder sich selbst lieber hat als seinen Nächsten und deshalb alle Anstrengungen machen wird, um jenem einen Verdienst zu entreißen und sich selbst zuzuwenden. Ein jeder, der in diesem Treiben steht, wird dadurch fast gezwungen, andere zu vergessen und seine eigene Haut zu wahren. Ist nicht der Grundsatz der Konkurrenz: „Liebe dich selbst mehr als deinen Nächsten?" Und ist nicht dieser Grundsatz dem Gebote des Herrn Jesu direkt entgegengesetzt?

2. Meine zweite Frage war: „Welchen Einfluss würde dieses Gebot ‚Liebe deinen Nächsten wie dich selbst' auf die Existenz der privilegierten Stände haben, wenn es die Gesetze eines Staates durchziehen würde?" Br. Anschütz antwortete, es würde die verschiedenen Stände nach wie vor bestehen lassen, würde aber ihre Stellung zueinander freundlicher und rücksichtsvoller gestalten. Der Edelmann bliebe Edelmann und der Bauer bliebe Bauer, aber der Edelmann würde sich leutselig mit dem Bauern unterhalten, und der Bauer würde nicht mehr über den Pachtzins knurren. Der Fabrikherr bliebe Fabrikherr und der Fabrikarbeiter bliebe Fabrikarbeiter, aber der Fabrikherr würde dem Arbeiter „einen solchen Lohn gewähren, der ihm ein menschenwürdiges Dasein sichern würde" und der Arbeiter würde treuer und besser arbeiten.

Ist das alles? Also nicht das Aufgeben von Vorrechten, sondern nur die schonende Ausübung derselben fordert das Gebot Jesu?!

Es war bis vor gar nicht langer Zeit fast allgemein in Europa Gesetz, dass Jagd und Fischfang gewissen privilegierten Personen gehörten. Die Hasen fraßen des Bauern Kohl, aber der Bauer durfte ihm keine Schlinge legen. Die Wildschweine zerwühlten die junge Saat, aber wehe dem Bauer, der das Gewehr zur Hand nahm; Geldstrafe, Gefängnis, oder gar Tod durch die Kugel des Försters bedrohten ihn. Was forderte das Gebot Jesu von denen, die ein solches Vorrecht besaßen? Vor etwa 120 Jahren war bei weitem der größte Teil allen Besitztums in den Händen der Geistlichkeit und des Adels, und dies alles war der Steuerpflicht enthoben. Es waren privilegierte Stände und sie brauchten keine Abgaben zu zahlen. Die ärmeren Stände mussten zu den eigenen Lasten noch die der stärkeren tragen. Wenn damals jemand behauptet hätte, die Adligen sollten die Bauern genauso liebhaben wie sich selbst und sollten ihnen deshalb auch nicht mehr Lasten auferlegen wie sich selbst, so wäre er als ein gefährlicher Mensch eingekerkert worden. Wie scheint es uns heute? Es hat eine Zeit gegeben, wo der Lehnsherr bei der Verheiratung eines Vasallen das jus primae noctis beanspruchen durfte. Es war ein Vorrecht seines Standes. Was fordert das Gebot Jesu von ihm? Sein Recht aufzugeben oder es mit Schonung auszuüben? Ich habe meine Beispiele aus der Vergangenheit gewählt, weil sie ein unbefangenes Urteil gestatten, nicht aber, weil es heutzutage nichts Derartiges mehr gibt.

Die Abschaffung der Leibeigenschaft in Russland und der Sklaverei in Amerika, die Abschaffung des Jagdrechtes, die Verallgemeinerung der Bürgerrechte usw., das alles sind Schritte zur Abschaffung der Stände, dadurch, dass den privilegierten Ständen ihre Privilegien genommen wurden. Sehen wir als Christen mit Freude oder Trauer auf diese Veränderungen? Sind sie nicht alle der gesetzliche Ausdruck der christlichen Wahrheit, dass wir alle aus einem Geblüte stammen und einander liebhaben sollen? Was fordert das Gesetz Christi von dem, der Privilegien besitzt? Sie zu behalten und mit Schonung auszuüben? Oder sie mit anderen zu teilen, so dass alle einen Nutzen davon haben? Was sagt Jesus: „Ihr wisst, dass die weltlichen Fürsten herrschen und die Oberherren haben Gewalt. So soll es nicht sein unter euch, sondern, so jemand will unter euch gewaltig sein, der sei euer Diener. Und wer da will der Vornehmste sein, der sei euer Knecht. Gleichwie des Menschen Sohn ist nicht gekommen, dass er sich dienen lasse, sondern dass er diene und gebe sein Leben zur Erlösung für viele.“

3. Meine dritte Frage war: „Welchen Maßstab bietet uns das Evangelium, um zu entscheiden, was rechtmäßiges und unrechtmäßiges Eigentum ist?“ Die Antwort darauf ist so allgemein, dass sie wenig Licht verbreitet. Er sagt, das rechtmäßiges Eigentum solches ist, das auf rechtmäßige Weise erworben ist, und unrechtmäßiges Eigentum sei solches, das durch List und Betrug erworben ist. Allerdings, aber das ist ja gerade, worum es sich in der socialen Frage handelt, was rechtmäßig ist und was nicht. War ein rechtlich gekaufter Sklave rechtmäßiges Eigentum? Ist ein Ring, den ich auf der Straße finde, mein rechtmäßiges Eigentum? Ist ein Stiefel, den ich mache, mein rechtmäßiges Eigentum? Ist eine leere Baustelle, die jemand vor fünf Jahren für $ 4.000 gekauft hat und die jetzt $ 6.000 wert ist, sein rechtmäßiges Eigentum? Wenn jemand eine Farm für $ 1.000 kauft und entdeckt darauf eine Ölquelle, die $ 50.000 wert ist, ist das Öl sein rechtmäßiges Eigentum? Wenn jemand eine gleiche Farm durch sorgfältige Bearbeitung in ihrem Wert verdoppelt, ist der ganze Wert sein rechtmäßiges Eigentum?

Auf diese und ähnliche Fragen hat die Welt klare und begründete Antworten dringend nötig. Die größte Gefahr für das Eigentumsrecht liegt in der Tatsache, dass es so viel

Eigentum gibt, das eigentlich gar kein Eigentum ist. Wollen wir das Eigentumsrecht wirksam verteidigen, so müssen wir rechtmäßiges von unrechtmäßigem Eigentum unterscheiden können. Br. Anschütz hat in seinem ersten Artikel behauptet, das Evangelium gebe uns darüber klare Auskunft. Ich versichere ihm, dass ich eine nähere Darlegung darüber mit Interesse lesen würde.

Der Sendbote, 24. September 1890
Die sociale Frage

Vor mir liegt der „Sendbote" vom 27. August mit dem Artikel von Br. Anschütz. Er geht darin noch einmal auf meine drei Fragen ein. Vielleicht komme ich später noch einmal auf dieselben zurück. Diesmal möchte ich von etwas sprechen, das Br. Anschütz mehr angedeutet als ausgesprochen hat.

Ich glaube, ich tue meinem geschätzten Bruder kein Unrecht, wenn ich behaupte, dass er Furcht zu haben scheint vor radikalen Zielen und durchgreifenden Maßregeln. Er sagte in seiner ersten Erwiderung auf meine Fragen, er verstehe sich zu mir eines Besseren, als dass ich den Umsturz der bestehenden gesellschaftlichen Ordnung erstrebe. In diesem letzten Artikel gibt er zu, dass beim Kommen des Herrn durchgreifende Veränderungen stattfinden werden, aber er verschiebt sie bis dahin. Gegen diese Ansicht, dass das Christentum eine radikale Veränderung der gegenwärtigen Verhältnisse in der Gegenwart entweder nicht wolle oder sie nicht vollziehen könne, möchte ich Protest erheben.

1. Die jetzige sociale Ordnung ist von der Art, dass sie eine durchgreifende Veränderung nötig hat. Br. Anschütz und ich glauben beide, dass die Welt im Argen liegt. Wir glauben, dass die Menschen von Natur nicht dem Willen Gottes, sondern dem Willen des Fleisches gehorchen. Sie lieben sich selbst über alles und sind bereit, das Recht ihrer Mitmenschen zu beugen, um sich selbst in die Höhe zu arbeiten. Menschen haben Menschen mit Waffengewalt bedroht, um ihnen ihre Habe zu entreißen. Menschen haben Menschen in Sklaverei gehalten, um die Früchte ihrer Arbeit sich anzueignen. Menschen haben Menschen durch Steuern ausgepresst, um sich von ihrem Schweiße zu mästen. Die Geschichte der Menschheit ist die Geschichte der menschlichen Selbstsucht. Der Starke hat stets getrachtet, den Schwachen niederzuhalten und auszunützen. In barbarischen Verhältnissen hat er es durch rohe Gewalt getan. Unter zivilisierten Völkern hat er es unter dem Scheine des Rechts getan. Und da die Starken und Mächtigen auch meist die Gesetzgeber der Völker gewesen sind, haben sie gewöhnlich dafür sorgen können, dass die Ausbeutung ganz den Schutz des Gesetzes und den Schein der Rechtmäßigkeit hatte. Auch wenn wir

die wirklichen Zustände der Völker nicht kennten, könnten wir schon aus dem, was wir über das Wesen der Menschen wissen, vermuten, dass die jahrtausendelange Unterdrückung und Ausbeutung der Schwachen auch auf die Gebräuche und Rechtsansichten der Menschen ihren Einfluss ausgeübt haben. Unsere jetzige sociale Ordnung ist wie ein großes Gewebe. In dem sausenden Webstuhl der Zeit sitzt die Menschheit und webt es. Jeder rote Faden der Grausamkeit, der einmal hineingeschossen ist, läuft lange fort. Es ist wahr, die weißen und goldenen Fäden der Gerechtigkeit und des Friedens mehren sich, aber das Muster ist noch dasselbe. Deshalb behaupte ich, dass die jetzige sociale Ordnung, mit allem Guten, was sie schon enthält, doch noch in einem solchen Zustande ist, dass sie radikale Veränderungen nötig hat. Und anstatt solche Pläne mit ängstlichem und warnendem Kopfschütteln zu begrüßen, sollte die Umgestaltung der jetzigen Ordnung für etwas ganz Selbstverständliches gelten bei denen, die nicht durch Rücksicht auf eigene Interessen, sondern Gehorsam gegen das Recht geleitet werden.

2. Das Christentum behauptet offen, dass es gekommen ist, um eine neue Ordnung an die Stelle der alten zu setzen. Schon im Propheten Daniel ist die Weissagung enthalten, dass ein neues Reich kommen soll, dass dieses Reich von ganz anderer Art sein soll als die früheren Reiche, dass es sie zertrümmern und an ihre Stelle treten soll. Jesus trat auf mit der Verkündigung, dass dieses Reich jetzt da sei. Sein Vorläufer Johannes der Täufer beschrieb seine Tätigkeit in feurigen Bildern, die alle ein radikales Eingreifen bedeuten. Maria weissagte von ihm, dass er die jetzt Mächtigen von ihren privilegierten Plätzen stoßen würde und die Niedrigen emporheben. Jesus selbst sagt, durch seine Wirksamkeit werde es dahin kommen, dass die Ersten die Letzten würden und umgekehrt; damit schon bezeichnet er sein Wirken als ein revolutionäres, umkehrendes. Ebenso betrachten es die Apostel. Es war ihnen ganz selbstverständlich, dass „diese Welt", das heißt diese gegenwärtige Ordnung der Dinge (ho aion houtos), einer neuen Ordnung weichen werde.

3. Der revolutionäre Charakter des Christentums ist auch ersichtlich aus der Opposition, die es erregt hat. Was eine Bewegung eigentlich bedeutet, lässt sich oft am leichtesten erkennen, wenn man beobachtet, von welcher Seite die Opposition dagegen kommt und wie heftig diese ist. Wer war es nun, der sich gegen Jesum setzte? War es das Volk, der Pöbel? O nein, das gewöhnliche Volk hing ihm begeistert an und setzte sich nur dann gegen ihn, wenn es von andrer Seite aufgehetzt und verführt wurde. Dagegen „die Hohenpriester und Schriftgelehrten und Obersten des Volkes", die geistliche und weltliche Aristokratie war es, die ihm auflauerte und ihn schließlich durch einen Justizmord ums Leben brachte. Sie waren nicht so dumm; sie wussten ganz gut, was sie taten. Sie sahen, dass er auf die Umwälzung der gesellschaftlichen Ordnung hinzielte, in der sie die fetten Plätze hatten. Wer noch nicht weiß, wie viel Jesu Lehren über das Eigentum mit dem

Hass der Pharisäer gegen ihn zu tun hatten, der lese Lukas Kap. 16 und beachte (V. 14), wie „die Pharisäer, die auf das Geld aus waren, die Nase über ihn rümpften" (wörtliche Übersetzung).

Ebenso war es später in der Geschichte der christlichen Kirche. Jakobus appellierte an die Erfahrung der Christen, wenn er fragt (Jak. 2, 6): „Sind es nicht die Reichen, die euch vergewaltigen, und wiederum sie, die euch vor die Gerichtshöfe schleppen?" Weshalb wurden die ersten Christen so verfolgt? War es bloß, weil sie eine neue Religion einführten? Nein, es kamen im römischen Reich laufend neue Religionen auf und niemand regte sich darüber auf, außer vielleicht die Priester der alten Götter, denen der neue Gott an ihrem Einkommen Abbruch tat. Dagegen das Christentum brachte alles in Aufruhr. Weshalb? Weil es den Menschen den Himmel nach diesem Leben verhieß? Nein, sondern weil es den Umsturz der ganzen bestehenden politischen und socialen Ordnung bedeutete. Freilich brauchten die Christen keine Gewalt; sie ließen sich ohne Wiederstand töten. Aber deswegen haben die Vertreter der alten Ordnung doch die kolossale Gewalt der neuen Gedanken und Bestrebungen, welche das Christentum in die Welt brachte, nie verkannt. Diese Gewalt war ihnen desto unheimlicher, weil sie die gewöhnlichen Mittel der Waffengewalt und der politischen Macht verschmähte und deshalb auch nicht mit diesen Mitteln bezwungen werden konnte.

Das Christentum war in den ersten Jahrhunderten eine revolutionäre Macht, und diese seine Eigenschaft wurde von den Machthabern der damaligen Welt klar genug empfunden. Diese Macht ist ihm abhanden gekommen, als die Christen anfingen, sich in die gewöhnliche Ordnung zu schicken, anstatt dagegen zu protestieren; als sie willig wurden, den Baum der Ungerechtigkeit wachsen zu lassen, wenn sie nur von den Früchten einen guten Teil mitkriegten; als der unheilvolle Bund der Kirche mit Konstantin geschlossen wurde und die Führer der Kirche es lernten, den Fürsten zu schmeicheln, anstatt, wie Paulus, sie zittern zu machen; da sind dem Simson seine Locken geschoren und seine Kraft gewichen. Seither hat sich die Kirche meist begnügt, den Menschen das Leben nach dem Tode anzupreisen. Dagegen haben die Vertreter der jetzigen Ordnung nichts einzuwenden. Im Gegenteil, die Kirche gilt, zum Beispiel in Russland, für den besten Verbündeten der Despotie, weil sie dem gedrückten Volke die Hoffnung des zukünftigen Glücks vorhält und es dadurch in seinem gegenwärtigen Elend zufrieden erhält. Ich glaube auch an das ewige Leben und ermahne alle, es zu ergreifen. Aber ich glaube ebenfalls an das Reich Gottes auf Erden, die Umgestaltung der jetzigen socialen Ordnung in eine andere, die auf einer völlig anderen Grundlage ruht.

Ich würde gern noch nachweisen, was denn das Christentum in seinem Wesen hat, das es zu einer revolutionären Gewalt macht; welche Mittel es brauchen darf und welche nicht, um Veränderungen hervorzubringen; und in welchem Verhältnis die beiden Ziele des Christentums, die Neugestaltung des Individuums und die Neugestaltung der menschlichen Gesellschaft, zu einander stehen; doch ich fürchte, mein Artikel erschöpft jetzt schon die Geduld des Lesers. Nur noch eine Behauptung will ich zu den anderen hinzufügen.

4. Die Aufgabe der socialen Umgestaltung ist nicht auf die Zukunft zu verschieben. Das ist der Standpunkt, der von vielen Christen eingenommen wird: Es wird eine Veränderung kommen, aber erst wenn der Herr kommt. Es ist wahr, der Most ist gewaltig am Gären und der alte Schlauch ist schier am Bersten, aber wir dürfen nichts tun, als die Risse ein wenig flicken, und um alles müssen wir nicht daran denken, neue Schläuche herbeizuschaffen.

Dieser Anschauungsweise kann ich nicht beistimmen. Sie scheint mir ein Schwachheitsbekenntnis von Seiten der Christenheit. Ich glaube auch, dass die Vollendung erst mit dem Kommen des Herrn eintritt, aber die Entwicklung muss vor dem Abschluss vor sich gehen; gerade wie das Ausschlüpfen des Schmetterlings den Entwicklungsprozess abschließt, aber diesem Abschluss geht wochen- und oft monatelang die Entwicklung voraus. Ist nicht der Herr auf Erden gewesen? Besitzen wir nicht die Wahrheit in seinem Worte und verkörpert in seinem Leben? Ist er selbst nicht geistesmächtig unter uns? War sein erstes Kommen ein Fehlschlag und muss sein zweites Kommen erst ausrichten, wogegen sein erstes Kommen ohnmächtig war? O nein, meine Brüder! Lasst uns nicht so die Macht unseres Herrn in Zweifel ziehen. Die Kraft, welche den einzelnen Menschen umgestaltet, ist jetzt vorhanden, das haben wir selbst erfahren. Und die Kraft, welche die menschliche Gesellschaft umgestaltet, ist auch jetzt schon vorhanden, und wir brauchen nicht eines Zukünftigen zu warten. Der Sieg über die Welt ist unser, wenn wir nur Glauben haben. Rühmen wir nicht die Wunder, die das Christentum in der Vergangenheit getan hat? Hat es jetzt seine Kraft verloren? Kann es jetzt nur noch am Alten flicken, aber nichts Neues mehr schaffen?

Die schlimmste Verdrehung des Christentums in Bezug auf den Einzelnen ist, wenn die Erneuerung des Lebens auf ein zukünftiges Leben verschoben wird und nicht in der Gegenwart gefordert und erwartet wird. Die schlimmste Verdrehung des Christentums in Bezug auf die menschliche Gesellschaft ist, wenn die Umgestaltung der menschlichen Gesellschaft, der socialen Ordnung, auf eine zukünftige Epoche verschoben wird und nicht als die Aufgabe der Gegenwart mit ruhiger Glaubenszuversicht in Angriff genommen wird.

In einem früheren Artikel habe ich es von mir abgelehnt, ein Umstürzler zu heißen, weil ich keinen gewaltsamen Umsturz anstrebe und die Anwendung von physischer Gewalt überhaupt verwerfe. Trotzdem glaubt Br. Anschütz, mir den Titel beilegen zu müssen.

Nun meinetwegen, mein Bruder, wenn du es im rechten Sinne fassen willst, dann nenne mich nur einen Umstürzler. Ich bin ja ein Glied in der revolutionärsten Gesellschaft, die es je auf Erden gegeben hat – der Jüngerschaft Jesu. Bist du es nicht auch?

Der Sendbote, 15. Oktober 1890
Die sociale Frage

Es freut mich, dass Bruder Henrich auch die Feder ergriffen hat in unserer Besprechung („Sendbote" Nr. 38). Er ist einer von den wenigen unter unseren älteren Brüdern, die dieser Frage ernstlich ihre Aufmerksamkeit zugewendet haben, und es ist mir stets etwas sehr Achtenswertes, wenn ein Mann, dessen Haar sich bleicht, sich noch jung genug erhält, um neuen Fragen und Aufgaben frische Aufmerksamkeit und Sympathie entgegen zu bringen.

1. Es ist sehr viel Wahres in dem, was Br. Henrich uns jungen Weltverbesserern entgegenhält. Es ist wahr, dass die Reichen auch ihr Kreuz haben. Es ist wahr, dass eine zornige Unzufriedenheit große Massen des Volkes ergriffen hat und dass dies vom Argen ist. Es ist wahr, dass Jesus und die Apostel von den Christen geduldiges Ertragen von Unrecht und Unterdrückung verlangen. Alles dies gestehe ich Br. Henrich zu und doch stimme ich mit seinen Schlussfolgerungen durchaus nicht überein. Ich glaube nicht, dass unser Heil darin liegt, dass wir alle zufrieden sind mit den Dingen, wie sie sind, und dass die Besprechung der socialen Frage nur Unzufriedenheit und Unheil anstiftet. Es ist wahr, dass die Reichen auch manches Schwere im Leben haben. Aber das beweist nicht, dass die gegenwärtigen großen Unterschiede im Besitz ewig so bleiben sollten. Br. Henrich sucht unser Mitleid für die unglücklichen Reichen zu erwecken. Er erzählt die Geschichte von einem reichen Manne, dem sein Essen in der Kutsche serviert werden musste, weil er kranke Beine hatte, und fragte uns, ob wir nicht lieber arm mit gesunden Beinen als reich mit kranken Beinen sein wollten. Er erzählt uns von einem reichen Hause in Louisville, in dem Elend herrschte, weil die Frau des Hauses wahnsinnig war. Das ist alles wahr genug. Aber sind es denn die Reichen allein, die an solchen Dingen leiden? Gibt es keine Armen, die auch kranke Beine haben und dabei keine Kutsche, in der sie fahren können, und kein Geld, um sich ein feines Essen servieren zu lassen? Sind es die Reichen allein, deren Frauen in Wahnsinn verfallen? Der reiche Mann in Louisville hatte wenigstens die Befriedigung, dass er seine Frau in eine gute Anstalt unter die beste Pflege bringen konnte. Dagegen, mancher arme Mann, der seine Frau gerade so liebhatte, hat sie in ein elendes County Irrenhaus bringen und sich dann daheim mit den Kindern so gut durchschlagen müssen wie er konnte.

Es ist wahr, es ist nicht gut, irgendjemand zu beneiden, denn niemand weiß, welch herbes Weh das Leben eines Andren birgt. Es ist auch wahr, dass der Reichtum manche Formen des Elends selbst produziert. Üppiges Essen bringt Verdauungsbeschwerden. Nächtliche Feste erzeugen Schlaflosigkeit. Die Reichen haben viel Kummer an ihren Kindern; ihre Söhne werden durch das Geld Taugenichtse; ihre Töchter kriegen Freier, denen es ums Geld zu tun ist. Aber auf der anderen Seite haben die Armen auch sehr viel Leid, das ihnen direkt aus ihrer Armut erwächst. Die Sterblichkeit unter den Kindern der Armen ist viel grösser als unter den Reichen. Sie können ihren Kindern nicht volle Zeit lassen zur Ausbildung, sondern müssen sie früh an die Arbeit stellen, wodurch der Geist abgestumpft und der Körper im Wachstum gehindert wird. Harte Arbeit bei schlechter Wohnung und magerer Kost rächt sich mit der Zeit. Ich stimme ganz mit dem weisen Manne im Alten Testament (Sprüche 30, 8). Weder Reichtum noch Armut sind der ideale Zustand des Menschen. Die vollste und beste Entwicklung des Einzelnen und der ganzen menschlichen Gesellschaft würde erzielt werden in einem Zustande, wo die Kräfte weder in Armut verkümmern, noch im Reichtum verfaulen würden. Das ist der Zustand, den die sociale Bewegung erstrebt, und sie würde Segen bringen, sowohl den armen Reichen, um die Br. Henrich besorgt ist, als auch den armen Armen, mit denen ich etwas mehr Mitleid habe.

2. Es ist wahr, dass eine große Unzufriedenheit die Massen des Volkes durchdrungen hat und dass die Erörterung der socialen Frage die Gefahr mit sich bringt, diese Unzufriedenheit zu mehren. Aber daraus folgt nicht, dass wir die sociale Frage ruhig liegen lassen sollen und nur den Menschen Zufriedenheit predigen.

Erstens, wenn wir stillschweigen, schweigen andere gewiss nicht. Die christliche Kirche hat redlich versucht, die Sache totzuschweigen, und wieweit es ihr gelungen ist, kann irgendjemand sehen, dessen Augen offen sind. Die Bewegung ist überall am Wachsen. Alle Maßregeln der bedrohten Klassen sind ohnmächtig gegen diese Flut. Ja, gerade wo die Bewegung am rücksichtslosesten niedergehalten wird, tritt sie am heftigsten und bittersten auf. Freie und ehrliche Besprechung ist das Beste. Und es ist von überaus großer Wichtigkeit, dass Männern, welche Gerechtigkeit, Milde und Hoffnung im Herzen tragen, sich an diesen Besprechungen beteiligen und nicht die Leitung des Volkes denen überlassen, die voll Grimm und Hoffnungslosigkeit sind. Besprochen wird die Sache und muss sie werden; die Frage ist nur, von wem?

Und lasst uns nicht zurückbeben bei dem Gedanken, dass wir vielleicht das Feuer noch schüren werden, das schon so unheimlich glüht. Jesus hat das nicht getan. Er sah klar voraus, dass sein Wirken nicht Frieden, sondern das Schwert auf die Erde brachte. Er sah im Geiste schon die entsetzlichen Bruderkämpfe und die Zersplitterungen im Familienleben, welche das Vordringen des Christentums überall mit sich gebracht hat. Doch bebte er nicht zurück. „Ich bin gekommen, ein Feuer anzuzünden auf Erden, und was wollte ich lieber, denn es brennte schon?" Zur Zeit der Reformation wogte und gärte es im deutschen Volke, gerade wie jetzt auch. Es war viel Hass und Zügellosigkeit dabei, gerade wie jetzt. Und doch, hätten die Reformatoren ihre Hand zurückgezogen, um den Frieden zu wahren, sie hätten gegen Gott und die Menschen gesündigt. Nicht alle Unzufriedenheit mit den bestehenden Zuständen ist unrecht. Ist die Unzufriedenheit mit Hass gepaart, so wird sie keine Gerechtigkeit gebären. Geht die Unzufriedenheit mit Liebe und Schonung, mit ruhiger Entschlossenheit und Hoffnung Hand in Hand, dann trägt sie in ihrem Schoße eine neue und bessere Zeit.

3. Es ist wahr, dass Jesus seinen Jüngern gebietet, das Unrecht zu dulden und sich nicht gewaltsam zu wehren. Aber daraus folgt nicht, dass die Christen nicht unrecht nennen dürfen, was unrecht ist. Es ist ein Teil unseres Berufs auf Erden, dass wir richtige Ansichten über Recht und Unrecht verbreiten. Wo wir ein Unrecht sehen, dass sich brüstet, als wenn es Recht sei, haben wir es zu brandmarken, wie man einen stößigen Ochsen bezeichnet. Wo wir ein Recht finden, das verkannt ist und für Unrecht gilt, haben wir dafür einzustehen. Das Recht ist eine heilige Sache; wehe dem, der es erkennt und nicht dafür einsteht! Er verleugnet damit seinen Herrn. Sollen wir dafür gelobt werden, wenn wir Artikel über die Form der Taufe und über systematisches Geben schreiben, und getadelt werden, wenn wir auf Ungerechtigkeit hinweisen, die jährlich Tausende von Kindern tötet, Männer in den Betrug und Frauen in ein Leben der Schande hineindrängt? Hieße das nicht, pünktlich sein im Verzehnten von Minze, Dill und Kümmel, und das Wichtigste im Gesetz, die Gerechtigkeit, Barmherzigkeit und Treue, dahinten lassen?

Ja, Jesus fordert von mir, dass ich das Böse nicht mit Bösem vergelten soll, aber er fordert nicht, dass ich Böses gut nennen soll. Jesus gebietet uns, das Schwert in die Scheide zu stecken, aber damit lässt er uns nicht dem Bösen gegenüber widerstandslos. Er drückt uns ein anderes Schwert in die Hand, das schärfer ist als eine geschliffene Klinge, nämlich das Schwert des Geistes, die Wahrheit. „Die Wahrheit wird euch frei machen." Ich behaupte mein Recht und meine Pflicht als ein Jünger Jesu, das Unrecht als Unrecht zu bezeichnen, wo immer ich es finde, ob im Familienleben oder in dem Gesamtleben der menschlichen Gesellschaft.

Auf ein paar Punkte möchte ich noch die Leser aufmerksam machen, ehe ich schließe. Als Jesus predigte und Paulus schrieb, regierten die Herrscher; das gewöhnliche Volk hatte nichts zu sagen bei dem Machen der Gesetze, und es wäre nicht nur gefährlich, sondern auch nutzlos gewesen, mit dem Volke über gerechte Regierungsformen zu verhandeln. Heute dagegen liegt die Sache ganz anders. Heute sind wir Bürger die Fürsten und Könige, und wenn in unserem Lande Ungerechtigkeit besteht, können wir es nicht auf die „Obrigkeit" schieben, denn wir selbst sind die Obrigkeit.

Jesus hat es abgelehnt, den Erbstreit zu schlichten. Gewiss wir würden dasselbe tun. Wenn z. B. ein Fabrikant, der mich über Gerechtigkeit im Geschäftsleben reden hörte, zu mir käme und verlangte, ich solle ihm sagen, wie viel Lohn er seinen Arbeitern geben solle, so würde ich ihm antworten: Wer hat mich zum Richter und Lohnschlichter über deine Fabrik gesetzt? Gott hat mich gesandt, die Grundsätze der Gerechtigkeit den Menschen klar zu machen und sie zum Gehorsam dagegen zu mahnen. Was für eine Anwendung diese Grundsätze in deinen Löhnen haben, da siehe du zu, davon weißt du mehr als ich.

Es ist ein großer Unterschied, ob jemand Gerechtigkeit fordert für sich selbst oder für andere. In dem ersten Falle mag es die reine Selbstsucht sein, die ihn treibt, auf Gerechtigkeit zu bestehen. Im letzteren Falle ist das Erbarmen für den unterdrückten Mitmenschen und das Bewusstsein von der Heiligkeit und Unverletzlichkeit des Rechts. Dies letztere ist mein Standpunkt. Und mein Ruf ergeht an alle, die dem Herrn Jesu den Treueid geschworen haben, diesen Kampf aufzunehmen in seinem Namen. Es gilt, dem Recht den Sieg zu verschaffen, und die Sache des Rechts ist Gottes Sache. Es gilt, den Hungrigen, Durstigen, Nackenden und Gefangenen zu helfen, allen, auf denen das harte Joch der Selbstsucht und Rücksichtslosigkeit liegt. Was wir ihnen tun, das tun wir dem Herrn. Stehen wir dem Unrecht, das ihnen getan wird, gleichgültig gegenüber, so lassen wir unsren Herrn im Stich. „Fluchet der Stadt Meros, spricht der Engel des Herrn; fluchet bitterlich ihren Bürgern. Denn sie kamen nicht zur Hilfe dem Herrn, zur Hilfe dem Herrn gegen die Gewaltigen."

Der Sendbote, 05. November 1890
Die sociale Frage

Mir ist bange, dass die Leser des „Sendboten" der fortgesetzten Besprechung dieser Frage müde werden. Bei einigen, das weiß ich, wird das so leicht nicht der Fall sein. Ich habe die Brüder in Cleveland gebeten, mir zu sagen, wenn die Leser in ihren Briefen zu knurren anfangen, dann wollen wir Halt machen. Vielleicht haben auch einige den Eindruck, dass die Besprechung immer hin und her schwankt und zu keinem rechten Resultat führt. Allerdings, und doch wird am Ende, wie bei jedem Gespräch, ein gewisser Gesamteindruck bleiben, und darauf kommt es an. Mir kommt es auch vorläufig nicht so viel darauf an, zu belehren und Kenntnis zu verbreiten, als die ganze Bruderschaft zum Nachdenken anzuregen, denn im gemeinsamen Forschen wird die Wahrheit am leichtesten erreicht.

Br. Anschütz antwortet (im „Sendboten" vom 22. Oktober) in einem sehr tüchtigen Artikel auf meine früheren Behauptungen über den revolutionären Charakter des Christentums. Die Hauptwucht seiner Antwort fällt auf meine letzte Behauptung: dass wir die sociale Erneuerung der Menschheit ebenso wenig in die Zukunft verlegen dürfen, wie die persönliche Erneuerung des Einzelnen. Er kommt darin auf ein Gebiet, auf dem er sehr gut zu Hause ist und ich leider sehr schlecht, nämlich die Lehre von den letzten Dingen, vom tausendjährigen Reich usw. Es wird wohl etwas Feigheit dabei sein, wenn ich mich weigere, darauf näher einzugehen. Vielleicht tue ich es auch, weil es uns zu sehr von unserem Gegenstande abführen würde und auf ein Feld, wo auch die Sachverständigen so verschiedener Meinung sind, dass wir unsere Schritte behutsam setzen müssten.

Ich glaube, Br. Anschütz und ich stimmen darin überein:

1) Dass Christus in den Mitteln, die ihm jetzt auf Erden zur Verfügung stehen, eine gewaltige erneuernde Macht besitzt;

2) dass er durch dieselben in der Vergangenheit auf manche Zweige des gesellschaftlichen Lebens einen beinahe umgestaltenden Einfluss ausgeübt hat;

3) dass keiner von uns seiner Macht eine Grenze ziehen und sagen kann: so viel kann sie ausrichten und so viel nicht;

4) dass die Summe der Verbesserungen, welche das Christentum tatsächlich in der nächsten Zukunft hervorbringen wird, sich bestimmen wird nach der Zähigkeit, mit welcher sich die Selbstsucht dem Gesetze Christi entgegensetzen wird, auf der einen Seite, und nach dem Glauben, der Bekenntnistreue und dem Opfermute der Jünger Christi auf der anderen Seite.

Wenn dem so ist, dann liegt es auf uns allen, mit rastlosem Eifer zu betreiben, was diese Neugestaltung irgendwie fördern kann. Kühle und tatenlose Kritik ist hier nicht am Platze. Es tut mir leid sagen zu müssen, dass ich mehrfach auf die größte Gleichgültigkeit gestoßen bin bei denen, die zu Br. Anschütz' Richtung gehören. Das Kommen des Herrn schien ihnen so lebendig und nahe, dass sie bis dahin ihre Mitmenschen ruhig im Elend lassen konnten. Dagegen hielt es sie nicht ab, sehr bedeutende Schätze für die Zukunft für sich selber aufzuhäufen. Doch werden das wohl traurige Ausnahmen gewesen sein.

Ich möchte nur einen Gedanken darlegen, der noch nicht erwähnt worden ist und der von Wichtigkeit ist. Unsere gesellschaftlichen Verhältnisse haben während des letzten Jahrhunderts einen Umschwung durchgemacht wie noch nie zuvor. Die hauptsächliche Ursache dazu ist die Verwendung der Dampfkraft zur Produktion und zum Transport. Dadurch ist die moderne Großindustrie erst möglich geworden. Früher arbeitete der Schuhmachermeister im eigenen Hause. Die Gesellen und Lehrlinge aßen an seinem Tische und standen mit ihm im persönlichen Verkehr. Wer Stiefel nötig hatte, kam selber zu dem Produzenten und sie verständigten sich über den Preis. Heute wird die Arbeit in Schusterwerkstätten in großen Fabriken getan. Hunderte von Männern, Knaben und Mädchen stehen dort tagaus, tagein, und besorgen ihre Verrichtungen an den Maschinen. Ihren Arbeitgeber sehen sie selten; freundliche, menschliche Beziehungen bestehen selten zwischen ihnen; auch beim besten Willen dazu, ist die Zahl doch zu groß. Und die Beziehungen zwischen dem Schuhfabrikanten und den Käufern der Schuhe fallen ganz fort. So ist es in der Schuhindustrie, so ist es in all den großen Industrien. Und wo ein Handwerk jetzt noch von kleinen Produzenten durch die Geschicklichkeit ihrer Hände betrieben wird, da ist menschlicher Scharfsinn fortwährend am Grübeln, wie dieselbe Arbeit durch Maschinen verrichtet werden und durch das Großkapital ausgebeutet werden kann.

Nun konnte unter den alten Verhältnissen das menschliche Mitgefühl überall lindernd eingreifen. Meister und Geselle, Käufer und Verkäufer kannten einander, waren Nachbarn und hatten Interesse aneinander. Es ging auch „in der guten alten Zeit" nicht immer sehr schön zu, aber wenn einer ein christliches Herz hatte und wollte Gutes tun, dann konnte dies christliche Mitgefühl sehr viel ausrichten. Dagegen heute kann ein Fabrikherr seine Arbeiter kaum alle kennen. Er hört nichts davon, wenn daheim ein Kind angekommen ist, freut sich nicht mit dem Arbeiter und trägt auch kein Leid mit ihm. Er fragt bloß, ob die Arbeiter ihre Arbeit tun; die Arbeiter fragen bloß, wie viel Lohn er zahlt. Der Käufer fragt nur nach der Qualität der Schuhe, die er kauft, und nicht, ob der Fabrikant in Massachussetts ein gerechter und freundlicher Mann ist; und der Fabrikant weiß nicht, ob die Frau, die die Schuhe kauft, aus ihrem Überfluss bezahlt oder ob sie gerade ihren Trauring versetzt hat, um ihres Kindes Füße zu bekleiden. Es wird alles eine Frage von Geld, Geld, Geld. Der Austausch menschlicher Gefühle schwindet immer mehr und mehr aus dem Handel, und damit schwindet auch die Möglichkeit, durch persönliche christliche und menschenfreundliche Gesinnung die Ungerechtigkeit zu entfernen und die Härte zu lindern.

„Ja, das ist wahr", wirft der Leser ein, „aber wo willst du mit all deinen Behauptungen hinaus?" Ich will hierauf hinaus: Ich will gerne beweisen, dass durch den Umschwung in der Industrie die alten Mittel, um die menschliche Selbstsucht zu mäßigen und den Druck des Lebens zu lindern, ungenügend geworden sind. Die alten Vorschriften über das, was einen guten Bürger und ehrlichen Mann ausmacht, reichen nicht mehr aus. Wir haben vor uns das eigentümliche Schauspiel, dass dieselben Männer zärtliche Gatten, treffliche Väter, tätige Gemeindemitglieder, zartfühlende Freunde, ja, betende Christen sein können, und doch im ganzen Lande bekannt sein können als solche, die kleinere Geschäftsleute erbarmungslos an die Wand drücken und die Lebensmittel eines ganzen Volkes verteuern, um sich selbst zu bereichern. Manche verdammen solche Männer schlechthin als Heuchler. Ich kann das nicht. Ich behaupte: Diese Männer sind in einem Sittengesetz erzogen und unterrichtet worden, das für die alten, persönlichen Verkehrsverhältnisse passte, und soweit ihre Erkenntnis reicht, sind einige von ihnen treffliche Männer. Dagegen, was das moralische Gesetz Christi über diese neuen, unendlich verwickelten Verhältnisse zu sagen hat, darüber sind sie nicht unterrichtet. Die öffentliche Meinung übt wenig Einfluss auf sie aus, denn das Volk ist sich selbst noch nicht klar, wo das Recht und Unrecht in all diesen Stücken liegt. Die Prediger schweigen meist, und wenn sie den Mund auftun, reden sie häufig unüberlegten Unsinn. Es ist mit unserer Zeit wie mit einem Knaben, der rasch zum Jüngling gereift ist. Er fühlt in sich Triebe und Gedanken, die ihm neu sind. Die alten Anschauungen und Regeln, die ihn in seiner Kindheit geleitet haben, decken die neuen Fragen nicht. Wir wissen alle, wie haltlos und ruhelos junge Leute in solcher Übergangsperiode sind. Ebenso ist es mit unserer Zeit. Die alten Regeln decken nicht mehr die neuen Bedürfnisse und so scheinen wir mit uns selbst verfallen. Ein Teil schaut seufzend zurück zu den heiteren Kinderjahren, der andere Teil will jede Spur der Kinderjahre von sich reißen. Was wir dringend nötig haben, ist eine Rekonstruktion der Sittenlehre, eine Anpassung der alten und ewig geltenden Grundsätze des Rechts und der Liebe an die neuen Verhältnisse. Die Antwort wäre zuerst zu erwarten von denen, welche erleuchtete Augen ihres Verständnisses haben, welche ihr sittliches Urteil geschärft haben an den Lehren und dem Leben Jesu. Und doch ist es wahr, dass die Christen im Ganzen äußerst konservativ sich zu der ganzen Sache verhalten haben. Es ist, wie Jesus sagt, wer den alten Wein geschmeckt hat, verlangt nicht nach dem neuen Most. Ebenso ist die Gefahr groß für die Prediger, auch abgesehen von der Angst vor dem etwaigen Verlust an Stellung, Geld und Einfluss, den die Verkündigung der neuen Wahrheiten mit sich bringen könnte. Man hätte denken sollen, dass beim Auftreten des Messias die Schriftgelehrten am ersten bereit gewesen sein würden ihn aufzunehmen. Und doch waren sie es, die ihm am heftigsten opponierten. Ihre Anhänglichkeit an das alte Gesetz und die Sitten der Väter war es gerade, die sie mit Zorn und Misstrauen erfüllte gegen den Neuerer und Umstürzler, der ihnen das ganze Gesetz zu zerstören schien (Matth. 5, 17). Es ist mir überaus wichtig, dass wir Propheten des Neuen Bundes nicht, statt Seher der Zukunft, bloß als nörgelnde Schriftgelehrte erfunden werden. Das Volk ist ruhelos. Es kommt auch zu uns, wie Israel zu den Propheten, und fragt: „Habt ihr ein Wort des Herrn an uns?" Bis jetzt hat es sich noch meist achselzuckend abgewendet, wir hatten zu viel mit anderem zu tun. Soll es so bleiben?

Ich fasse, was ich gesagt habe, noch einmal zusammen. Der gewaltige industrielle Umschwung unserer Zeit hat neue Verhältnisse geschaffen, für welche die alten Begriffe von dem, was Recht und Unrecht ist, nicht mehr genügen. Zugleich macht derselbe Umschwung die Wohlfahrt der einzelnen Menschen mehr und mehr abhängig von der Wohlfahrt der Gesamtheit und von der Gerechtigkeit oder Ungerechtigkeit, mit welcher die menschliche Gesellschaft aufgebaut ist. Es wird deshalb zu einer dringenden Pflicht für einen jeden Christen und besonders für einen jeden Lehrer des Volkes, sich so gründlich mit diesen Fragen bekannt zu machen, wie ihm seine Verhältnisse gestatten, und so, lernend und lehrend, die Rechtsanschauungen des Volkes zu klären und zu ergänzen. Denn die unter dem gewöhnlichen Volke herrschende Rechtsanschauung ist die unsichtbare Macht, die schließlich alle Gesetze und Einrichtungen des Staates modelt und gestaltet.

Der Sendbote, 28. Januar 1891
Noch einmal die sociale Frage

Im „Sendboten" vom 7. Januar schließt Br. Haselhuhn die Besprechung über die sociale Frage ab und überlässt mir das Wort zum Schluss.

Rückblick

Zunächst möchte ich meine Befriedigung darüber aussprechen, dass diese Besprechung durchweg in christlichem Geiste durchgeführt worden ist. Es hat niemand ein Blatt vor den Mund genommen; es hat auch niemand, soviel ich weiß, etwas Verletzendes gesagt.

Ferner freue ich mich, dass die Besprechung so anregend gewirkt hat. Darüber sind mir von vielen Seiten Zeugnisse zugegangen. Manche, scheint es, haben jetzt zum ersten Mal gefühlt, welche Bedeutung diese Frage auch vom christlichen Standpunkt aus hat, und werden hiernach ein offenes Auge dafür behalten. Damit ist schon sehr viel gewonnen.

An praktischen Ergebnissen ist die Besprechung nicht so reich gewesen, wie ich gehofft hatte. Als Br. Anschütz im Juni so kühn ins Geschirr ging mit seinen beiden Behauptungen, dass diese Frage die brennende Frage unserer Zeit sei und dass wir als Gemeinde immer deutlicher dazu Stellung nehmen müssen, da dachte ich: Nun, wenn unsere Brüder das erkannt haben, dann lässt sich ja die Sache besprechen. Ich versuchte dann einige Unterabteilungen der Frage zur Sprache zu bringen, aber ich merkte bald durch Briefe, Unterredungen usw., dass diese zwei Behauptungen keineswegs schon als selbstverständlich unter uns gelten. Gar viele unter uns wissen noch gar nicht, dass es eine sociale Frage gibt, und noch viele mehr sehen durchaus nicht ein, dass die Sache die Gemeinde

Christi viel angeht. Ja, es schien, als ob Br. Anschütz seinen eigenen Wein nur mit einer reichlichen Zugabe von Wasser schlucken wollte. So habe ich mich denn darauf beschränkt, dieser Frage freien Zutritt zu Kopf und Herzen der Jünger Jesu zu erkämpfen und wenn mir das in irgendeinem Maße gelungen ist, bin ich für jetzt zufrieden.

Es ist mir freundschaftlich aufgerückt worden, ich stellte viele Fragen und beantwortete ihrer wenige; Fragen stellen sei leicht, aber sie beantworten sei schwerer; ich wisse wohl selbst nicht, worauf ich hinauswollte. Darauf antworte ich: Fragen stellen ist durchaus nicht leicht. Die richtigen Fragen kann nur der stellen, welcher weiß, wo er hinwill. Aristoteles sagt, der erste Schritt zur richtigen Untersuchung einer Sache bestehe darin, dass man die richtigen Fragen stellt. Ich will lieber die Menschen durch Fragezeichen zum eigenen Nachdenken anspornen, als durch Ausrufungszeichen ihnen meine Ansichten aufzwängen und sie vom eigenen Nachdenken abschrecken.

Schließlich möchte ich den Lesern noch einmal versichern, dass mir diese Sache ein Teil des Christentums ist. Wenn ich nicht aufs Tiefste überzeugt wäre, dass mein Meister dies von mir fordert und dass ich in seinem Sinn dabei handele, so würde die Sache wohl ein gewisses äußeres Interesse für mich haben, aber ich würde nicht Zeit und Kraft dafür opfern. Denn ich weiß recht gut, dass der Weg zum Wohlstand und zum Ansehen in ganz anderer Richtung geht.

Allen, die an der Besprechung teilgenommen haben, sage ich herzlichen Dank für ihre Beteiligung und ihre freundliche Behandlung.

Was jetzt?

Es ist mir, als hörte ich von allerlei Seiten die Frage: „Ihr Männer, liebe Brüder, was sollen wir tun? Wenn wir nun die tiefe Bedeutung der Frage für uns Christen fühlen und wollen gerne an die Arbeit gehen, wie können wir es anfangen?"

1. Für den Einzelnen: Lebe als ein Christ. Sei einfach. Scharre nicht Reichtümer zusammen, während andere darben. Vermehre nicht den socialen Druck; soweit es an dir liegt, stemme dich ihm entgegen. Lerne die Menschen wirklich als deine Brüder betrachten. Halte es für eine Schande, sie auszunützen. Hilfst du jemand, der in Not ist, so tue es nicht als ein Almosen, sondern als etwas, das er ein Recht hat, von dir zu erwarten. Wenn du Sünden im modernen Geschäftsleben erkennst, weigere dich, ihre Früchte länger zu genießen. Nimm dein Kreuz auf dich.

2. Für die Gemeinde: Verwirklicht in fortschreitendem Maße das ideale Gemeinschaftsleben. In der Armenpflege werft den Armen die Unterstützung nicht als ein Almosen hin, sondern gebt es ihnen, wie man einem kranken Glied der eigenen Familie die Pflege gibt.

3. Für den Staat: Vielen Übeln gegenüber ist der Einzelne fast machtlos. Sie sind durch falsche Gesetze geschaffen und können nur durch richtige Gesetze abgeschafft werden. Die Zeit ist nahe, wo die einzelnen Bestrebungen der socialen Bewegung in praktischer Form vor die Gesetzgebung treten werden. Dann werden wir als Bürger urteilen müssen. Wollen wir richtig stimmen, so müssen wir erst richtig denken, und das geht nicht ohne ernstes, vorurteilsloses Forschen. Vor allem müssen wir uns von der Knechtschaft irgendeiner politischen Partei freimachen und lernen, in jedem einzelnen Falle zu stimmen, wie es uns recht scheint. Und endlich können wir helfen, die öffentliche Meinung zu beeinflussen. Sie ist die Herrscherin hierzulande, und darin ist unser Einfluss unbeschränkt und die Gelegenheiten sind unzählig.

Lesestoff

Ich glaube, es wird manchem willkommen sein, einige Winke über einschlägigen Lesestoff zu haben. Ich führe deshalb einige Bücher auf. Doch bemerke ich ausdrücklich, dass ich mit der Empfehlung eines Buches nicht gesagt haben will, dass die Einsichten des Buches auch meine Ansichten sind. Dagegen werde ich nichts empfehlen, dessen Geist und Haltung ich für schädlich halte. Es tut mir leid, dass die Bücher meist englisch sind. Ich habe noch nicht viele deutsche Bücher darüber in die Hände bekommen, und was ich gelesen habe, war nicht so, dass ich es den Lesern empfehlen möchte.

1. Über die Stellung des Christentums zur socialen Frage:
   a) Die Bibel, besonders die Gesetzgebung Moses, die Propheten und das Evangelium Lukas.
   b) Social Aspects of Christianity, by Prof. R.T. Ely (90 Cents). Prof. Ely ist mir persönlich bekannt, ein einfacher ernster Mann, ein entschiedener Christ und einer der ersten Fachmänner in der National-Ökonomie.

2. Über die Landfrage:
   Dies ist die grundlegende Frage in allen socialen Untersuchungen. Das epochemachende Buch darüber ist: Progress and Poverty, by Henry George (35 Cents). Das Buch ist keine leichte Lektüre. Derselbe Stoff in fasslicherer Form ist geboten in: Social Problems (35 Cents). Obgleich Henry den Versuch aufgegeben hat, eine eigene politische Partei zu gründen, dringen seine Ansichten immer mehr durch. Sie sind oft lächerlich gemacht worden von Leuten, die sie nur vom Hörensagen kannten, verdienen aber ernste Beachtung. Henry George ist ein begabter, aufrichtiger Mann; er bekennt offen seinen Glauben an Gott und Unsterblichkeit; sein Charakter ist, trotz vielfacher Verleumdung, ganz unbescholten. Er ist ein strammer Gegner des Socialismus.

3. Über den Socialismus:

   a) Looking Backward, by Edward Bellamy (50 Cents). Ein berühmtes Buch. Auch deutsch zu haben in Reklam Bibliothek: „Ein Rückblick".

   b) Fabian Essays (40 Cents).

4. Über Freihandel und Schutzzoll:

   a) Problems of Today, R.T. Ely ($ 1.00).

   b) Protection and Free Trade, Henry George (35 Cents).

5. Über die Arbeiterbewegung:

   Labor Movement in America, R.T. Ely ($ 1,25).

6. Über die Geldfrage, die jetzt besonders unter den Farmern so lebhaft erörtert wird, weiß ich kein gutes Buch anzugeben. Ich habe mich noch selbst wenig damit beschäftigt.

7. Über christliche Liebestätigkeit handelt das höchst tüchtige Buch:

   In Darkest England, von General Booth von der Heilsarmee (50 Cents).

An Zeitschriften kann ich empfehlen:

   „The Dawn", 383 Washington Str., Boston, Mass ($ 1.00).

Es wird mir wohl niemand verübeln, wenn ich auch ein monatliches Blatt nenne, an dem ich selbst mitarbeite:

   „For the Right", 104 East 123. Str., New York City.

Ich rate denen, die sich für die Sache interessieren, diese Liste auszuschneiden und für gelegentlichen Gebrauch aufzubewahren. Ohne Zweifel können die Bücher durch unser Geschäft in Cleveland bezogen werden. Wer nur das Wichtigste daraus haben will, dem nenne ich:

   Progress and Poverty,

   Looking Backward,

   In Darkest England.

Ein doppelter Unterschied

Der Standpunkt, auf dem ich gern unsere Gemeinden sähe, unterscheidet sich nach links und rechts von zwei anderen Richtungen; nach rechts von dem Standpunkt des Durchschnittschristen, nach links von dem Standpunkt der Socialisten und Reformer. Unsere Aufgabe scheint mir zu sein, nicht ängstlichen Fußes einen ungefährlichen Mittelweg zwischen beiden zu suchen, sondern kühn beiden zu entnehmen, was sie Wahres und Gutes enthalten, und es zu einem Ganzen wieder zu vereinen, das der Lehre Jesu näher kommt, als irgendeins von beiden. Der Unterschied scheint mir vor allem in folgenden Gesichtspunkten zu liegen.

1. Das Christentum in seiner landläufigen Form legt viel Nachdruck auf die Umgestaltung des einzelnen Menschen und wenig auf die Umgestaltung des Gesamtlebens der Menschheit. Es strebt danach, den Einzelnen in den Himmel zu bringen, aber nicht danach, den Himmel auf Erden zu bringen. Es predigt die Rechtfertigungslehre des Paulus, aber die Centrallehre Jesu von dem Reiche Gottes auf Erden ist halb vergessen. Ich sage, wir müssen das eine tun, aber das andere nicht lassen. Das Christentum hat, wie eine Ellipse, zwei Mittelpunkte: „Das ewige Leben" als Vollendung der Entwicklung des einzelnen Menschen und „das Reich Gottes" als Zielpunkt der Entwicklung für die ganze Menschheit. Nur wer die beiden Gedanken in ihrer vollen Bedeutung und in all ihren Zwischenbeziehungen ergreift, hat ein vollständiges Christentum.

2. Das Christentum, wie es um uns her besteht, weist zwar mit Stolz hin auf sociale Veränderungen, die schon durch den Einfluss des Christentums geschaffen sind, z. B. die Abschaffung der Sklaverei, die gehobene Stellung des Weibes usw., weigert sich aber zielbewusst die noch vorhandenen Übelstände anzugreifen. Es erwartet, dass diese allmählich schwinden werden. Wir glauben auch, dass schon der unbewusste Einfluss eines Lebens, welches den Geist Jesu verkörpert, dem Bösen einen Damm setzt. Aber wir glauben, dass dieser Prozess noch rascher vor sich gehen würde, wenn die Jünger Jesu mit klarer Erkenntnis und unbeugsamem Willen die Übelstände enthüllen und auf ihrer Abschaffung bestehen würden.

3. Die christliche Kirche beschränkt sich im Allgemeinen den socialen Übeln gegenüber darauf, Wohltätigkeit zu üben. Das lindert wohl die Folgen der persönlichen und socialen Sünden, lässt aber ihre Ursachen bestehen. Sie predigt ferner dem Einzelnen Buße von seinen Sünden, und damit greift sie die Ursache des Elends an, soweit es auf persönlicher Verschuldung beruht. Aber sehr, sehr viel von dem heutigen Elend, der Armut, der Krankheit und selbst dem Laster um uns her wird durch den ungerechten Aufbau des socialen Gebäudes verursacht. Und die Kirche als der Mund Christi tut nicht ihre Pflicht, wenn sie nicht auch dem Staate Buße predigt. Gott ist nicht bloß Liebe; er ist auch Gerechtigkeit. Lasst die Gerechtigkeit ihr Werk verrichten und dann die Liebe eingreifen, um das Elend, das auch dann noch immer kommen wird, zu lindern.

4. Die christliche Kirche hat die Lehre Jesu über Geld und Reichtum kläglich abgeschwächt. Sie protestiert wohl hier und da gegen übergroßen Reichtum, aber im Ganzen beschränkt sie sich darauf zu fordern, dass ein Teil des Reichtums für wohltätige Zwecke verwandt werden soll. Wenn ein reicher Mann ein Zehntel seines Einkommens für christliche Zwecke gibt, wird er gelobt und bewundert. Ich behaupte, wir haben erst zu fragen: Wo hast du es her? und danach erst: Wo geht es hin? Wenn die christliche Gerechtigkeit mehr das Wächteramt hätte am Eingang des Geldschrankes, dann könnte die christliche Liebe leichter fertig werden auf ihrem Posten beim Ausgang.

Ich habe diese Punkte näher dargelegt, weil ich für einen christlichen Leserkreis schreibe. Die folgenden Punkte werde ich aus demselben Grunde nur kurz nennen. Schriebe ich diesen Artikel für ein socialistisches Blatt, so würde ich die vorstehenden Punkte abkürzen und die nachstehenden gründlich ausführen, denn beide sind mir gleich wichtig.

1. Die große Masse der Socialreformer, auch wo sie nicht anerkannt atheistisch sind, lässt doch Gott aus der Rechnung. Sie erhoffen die Abschaffung alles Elends von einer Änderung der Verhältnisse, in denen die Menschen leben. Mit dem Alten Testament in der Hand geben wir den gewaltigen Einfluss dieser Faktoren gern zu. Aber wir nennen es eine unheilvolle Verkürzung der Tatsachen, wenn das geistliche Leben, „Christus in uns", außer Acht gelassen wird als die mächtigste Potenz im menschlichen Leben.

2. Die sociale Bewegung ist großenteils materialistisch gefärbt. Sie fordert Teilnahme am Genuss. Bei ihnen heißt es: „eure Pflichten und unsere Rechte". Bei uns Christen muss es heißen: „unsere Pflichten und eure Rechte". Wir dürfen nichts für uns selbst fordern, aber alles für andere. Uns hungert nicht nach Genuss, sondern nach Gerechtigkeit.

3. In der socialistischen Bewegung ist viel Hass. Sie appelliert an den Hass und schürt ihn als ihren besten Verbündeten. Wir weisen ihn von uns ab als ein zweischneidiges Schwert ohne Griff, das dem, der es führt, seine eigenen Hände zerschneiden wird. Wir behaupten, dass sich der furchtlose Widerstand gegen Ungerechtigkeit mit Besonnenheit und Liebe vereinigen lässt und dass diese Vereinigung weit kraftvoller ist als der Hass.

4. Eine große Abteilung der radikalen Reformpartei betrachtet die Gewalt als ein erlaubtes Mittel im Kampf gegen sociale Ungerechtigkeit. Christus hat die Anwendung von Gewalt verworfen, selbst zum Schutze der Unschuld. Diejenigen von uns, die ihm unbedingt folgen wollen, tun dasselbe.

Der Sendbote, 04. März 1891
Das prophetische Amt

Wie einzelstehende Fichten ihre Häupter über die Masse des Waldes erheben, so ragen die Propheten des Alten Testamentes über ihre Zeitgenossen empor. Elia, Samuel, Jesajas, Daniel – welche Heldengestalten rufen uns diese Namen vor unser geistliches Auge! Auch dem oberflächlichen Leser der Schrift ist es klar, dass ihr Einfluss auf die Entwicklung ihres Volkes ein großer und entscheidender war, aber es wird sich belohnen, die Art ihres Einflusses, das Wesen ihres gottgegebenen Amtes, noch näher ins Auge zu fassen.

Die gewöhnliche Auffassung ist, dass es das Amt der Propheten war, die Zukunft vorher-zusagen. Man denkt, Gott habe ihnen bestimmte Tatsachen vorher mitgeteilt, wann und wie und wo sie geschehen würden. Diese Auffassung ist richtig. Es sind uns eine Anzahl Fälle in der Schrift angegeben, wo Propheten einzelne kommende Ereignisse mit Genau-igkeit vorhergesagt haben. Aber das war nicht alles, was die Propheten zu tun hatten. Solche Vorhersagungen waren nicht das eigentlich Wesentliche ihres Amtes. Der elektri-sche Strom kann unter gegebenen Verhältnissen glühend, leuchtend und an einem Punkte dem Auge sichtbar erscheinen, aber er kann auch da sein, ohne sich so an einer Stelle kund zu tun. Ebenso äußert sich die Prophetie zuweilen in Weissagungen über bestimmte Ereignisse der Zukunft, aber das ist nicht das Wesentliche in der Prophetie.

Was macht einen Menschen zum Propheten? Dass er unter dem Einfluss des Geistes Gottes die Kräfte der unsichtbaren Welt fühlte und darum den Zauber des Sichtbaren durchbrechen konnte, dass er unter der Herrschaft des Geistlichen und Ewigen stand und darum nicht mehr der Sklaverei des Materiellen und Zeitlichen. Die große Masse der Menschen steht unter der Knechtschaft des Fleisches und der Welt. Was man essen, trinken, genießen kann, darum bewegen sich ihre Gedanken; darin bleibt ihre Weisheit hängen, darüber hinaus geht ihr Blick nicht. Und doch sind das nicht die wahrhaft we-sentlichen Dinge. Die Welt ist gegründet, nicht auf das Materielle, sondern auf das Geist-liche. „Was sichtbar ist, das vergeht; was unsichtbar ist, das bleibt", sagt ein Prophet des Neuen Testamentes. Wer seine Gedanken und sein Streben richtet auf materiellen Besitz und Genuss, wer von der Welt gelockt und vom Fleisch getrieben wird, der ist notwendig ein kurzsichtiger Mensch. Sein Blick mag innerhalb seines Gesichtskreises ein sehr scharfer sein, aber sein Gesichtskreis ist beschränkt. Das Wesen der Dinge bleibt ihm verschlossen. Er ist wie ein Schlittschuhläufer, der jede Unebenheit des Eises fühlt, aber das Wasser, welches drunten wirbelt und leckt und friert und wieder auftaut, das sieht er nicht.

Dagegen, wer Gott erkannt hat als Jehova, als den, der im Wechsel der Dinge sich ewig gleich bleibt, der hat den Schlüssel zum Rätsel der Welt. Er sieht den Zusammenhang der Dinge. Ihm ist die Vergangenheit nicht ein buntes Durcheinander, sondern ein plan-volles Ganzes. Wie wirr auch in der Gegenwart die Weberschifflein hin und her schwirren, er sieht, wie sich Faden zu Faden fügt und zum Muster wächst. Und weil er die wahren Kräfte des Lebens kennt und weiß, wie sie wirken, weiß er auch, was in der Zukunft kom-men muss. Geistliches Leben bringt den geistlichen Blick, und der geistliche Blick ist der weitsichtige Blick. Füge zu dem noch die besondere Geistesgabe Gottes und die Sen-dung Gottes, so hast du den Propheten.

Diese Eigentümlichkeit des prophetischen Amtes tut sich nun in verschiedenen Richtungen kund. Ohne den Versuch zu machen, die Sache gründlich zu behandeln, können wir einige Haupttätigkeiten der Propheten hervorheben.

1. Sie kämpfen für das geistliche Leben gegen Sinnesgenuss. Das war es, was ihrer Feindschaft gegen den Götzendienst zugrunde lag. Die Götter der Heiden wurden in sichtbaren Bildern vor die Augen gestellt. Ungezügelte Sinneslust war bei ihnen nicht nur erlaubt, sondern gehörte mit zur Verehrung der Götter. Ihnen gegenüber war der Dienst Jehovahs, auch in den dunkelsten Zeiten des Volkes, von fast niederdrückender sittlicher Reinheit und Strenge. Der Dienst Baals lockte und reizte das Fleisch. Der Dienst Jehovahs appellierte an das Gewissen und das höchste geistliche Leben des Volkes. Wenn die Propheten eiferten gegen den Götzendienst, eiferten sie gegen die Fleischeslust. Wenn Elias das Volk von Baal ab, zu Jehovah hin rief, so war es ihm nicht um den bloßen Namen zu tun, sondern er rief sie zu dem reinsten und heiligsten Leben, das sie verstehen konnten.

2. Sie traten für wirkliches, geistliches Leben ein gegen bloße Formen des Gottesdienstes. Bei einem so ausgebildeten Ritus, wie ihn der jüdische Gottesdienst besaß, lag die Gefahr außerordentlich nahe, dass der geistliche Inhalt dieser Formen vergessen wurde und die Formen um ihrer selbst willen geschätzt wurden. Es kam leicht dahin, dass das Volk dachte, Gott habe Gefallen an Strömen von Ochsen- und Bocksblut und sei ihnen gewogen, wenn sie Feste und Jahreszeiten hielten und Gebete und Waschungen verrichteten. Weil sie ungeistlich waren, waren sie mit äußerlichen Formen zufrieden und wähnten, Gott sei es auch. Die Priester waren durch ihren Dienst dieser Gefahr besonders ausgesetzt und bestärkten, schon aus persönlichen Rücksichten, das Volk in der eifrigen Verrichtung von Ceremonien. Demgegenüber hallt nun der Protest der Propheten von einem Ende der Schrift zum anderen: „Gehorsam ist besser denn Opfer", sagt Samuel zu Saul (1. Sam. 15, 22). „Was soll mir die Menge eurer Opfer?", fragt der Herr durch Jesaja, „das Räucherwerk ist mir ein Gräuel, meine Seele ist feind euren Neumonden und Jahreszeiten. Wascht, reinigt euch, lasst ab vom Bösen, lernt Gutes tun. So kommt dann und lasst uns miteinander rechten; wenn eure Sünde gleich blutrot ist, so wird sie doch schneeweiß werden" (Jes. 1, 11–18; 58, 1–9). Und der größte der Propheten hat noch immer denselben Kampf zu kämpfen zwischen leerer Form und innerer Wahrheit: „Wehe euch, Schriftgelehrte und Pharisäer, ihr Heuchler, die ihr verzehntet Minze, Dill und Kümmel und lasst dahinten das Schwerste im Gesetz, nämlich die Gerechtigkeit, die Barmherzigkeit und die Treue." Also im religiösen Leben vertraten die Propheten die inneren Wirklichkeiten gegen äußere Verrichtungen, und wir können uns gut denken, dass sie von der orthodoxen, priesterlichen Richtung deswegen herzhaft gehasst und als Freidenker und Neuerer verleumdet wurden.

3. Im Staatsleben betonten sie die Gerechtigkeit gegenüber der sogenannten Staatsklugheit. Die alttestamentlichen Propheten waren im höchsten Sinne des Wortes Politiker. Sehr viele ihrer Predigten waren politische Reden. Aber, während die gewöhnlichen Politiker stets fragen: „Was ist hier klug und nützlich zu tun?", fragten die Propheten: „Was ist hier das Gerechte und von Gott Gewollte?" Die Staatsmänner vom Fach setzten ihr Vertrauen auf diplomatische Drahtziehereien und Schlauheiten, die Propheten setzten ihr Vertrauen auf Gehorsam gegen Gott. Daher kam es, dass oft, während die Politiker die Zustände für glänzend hielten, die Propheten baldigen Ruin und Untergang vorhersagten, weil sie sahen, dass Ungerechtigkeit im Schwange war. Und umgekehrt, wenn alles äußerlich darniederlag, verkündeten die Propheten oft die baldige, glänzende Aufrichtung des Volkes, weil sie sahen, dass das Volk sich zu Gott bekehrte. Es kann uns nicht wundern, dass die politische Tätigkeit der Propheten den Politikern vom Fach sehr unbequem war und dass sie den Propheten oft herbes Ungemach zuzog.

4. Weil die Propheten Gott kannten und fürchteten, waren sie auch Männer voller Mut. Wenn jemand nur für den Besitz dieser Welt lebt, dann fürchtet er sich denselben zu verlieren. Wenn jemand die Hochachtung der Menschen über alles schätzt, dann wird er nicht leicht etwas tun, wodurch er dieselbe verscherzt. Dagegen, wer Gott mehr fürchtet als die Menschen, wer Gerechtigkeit mehr liebt als Wohlstand und Gottes Willen mehr als sein Leben, der wird sein Leben, seinen Besitz und seine Stellung in die Schanze schlagen, wo andere sich verkriechen. So war es mit den Propheten. Sie waren allesamt Männer von eisernem Mute, eben, weil sie Geistesmänner und nicht Fleischeskinder waren. Daher konnte Elia auf Karmel sein Leben in seine Hand nehmen. Daher bot Jeremia fast allein in Jerusalem der öffentlichen Meinung Trotz und wanderte zum Lohn in die feuchte, schmutzige Cisterne. Sie boten kühn auch Königen die Stirn, wenn es den heiligen Kampf um das Recht galt. Sie waren eine Schar von geistlichen Rittern, die Paladine der Unterdrückten. Als David das Weib eines einfachen Mannes schnöde genommen hatte, war es der Prophet Nathan, der ihm das „Du bist der Mann" entgegenschleuderte. Als Ahab das altheilige Recht des Israeliten auf seinen väterlichen Boden angetastet hatte, war es der Prophet Elias, dessen Anblick in Naboths Weinberg ihm die Knie schlottern machte. Da war nichts von der höfischen Unterwürfigkeit, in der sich heutige Kirchenmänner den Reichen und Mächtigen gegenüber gefallen. Die Propheten fühlten sich als Vertreter des Rechts, und das Recht ist höher als die Könige. Weil sie ihren Blick auf Gott gerichtet hatten, setzten sie der Menschenfurcht den Fuß auf den Nacken. Sie waren Männer voll Mut.

5. Sie waren Männer der Zukunft. Die Zukunft ist anders als die Gegenwart. Gott sitzt im Regiment, und durch alle Sünden der Menschen, durch alle scheinbaren Niederlagen,

führt er die Welt seinem Reiche entgegen. Schritt für Schritt gewinnt er Boden. Die Dunkelheit vergeht, das wahre Licht scheint heller und heller. Die Gegenwart ist Gott näher als die Vergangenheit, die Zukunft wird ihm näher sein als die Gegenwart. Und die, in welchen der Geist Gottes wohnt, fühlen im Voraus, was kommt. Die Anschauungen der Zukunft sind schon jetzt ihre Anschauungen. Sie schmecken die Kräfte der kommenden Zeitperiode. Sie wurzeln in der Gegenwart, aber sie ragen hinein in die Zukunft. Und dadurch, dass sie schon jetzt im Austausch und Verständnis stehen mit Gottes Zukunft, können sie die Zukunft vorbereiten und herbeiführen. Sie sind stets die Vorkämpfer der Zukunft, aber, wie Arnold von Winkelried, brechen sie die Gasse stets durch ihr eigenes Leiden. Die Propheten waren ein unschätzbarer Besitz für Israel. Unserer Zeit tun ähnliche Männer not. Der Herr hat durch Joel verheißen, dass in den letzten Tagen nicht nur bloß einzelne Männer den prophetischen Geist Gottes besitzen sollen, sondern dass derselbe Gemeingut des ganzen Volkes Gottes sein soll. Selbst auf die Knechte und Mägde, auf die Niedrigsten soll der Geist ausgegossen werden und sie sollen Propheten sein. Wenn wir den prophetischen Beruf der Gemeinde erfüllen wollen, müssen wir geistliche Menschen sein, die alles vom Standpunkt des ewigen Lebens betrachten. Gott muss uns eine lebendige Wirklichkeit sein in allen Teilen unseres Lebens. Wir müssen sagen können wie Elias: „So wahr der Herr lebt, vor dem ich stehe." Und dann wird sich unsere Tätigkeit in denselben Richtungen äußern, wie es bei den Propheten der Fall war.

1) Wir werden die Welt mit allem, was sie enthält, nämlich Fleischeslust, Augenlust und hoffärtiges Leben, überwinden, kraft der Liebe des Vaters, die in uns ist.

2) Wir werden im Gottesdienst stets die äußere Schale unterscheiden vom geistlichen Kern, und äußere Form, ohne den geistlichen Inhalt, als nutzlos und schädlich verwerfen.

3) In der Verwaltung des äußerlichen Lebens, in Familie, Gemeinde und Staat, wird der Gesichtspunkt der Gerechtigkeit stets den Ausschlag geben und nicht die Erwägung der Nützlichkeit.

4) Wir werden Besitz, Namen und Leben furchtlos aufs Spiel setzen, wenn es Gerechtigkeit, Barmherzigkeit oder den Willen Gottes gilt.

5) Wir werden nicht mit der Gegenwart zufrieden sein, sondern das Leben der Zukunft vorher wahrnehmen und jetzt schon führen und so dem Reiche Gottes den Weg in die Welt bahnen.

Der Sendbote, 11. März 1891
Das prophetische Leiden

In einem früheren Artikel haben wir über die Eigenart des prophetischen Charakters gesprochen und auch einiges genannt, gegen welches oder für welches die Propheten geredet und gezeugt haben. Aber ihr Amt bestand nicht nur in Rede und Zeugnis. Eins
charakterisiert sie vor allem und unterscheidet sie von allen anderen menschlichen Leh-
rern: Das prophetische Leiden.

Über die stete Verknüpfung des prophetischen Amtes mit dem Leiden zeugt am klarsten
der geistliche Scharfblick des Neuen Testaments. „Welchen der Propheten haben eure
Väter nicht verfolgt?" ruft am Schlusse seines geschichtlichen Überblicks Stephanus dem
Hohen Rat zu, und die Wut der Ratsherren zeigt am besten, dass sie keine Antwort auf
die Frage hatten.

Der Schreiber des Hebräerbriefes zeigt im 11. Kapitel, dass in all den Helden des Alten
Testamentes das prophetische Element gewohnt habe; sie alle hatten ihre Augen auf die
Zukunft gerichtet, sie alle haben die sichtbare Gegenwart gering geachtet im Vergleich
mit der Zukunft, die sie nur durch das Geistesauge des Glaubens noch wahrnehmen
konnten. Und am Schluss seiner Aufzählung, wo er über sie im Allgemeinen spricht,
zeichnet er mit scharfen Strichen auch ihr Leiden: „Etliche haben Spott und Geißeln erlit-
ten, dazu Bande und Gefängnis; sie sind gesteinigt, zerhackt, zerstochen, durchs Schwert
getötet, sie sind umhergegangen in Pelzen und Ziegenfellen mit Mangel, mit Trübsal, mit
Ungemach – deren die Welt nicht wert war." Am allerdeutlichsten spricht der Herr Jesus
selbst davon. Das Gleichnis von den bösen Knechten, welche dem Herrn des Weinbergs
die Früchte verweigerten und seine Gesandten misshandelten, ist einfach eine kurzge-
fasste Geschichte Israels und der Propheten. Aus der Anklage, die er (Matth. 23, 30)
gegen die Schriftgelehrten und Pharisäer erhob, geht hervor, dass es unter den damaligen Juden selbst eine zugestandene Tatsache war, dass ihre Väter die Propheten verworfen und ihr Blut vergossen hatten. Er schließt mit dem Ausruf: „Jerusalem, Jerusalem,
die du tötest die Propheten und steinigst, die zu dir gesandt sind." „Es tut's nicht", sagt er
einmal wehmütig, „dass ein Prophet umkomme außer Jerusalem" (Luk. 13, 33). In letzterer Stelle stellt er sich selbst mit in die Reihe der Propheten und erklärt es für notwendig,
dass er denselben Kelch trinke, den sie auch getrunken.

Endlich erhebt er die geschichtliche Tatsache, dass die Propheten gelitten haben, zu einem Gesetz in der Entwicklungsgeschichte der Menschheit, indem er vorhersagt, dass,
wie die Propheten gelitten haben, sie auch stets leiden werden. Was die Väter den alttestamentlichen Propheten getan haben, sagt er, werde das damalige Geschlecht den
neutestamentlichen Propheten tun: „Siehe, ich sende zu euch Propheten und Weise und

Schriftgelehrte, und derselbigen werdet ihr etliche töten und kreuzigen, und etliche werdet ihr geißeln in euren Schulen und werdet sie verfolgen, von einer Stadt zur anderen." Zu seinen Jüngern sagt er: „Selig seid ihr, wenn euch die Menschen um meinetwillen schmähen und verfolgen, denn also haben sie verfolgt die Propheten, die vor euch gewesen sind." So ist es stets gewesen, so ist es jetzt, so wird es sein. Die Propheten müssen leiden.

Aber nicht alle Leiden der Propheten waren prophetische Leiden. Wenn ein Prophet sündigte, musste er wie andere Menschen auch die Folgen seiner Sünden tragen, und wenn er so litt, litt er als ein Sünder und nicht als ein Prophet. Wenn der Herr einen der Propheten in die Schule nahm und Trübsal auf ihn legte, damit daraus die friedsame Frucht der Gerechtigkeit erwachsen möchte, so litt der Prophet als ein Kind Gottes, das von seinem Vater erzogen wird; aber sein Leiden war kein prophetisches Leiden. Die Leiden der Propheten waren nur dann und nur insofern prophetisches Leiden, als sie sich dieselben durch ihren prophetischen Charakter oder durch ihre prophetische Tätigkeit zugezogen haben. Und auf welche Weise geschah das?

Die Propheten waren Botschafter und Vertreter Gottes. Sie überbrachten den Menschen denjenigen Gedanken- und Willensausdruck Gottes, der gerade für die Zeit den Menschen nottat. Wenn nun die Menschen Gott liebhätten und danach dürsteten, seinen Willen zu erkennen und zu tun, so würden die Propheten nicht Leid, sondern Liebe erfahren haben von den Menschen. Das Schicksal der Propheten zu allen Zeiten und bei allen Völkern ist einer der schlagendsten Beweise, dass die natürliche Richtung des Menschlichen nicht aufwärts, sondern abwärtsgeht, nicht zu Gott, sondern gegen Gott. Die Menschen lieben Gott nicht. Sie wollen nicht aufwärts gezogen werden. Sie wollen bleiben, wie sie sind. Sie verschließen ihr Herz gegen das Nahen Gottes. Wenn das Mahnen Gottes ihnen durch eines Menschen Mund kundwird, versuchen sie den Mund zu stopfen. Wenn das Wort Gottes sich in eines Menschen Leben verkörpert, versuchen sie, dieses Leben aus dem Wege zu räumen. Das prophetische Leiden ist der Menschen Antwort auf das prophetische Wort. Die Menschen lehnen sich auf gegen das Eingreifen Gottes in das Treiben der Welt, und weil ihre Faust Gott selbst nicht erreichen kann, trifft sie wenigstens seine Diener. Es ist also ein Ringen zwischen Gott und den Menschen. Er fasst sie an mit der Macht der Wahrheit. Sie erwidern mit Gewalt. Anscheinend bleiben die Menschen Sieger. Als die Steine dumpf des Stephanus Leib trafen, schien des Propheten Wort beendet, sein Leben verloren, sein Werk vergeblich. In Wahrheit fing sein Werk da erst an. Wie Simson hat er in seinem Tode mehr erschlagen als in seinem Leben.

Das ist das Eigentümliche und Göttliche in dem prophetischen Leiden. Es scheint das Ende und es ist der Anfang. Es scheint der Sieg der Sünde und ist doch ihre Niederlage. Am klarsten erkennen wir das am Leiden des größten aller Propheten. In dem Tal der

Erniedrigung fing seine Erhöhung an. Darum, dass er sein Leben in den Tod gegeben hat, ist ihm die große Menge zur Beute gegeben und er hat die Starken zum Raube genommen. Bei Gott ist man reich, wenn man arm ist, und arm, wenn man reich ist. In der Schwachheit ist man stark, und in der Stärke schwach. Sucht man sein Leben, so verliert man es, und verliert man es, so findet man es. Sprechen alle Gutes von uns, so heißt es: „Wehe!" Verleumden sie uns, so heißt es: „Selig seid ihr." Siegen wir, so erliegen wir; erliegen wir, so siegen wir. Das verstehe, wer es kann, aber so ist es.

Nach dem Leiden der Propheten tritt der Umschwung ein. Die Sünde hat ihren Gipfelpunkt erreicht und gezeigt, wie sehr sündig sie ist. Diejenigen, die im Rausche des Hasses eben noch geschrieen haben: „Kreuzige ihn", schlagen jetzt an ihre Brust. Die Gestalt des Propheten scheint verklärt. Die Botschaft, welche er mit seinem Blute unterschrieben hat, scheint jetzt ein Heiligtum und unantastbar. Die Leidenschaft verstummt, in der Stille wird Gottes Stimme vernehmbar. Und siehe, die Menge, welche vorhin die Fackel in den Scheiterhaufen geworfen hat, kehrt zurück und sucht in der Asche nach den Gebeinen des Propheten, um sie zu verehren.

Diese Tatsache, dass die Propheten, welche die Väter gesteinigt haben, von den Kindern verehrt werden, hat Jesus selbst ausgesprochen: „Wehe euch Schriftgelehrten und Pharisäern, die ihr der Propheten Gräber baut und schmückt der Gerechten Gräber und sprecht: Wären wir zu unserer Väter Zeiten gewesen, so wollten wir nicht teilhaftig sein mit ihnen an der Propheten Blut." So geht es von einem Geschlecht zum anderen. Jedes Geschlecht ehrt die Propheten der Vergangenheit und verfolgt die Propheten der Gegenwart. Die Propheten vor der babylonischen Gefangenschaft hatten gegen die Vielgötterei geeifert. Ihre Zeitgenossen hatten sie verfolgt. Aber ihr Zeugnis und ihr Leiden drang durch. Zurzeit Jesu war die Vielgötterei abgetan. Das Volk stand da, wo die alten Propheten es hin gerufen hatten, und die Juden sagten: Wenn wir nur damals gelebt hätten, wir hätten es nicht gemacht, wie unsere Väter. Sie warteten nun sehnlich auf den Messias und auf den Propheten, der in dem Geiste des Elia ihm vorangehen sollte. Sie malten sich aus, wie dann alle ihm nachgehen würden. Elias kam: Johannes predigte am Jordan, „und sie haben ihn nicht erkannt, sondern haben an ihm getan, was sie wollten" (Matth. 17, 9–13). Der Messias kam, auf den das ganze Volk harrte, und er starb am Kreuz.

Das ist also der stets sich wiederholende Hergang. Die Propheten werden von ihren Zeitgenossen verworfen. Doch ihr Zeugnis, mit ihrem Leiden versiegelt, dringt durch, und die Nachwelt steht auf der höheren Stufe, auf welcher die Propheten gestanden haben. Sie schauen zurück auf jene Propheten und erkennen, dass sie Männer Gottes waren, und sie beteuern, dass das nächste Wort Gottes mit Freuden empfangen werden soll. Gott sendet sein nächstes Wort, und der Träger dieses Wortes muss wieder verkannt werden wie seine Vorgänger. So hebt Gott die Menschheit von Stufe zu Stufe empor. Er ist es, der sie hebt, sie klimmt nicht durch eigene Kraft empor. Die prophetischen Seelen, die selbst ihrer Zeit voraus sind, braucht er als Hebel, und es ist kein Wunder, dass die Hebel oft von der Last, die auf ihnen ruht, zerdrückt werden.

Nun lasst uns die Anwendung machen auf uns selbst. Gottes Wort kommt auch an dieses Geschlecht. Wir leben nicht in einer gottverlassenen Welt. Wir leugnen die weitverbreitete Irrlehre, dass Gott wohl in der Vergangenheit zu den Menschen geredet, aber jetzt verstummt sei. Sein Geist ist reichlicher ausgegossen als je, wie er verheißen hat. Von Epoche zu Epoche rückt die Menschheit unter der Triebkraft dieses Geistes vorwärts und aufwärts. Prophetische Männer, welche ihrer Zeit voraus sind und die Kraft der kommenden Epoche schmecken, rufen uns auch heute dasjenige Wort Gottes zu, welches uns heute nottut. Nur ist auch heute die Gefahr, dass wir es machen, wie die Juden zu Jesu Zeiten. Wir schmücken die Gräber der Propheten der Vergangenheit: Jesajas, Paulus, Augustin, Luther, diese alle stehen uns hoch. Wir schauen auch in die Zukunft und erhoffen das Kommen des Herrn und ein großes Aufleben in der Zukunft. Aber ist es nicht möglich, dass, während wir rückwärts und vorwärts schauen, wir heute rufen: Kreuzige ihn? Dass wir uns Nachfolger Jesu nennen, schützt uns nicht davor. Die Pharisäer nannten sich auch Kinder Abrahams und Jünger Moses. Nicht wie wir uns stellen zu den Fragen der Vergangenheit, sondern wie wir stehen zu den Fragen der Gegenwart, entscheidet über uns. Nicht die Anerkennung Christi in seiner vergangenen Offenbarung, sondern seine Anerkennung in seiner heutigen Offenbarung entscheidet über unser Leben.

Noch zwei Bemerkungen zum Schluss:

1) Es hat zu allen Zeiten falsche Propheten neben den wahren gegeben. Es wird wohl heute ebenso sein. „Ihr Lieben, glaubt nicht einem jeglichen Geiste, sondern prüft die Geister." Es tut uns not, dass wir die geistliche Unterscheidungskraft in hohem Maße besitzen. Dazu soll uns das Studium der Schrift dienen, um unseren Blick zu üben. Aber vor allem müssen wir selbst geistliches Leben haben, „denn es muss geistlich gerichtet werden". Vielleicht das allgemeinste Merkmal der falschen Propheten ist dies, dass sie den Verlangen der Menschen nachgeben, die da sprechen: „Predigt uns sanft" (Jes. 30, 10), dass sie „Friede, Friede!" sprechen, wo doch kein Friede ist, und tünchen die wackligen Wände mit losem Kalk (Hes. 13, 9–12).

2) Diejenigen, welche den Herrn Jesum verfolgt und getötet haben und welche die bittersten Feinde aller Propheten gewesen sind, waren nicht die gleichgültigen Weltmenschen, auch nicht das gewöhnliche Volk, sondern „die Schriftgelehrten, die Hohenpriester und die Obersten", die geistlichen und weltlichen Würdenträger, die Aristokratie der Gelehrsamkeit und des Besitzes. Die, welche am meisten Vorteil von der bestehenden Ordnung der Dinge haben, widerstehen am heftigsten denen, welche eine göttliche Ordnung

der Dinge herbeiführen wollen. Die, welche am engsten verwachsen sind mit dem alten Gesetz und den alten Offenbarungen, schauen am feindseligsten auf alles, das sich als ein neueres und vollkommeneres Gesetz Gottes darstellt. Von derselben Seite wird wahrscheinlich auch heute die Gefahr zu erwarten sein, nicht von Pilatus, nicht von dem Volke, sondern von den Eiferern um das Gesetz. Und es ist noch wahr: Wer sich in der Gegenwart gegen die Propheten wendet, der ist eins im Geiste mit allen, die sich je gegen Christum und seine Propheten gewendet haben, und auf ihn wird kommen „all das gerechte Blut, das vergossen ist auf Erden, von dem Blute des gerechten Abel an bis" – Gott weiß, wer der letzte war.

Der Sendbote, 18. März 1891
Die prophetische Mission der Gemeinde Christi

Diejenigen Leser, welche es für der Mühe wert geachtet haben, meine beiden vorhergehenden Artikel mit Aufmerksamkeit zu lesen, werden wahrgenommen haben, dass ich an die Gegenwart Gottes in der Welt und an seinen fortschreitenden Sieg über die Welt glaube.

Manche fassen die Geschichte der Menschheit so auf, als ob die Menschheit ein großer Sumpf sei, der flach, modernd und unrettbar darliegt. Durch die Gnade Gottes wird dann und wann eine Seele aus diesem Sumpfe herausgezogen, gereinigt und in den Himmel gebracht; aber der Sumpf bleibt, wie er ist und wird am Ende der Zeit vernichtet, wenn er seinen Zweck erfüllt hat, eine Anzahl von Seelen in die Seligkeit zu entsenden. Diese Auffassung ist sehr allgemein. Ich halte sie für halb wahr. Es ist wahr, dass einzelne Seelen durch die göttliche Gnade aus dem Leben dieser Zeit in das ewige Leben geboren werden. Es ist auch wahr, dass jede solche Seele zu allen Zeiten einen gleich harten Kampf mit der Versuchung, ein gleich heißes Ringen mit der Heiligung zu bestehen hat, und dass das Leben dieser Welt nie einen Menschen von selbst in das ewige Leben hinübergleiten lässt. Dagegen irrt diese Auffassung, indem sie die Entwicklung der Gesamtheit leugnet. Der einzelne Mensch entwickelt sich. Die Gesamtheit entwickelt sich ebenfalls. Ersteres zu glauben und letzteres zu leugnen heißt das Erlösungswerk Gottes zerspalten, heißt das Alte Testament leugnen, heißt die Lehre vom Reiche Gottes auf Erden verwerfen. Wer das tut, hinkt auf einem Bein durch die Welt. Ich glaube, ein jeder Mensch ist ein Gegenstand der göttlichen Liebe und Wertschätzung und ein Zielpunkt der göttlichen Erlösung, die für ihn in der Teilnahme an dem ewigen und göttlichen Leben gipfelt. Ich glaube ebenfalls, dass die gesamte Menschheit in Gottes Augen ein Ganzes ist, gewissermaßen eine gewaltige Persönlichkeit, die auch sündigt, lernt und fortschreitet. Und diese Persönlichkeit ist ebenfalls ein Zielpunkt der göttlichen Erlösung, die für sie in der Vollendung des Reiches Gottes auf Erden gipfelt.

Mit noch einer anderen weitverbreiteten Weltanschauung finde ich mich ebenfalls im Widerspruch. Es gibt viele, welche zwar glauben, dass die Menschheit als Ganzes einen fortschreitenden Entwicklungsgang durchmacht, aber dass dieser Entwicklungsgang stetig abwärtsgeht. Ich kann mich auch der Tatsache nicht verschließen, dass einzelne Menschen stetig und dauernd abwärtsgehen; ebenfalls, dass einzelne Völker, Glieder am Leibe der Menschheit, durch die Sünde verdorben und getötet worden sind. Aber ich muss glauben, dass in der Summe alles menschlichen Lebens das göttliche Leben, Gerechtigkeit und Liebe, am Zunehmen und nicht am Abnehmen ist. Mein Glaube an Gott und Christum fordert dies. „Dazu ist erschienen der Sohn Gottes, dass er die Werke des Teufels zerstöre." Wenn es ihm nicht gelingt, die Werke des Teufels zu zerstören, sondern der Teufel zerstört seine Werke, wenn in diesem Kampf der Teufel am Vorrücken ist und Gott auf dem Rückzug, was bleibt mir dann für ein Heil und wo mein Glaube und meine Hoffnung? Es hilft mir auch nichts, wenn man sagt, Gott lasse es jetzt so zu, aber am Ende der Zeiten werde Christus mit Glanz und Gewalt kommen und mit einem Handstreich ausrichten, was durch all die Jahrhunderte vergeblich versucht ist. Wenn Gott gar nicht vorhat, mit den jetzt vorhandenen Mitteln einen ernstlichen Kampf zu liefern, sondern gibt bis zu einem endlichen Kampfe von vornherein alles verloren, dann ist das alles jetzt ein Scheingefecht, und die, welche mit wahrem Ernste auf des Feindes Festung Sturm laufen, werfen ihr Leben weg, weil sie den Feldzugsplan des Feldherren missverstehen. Das glaube wer will. Nein, Christus siegt, er siegt Schritt für Schritt. Jede Epoche in der Weltgeschichte ist eine Schlacht in diesem Feldzug, und zwar eine gewonnene Schlacht. In seinem Wirken auf Erden hat Christus die Anwendung von Gewalt und den Gebrauch von äußerem Glanz standhaft verworfen und hat die Kräfte gewählt, durch welche er jetzt wirkt, die Wahrheit, die Liebe und die Geisteskraft. Hat er sich geirrt? Schlagen diese Mittel fehl? Soll er am Ende doch noch Glanz und Gewalt als Waffen wählen und damit die Welt bezwingen? Ich weiß wohl, dass diese Ansicht mit Bibelstellen gestützt wird, wie jede andere religiöse Ansicht auch. Ich kann jetzt nicht auf dieselben eingehen, ich kann nur so viel sagen, dass ich sie einigermaßen gut kenne und sie nicht für genügend halte.

Also: Gott wirkt auf die Menschheit ein und führt sie unter dem Einfluss seines Geistes trotz allen Widerstands zu immer vollständigerer Erkenntnis seines Willens. Was der Einfluss des prophetischen Amtes bei dieser fortschreitenden Ausbildung der Menschheit ist, habe ich in den vorhergehenden Artikeln angedeutet. Der einzelne Mensch, der sich dem Willen Gottes hingibt und sich seinem Geiste erschließt, wird durch die Teilnahme an den

Gedanken Gottes über die Durchschnittsstellung seiner Zeitgenossen hinausgeführt und verwirklicht in seinem Denken und Leben solche Gedanken Gottes, die noch nicht im Allgemeinen von der Welt gefasst worden sind. Dadurch, dass er sie mit der Zuversicht des Glaubens und dem Nachdruck der Opferwilligkeit verkündigt, trägt er sie in das Geistesleben eines weiteren Kreises hinein, und schließlich, nachdem die Periode des Kampfes vorbei ist, sind die Gedenken Gemeingut der Menschheit geworden und werden im Ganzen als selbstverständlich betrachtet. Ein neuer Satz ist dem großen Glaubensbekenntnis der Menschheit hinzugefügt, und da der Gehorsam, wenn auch schleppend, der Erkenntnis folgt, so geschieht der Wille Gottes wieder um ein wenig mehr in der Welt, und das Reich Gottes ist um ein Stück vorgerückt.

Nun ist es aber ferner eine Eigentümlichkeit des Neuen Bundes, dass der prophetische Geist, welcher im Alten Bund nur auf wenigen auserlesenen Männern geruht hatte, ein weitverbreitetes Besitztum werden soll. Das ist augenscheinlich der Sinn der Stelle, welche Petrus aus dem Propheten Joel anführte (Apg. 2, 17–21). Dass es in den ersten christlichen Gemeinden so gewesen ist, geht aus den beiläufigen Bemerkungen der neutestamentlichen Briefe noch deutlicher hervor als aus den direkten Aussagen darüber. Die Art und Weise, in welcher dieser Geist sich kundtut, war verschieden bei Jesaias und bei Hesekiel; sie wird verschieden gewesen sein bei Juden- und bei Heidenchristen; sie wird auch verschieden sein im ersten und im neunzehnten Jahrhundert. Aber der Kern der Sache muss derselbe sein. Wenn wir im Neuen Bunde leben, dann muss die Erkenntnis des Herrn in unseren Herzen sein (siehe Hebr. 8, 3–12) und der Geist Gottes muss sich in uns offenbaren und uns leiten (Joh. 16, 7–14; Röm. 8, 9; 1. Kor. 2, 6–16). Und eins, das er tun soll, ist, dass er uns „verkündigt, was zukünftig ist" (Joh. 16, 13). Die Gemeinde Gottes hat die prophetische Gabe und damit das prophetische Amt. Es ändert nichts an der Tatsache, dass man hinweist auf den öden, geistlosen Zustand der Gemeinde. „Es sind nicht alle Israeliten, die von Israel sind; auch nicht alle, die Abrahams Same sind, sind darum auch Kinder." Es ist nur der geistliche Sinn, der mit Gott im Umgang steht und seine Gedanken wahrnimmt. Wie können die, welche dem Sirenengesang dieser Welt ihr Ohr leihen, die sanfte Stimme des Geistes wahrnehmen? Wie kann ein Auge, das gewohnheitsmäßig im Schmutz der Straße nach Gold sucht, zugleich hinausschauen über die sprossenden Gefilde der Zukunft und achten auf die Zeichen des Nahens Gottes?

Also die ganze Gemeinde Gottes hat als weitverbreitete Gabe ihrer Glieder, und noch mehr als Besitztum der Gesamtheit, die prophetische Gabe und das prophetische Amt. Es liegt auf ihr, diejenigen Gedanken Gottes, die von den Menschen noch nicht angenommen, innerlich verarbeitet und in das praktische Leben umgesetzt sind, zu verkündigen. Sie muss dem Rest der Menschheit voraus sein im Denken. Sie muss ihm auch voraus sein im Handeln. Sie muss das Leben schon jetzt führen, welches die übrigen Menschen erst in der folgenden Zeitperiode führen werden. Nur dadurch wird sie ihrer Verkündigung Glaubwürdigkeit und Nachdruck verleihen und die Zeit herbeiführen, da ein solches Leben allgemein wird. Es wird dies unausweichlich äußeren Verlust mit sich bringen, denn wer schon jetzt nach den Gesetzen der Zukunft lebt, wird nicht in Harmonie sein mit dem Gefüge der Gegenwart und wird den vollen Nutzen daraus nicht ziehen können. Er wird auch als ein sonderbarer Mensch und gefährlicher Neuerer von seinen Zeitgenossen scheel angesehen und vielleicht gehasst werden. Wenn z. B. in den vierziger Jahren jemand durch die Berührung mit dem Geiste Christi zu der Überzeugung kam, dass es gegen Gottes Willen sei, einen Mitmenschen als Besitztum zu haben, so war er damit seinen Zeitgenossen voraus. Wenn er nun diese Überzeugung bekannt machte und seine eigenen Sklaven mit Verlust freigab, so übte er ein prophetisches Amt aus und das prophetische Leiden blieb auch nicht aus. Aber es waren gerade solche Männer und ihr Opfermut, mit dem sie siebenmal um die Mauern Jerichos herumzogen, die endlich das „heilige Institut der Sklaverei" gestürzt haben. Heute verurteilen selbst die alten Sklavenhalter die Sklaverei. Das ganze Volk steht jetzt da, wo die prophetischen Vorkämpfer vor fünfzig Jahren gestanden haben, und das, was damals für eine gefährliche Neuerung galt, gilt heute als ganz selbstverständlich.

Die Gemeinde Christi hat diesen prophetischen Beruf in der Vergangenheit, bewusst oder unbewusst, in manchen Richtungen ausgeübt. Ich will einige dieser Richtungen andeuten, um diesen Gedanken klarer zu machen.

1. Die Gemeinde Christi ist eingestanden für das prophetische Wort Jesu: „Es kommt die Zeit, da ihr weder auf diesem Berge noch zu Jerusalem werdet den Vater anbeten." Die Heilighaltung bestimmter Orte ist ein Kennzeichen beschränkter Gotteserkenntnis und eine fruchtbare Quelle geistlicher Knechtschaft in der ganzen Welt. Dass große Teile der Christenheit dies noch nicht abgeschüttelt haben, zeigt einfach, wie mächtig dieser Hang ist und wie wenig treu das prophetische Amt geübt worden ist von denen, welche die volle Erkenntnis Gottes besitzen. Dennoch ist die Heilighaltung von Orten auf der ganzen Welt im Rückgang und die Menschen lernen mehr und mehr, dass der Anbetung im Geist und in der Wahrheit überall der Zutritt zum Vater offensteht.

2. Die Gemeinde Christi hat zuerst den Grundsatz aufgestellt, dass in Christo als dem Haupte der gesamten Menschheit die Nationalunterschiede verschwinden oder wenigstens untergeordnet sind. In ihm ist weder Jude, noch Grieche, noch Scythe. Dieser Gedanke hat schon viel getan, um Rassenhass und Nationalhass aus der Welt zu räumen. Die Zeit ist am Kommen, wo auch die nationale Gesetzgebung der Völker nicht mehr von der Voraussetzung ausgehen wird, dass ein Volk der natürliche Feind des anderen ist und dass der Schaden des einen notwendig der Nutzen des anderen sein muss.

3. Die Gemeinde Christi hat zuerst den Gedanken von der organischen Verbindung der Menschheit vertreten, den Paulus unter dem Bilde eines Körpers mit vielen Gliedern ausdrückt. Damit ist die Verpflichtung aller gegen alle vorausgesetzt, ebenso die Verpflichtung der Gesellschaft, für ihre schwachen Glieder zu sorgen. Alle staatliche Armen- und Krankenpflege zeigt, dass die Menschheit angefangen hat, dieses prophetische Wort des Christentums nachzustammeln. Die gesamte bevorstehende Umwälzung im socialen Leben der Kulturvölker wird einfach der Versuch sein, diesen prophetischen Gedanken im täglichen Leben zu verwirklichen.

4. Das Gesetz der Aufopferung für andere, welches Christus durch Wort und Beispiel niedergelegt hat (Matth. 20, 25–28), ist ein prophetisches Wort, und die Menschheit im Allgemeinen hat im überraschenden Maße schon dieses Gesetz als allgemein bindend anerkannt. In der Gelehrtenwelt gilt es schon sehr allgemein. Niemand denkt daran, dass Dr. Koch ein Mittel gegen Schwindsucht in selbstsüchtiger Weise für sich ausnützen werde. Es gilt als selbstverständlich, dass seine Arbeit zum Wohl aller dienen werde. Das Geschäftsleben ist in dieser Hinsicht noch am weitesten zurück. Aber es wird nicht mehr so gar lange dauern, dann muss auch dieser harte Nacken sich beugen vor dem Gesetze Christi.

Ich habe nur einige Beispiele herausgegriffen, um nachzuweisen wie die Gemeinde Christi das prophetische Amt geübt hat und wie die Welt Stück für Stück ihr nachfolgt. Doch müssen wir traurig bekennen, dass es stets nur ein kleiner Teil derjenigen war, welche den Namen Christi tragen. Der größte Teil der sogenannten Christen hat sich gegen alle diese Fortschritte gleichgültig oder feindselig verhalten. Wir weisen z. B. auf die Abschaffung der Sklaverei hin als auf ein Verdienst des Christentums. Sie ist es auch. Und doch ist es Tatsache, dass selbst in den ersten Jahrhunderten die christliche Kirche, mit Ausnahme einiger gnostischer Sekten, nie gelehrt hat, dass die Sklaverei an sich unrecht sei. Auch während der Agitation hierzulande waren die Christen großenteils auf Seiten der Sklaverei, und die Bibel musste in den Leibeigenen Abrahams, in dem Fluche Noahs und in dem zurückgesandten Onesimus den Sklavenhaltern ihre kräftigsten Argumente liefern.

Es ist deshalb nötig, dass wir wohl zusehen, ob wir auch unseres prophetischen Amtes walten und der Zukunft Gottes hereinhelfen und nicht sie draußen halten. Und noch besser wäre es, wenn wir uns nicht mehr damit begnügten, den prophetischen Beruf indirekt und unbewusst auszuüben, sondern würden mit klarem Blicke die Zukunftsgedanken Gottes ins Auge fassen und sie unserer Zeit ins Ohr rufen. An Widerstand würde es nicht fehlen, aber derselbe würde ein Segen für die Gemeinde werden. Er würde sie säubern und stark machen. Wie Gideons Heer würde sie desto stärker werden, je kleiner sie

würde. Die Dürre unseres heutigen religiösen Lebens liegt in unserer selbstsüchtigen Iso-
lierung. Jeder Christ trachtet danach, seine eigene Seele in den Himmel zu bringen. Jede
Gemeinde verwendet neun Zehntel ihrer Kraft darauf, sich selbst in Gang zu halten. Das
Reich Gottes auf Erden ist schier ein verlorener Gedanke. „Zion, du Predigerin, steige auf
einen hohen Berg. Jerusalem, du Predigerin, hebe deine Stimme auf mit Macht. Hebe auf
und fürchte dich nicht. Sage den Städten Judas: Siehe, da ist euer Gott!"

Der Sendbote, 25. März 1891
Die prophetische Aufgabe der Baptistengemeinden

Wo der Geist Gottes ist, da ist auch Prophetie, denn wo der Geist Gottes ist, da ist geistliche Zeugungskraft, da ist die schaffende Energie, welche die Zukunft größer und herrli-
cher macht als die Vergangenheit es gewesen ist. Diese Prophetie ist, ob wir das Auge
haben sie zu sehen oder nicht. Aber wer in der Knospe die schlummernde Blume sehen
kann, wer in dem stammelnden Kinde Gottes das strahlende Kind der Ewigkeit entdecken
kann, der kann auch in der Erscheinung des menschlichen Lebens die Verheißung der
Zukunft wahrnehmen. Der sieht überall, wie das junge Leben sich der Geburt entgegen-
drängt. In Menschen, in Ereignissen, in Körperschaften kann der unentwickelte Keim einer mächtigen Bewegung liegen, sie sind prophetisch.

Einzelne Menschen können durch ihr Leben prophetisch wirken. David verkörperte für
das Volk Israel das höchste Ideal eines Herrschers, und in allen folgenden Jahrhunderten
sammelten sich die nationalen und religiösen Hoffnungen Israels um seinen Namen. Sie
sahen seine veredelte und vergrößerte Gestalt in der Zukunft stehen, mit Glanz umflos-
sen, und sie erhofften den Messias als einen Sohn Davids. Das Leben Davids war ein
prophetisches Leben.

Einzelne Ereignisse können prophetisch sein. Als Luther auf dem Reichstage zu Worms
den Vertretern der geistlichen und weltlichen Autorität den Gehorsam kündigte und seine
geistliche Unabhängigkeitserklärung abgab, war dieser Augenblick prophetisch für die
gesamte Richtung des Protestantismus, ja für den ganzen Entwicklungsgang des modernen Geisteslebens. Die ganze Zukunft lag im Keime in jenem hohen Momente.

Einzelne Gemeinschaften können prophetisch sein. Nicht alle Gemeinschaften sind es.
Zum Beispiel der Jesuitenorden verkörpert nicht die Zukunft, sondern die Vergangenheit,
nicht das Prinzip der Freiheit, sondern das Prinzip des Gehorsams gegen menschliche
Autorität. Und weil er dieses Prinzip mit solcher Klarheit und Fähigkeit vertritt, fordert die
katholische Centrumspartei ganz mit Recht seine Rückkehr nach Deutschland, als die

einzige Macht, welche dem jungen Titanen der Zukunft, der Socialdemokratie, die Spitze bieten könne.

Aber es gibt Gemeinschaften, welche nicht die Vergangenheit in sich fassen, sondern welche den Versuch darstellen, den gärenden Most in Schläuche zu fassen, dem glühendflüssigen Metalle feste Formen zu verleihen. Ich glaube, die Baptistengemeinden sind solche Gemeinschaften. Sie verkörpern in sich Gedanken und Bestrebungen, die noch nicht zu ihrer vollen Geltung in der Welt gelangt sind. Sie sind deshalb auch prophetisch. Ich möchte einige dieser Gedanken nennen, deren Einführung in die Welt unsere prophetische Aufgabe ist. Ich werde vielleicht nicht diejenigen nennen, welche dem Leser zuerst einfallen werden. Warum soll ich noch einmal sagen, was wir doch schon wissen? In allem, was ich sage, erwarte ich stets, dass der Leser meine Worte vervollständigt und selbstständig weiterführt.

1. Die Baptistengemeinden vertreten vollständiger als fast irgendeine andere Gemeinschaft das Prinzip eines geistlichen Gottesdienstes. Fast alle anderen religiösen Gemeinschaften halten die Form wert um ihrer selbst willen und erwarten von der Verrichtung äußerlicher Handlungen einen innerlichen Segen. Die Kindertaufe hat absolut keinen Sinn, wenn nicht erwartet wird, dass die äußerliche Handlung den inneren Zustand des Kindes beeinflussen soll. Das leugnen wir. Wir sagen, eine solche Handlung kann ebenso wenig eines Kindes Stellung vor Gott verändern wie das Tragen eines Amuletts einen Menschen vor dem Ertrinken schützen kann. In unseren Augen hat jede gottesdienstliche Handlung nur dann Wert, wenn sie der freiwillige und naturgemäße Ausdruck eines inneren Vorgangs ist. Deshalb betrachten wir mit Misstrauen alle auswendig gelernten Gebete und allen stehenden Ritus im Gottesdienst. Doch sind wir durchaus nicht von der Gefahr frei, in denselben Irrtum zu verfallen, gegen den wir protestieren. Unsere Gegner werfen uns nicht ganz ohne Grund vor, dass wir viel Gewicht auf die Form der Taufe legen. Und in unseren Gottesdiensten folgen wir durchweg einem feststehenden Schema, das durch langen Gebrauch der Gemeinden gerade so heilig und unerschütterlich erscheint, wie den Lutheranern ihre Liturgie.

2. Die Baptistengemeinden vertreten in ihrer Gemeindeordnung das Prinzip absoluter Volksherrschaft. Wir haben keinen Herrscher in der Gemeinde außer Christum allein. Die Gemeinde ist souverän. Sie ist es, die den Prediger beruft und ordiniert. Als ihr Repräsentant verwaltet er Taufe und Abendmahl. Er hat seine Vollmacht von der Gemeinde und ist ihr verantwortlich, eine Verantwortlichkeit, die nur dann aufgehoben wird, wenn sie mit seiner Verantwortlichkeit gegen Christum in Konflikt kommt. Wenn Beamte oder Komitees bestimmte Pflichten in der Gemeinde verwalten, so haben sie das Recht dazu, nur weil die Gemeinde es ihnen gegeben hat, und was die Gemeinde gegeben hat, kann sie wieder nehmen. In allen Fragen gehört die schließliche Entscheidung der Gemeinde.

Eine Baptistengemeinde ist somit eine reine Demokratie. Dieselbe ist entsprossen auf dem Boden des Neuen Testamentes, und sie ist prophetisch für das, was in der ganzen Welt am Kommen ist. Es wird behauptet, dass Präsident Jefferson, aus dessen Kopf die Konstitution der Vereinigten Staaten entsprungen ist, seine Vorstudien über das Leben eines freien Gemeinwesens an einer Baptistengemeinde gemacht habe. Unsere Gemeinden sind für ihre Glieder stete Schulen in der Selbstregierung, und was sie da lernen, wenden sie überall an. Die Wichtigkeit dieser Schulen, besonders in Ländern, wo noch wenig Volksfreiheit besteht, kann nicht überschätzt werden. Wir sollten das nicht ängstlich bemänteln, sondern freudig verkündigen, denn wir haben auch darin eine prophetische Mission.

3. Die Baptistengemeinden verkörpern das Prinzip der freiwilligen Kooperation. Das ist das Prinzip der Zukunft. Es ist das Rätsel, das unsere Generation zu lösen hat, wie die gewaltigen Kräfte der Natur und der menschlichen Gesellschaft, welche auf allen Seiten entfesselt werden, zu harmonischem Miteinanderwirken zum Besten der Gesamtheit bewogen werden können. In unseren kolossalen Fabriken, im Eisenbahnbetrieb und im Militär haben wir ein einheitliches Zusammenwirken, und wir wissen, welch riesige Resultate dadurch erreicht werden. Aber dies Zusammenwirken hat zwei Fehler: Erstens, die Einheit wird erzielt durch Zwang; zweitens, der Nutzen des Zusammenwirkens wird von einer begrenzten Anzahl an sich gezogen. Die vielen wirken zum Besten der wenigen, und sie tun es, weil sie müssen. Die Aufgabe der Zukunft ist es, ein freiwilliges und freudiges Zusammenwirken aller zum Besten aller hervorzubringen.

Unsere Gemeinden stellen ein solches Zusammenwirken dar. In anderen Kirchengemeinschaften ist es der Priester oder Pastor, der alles tut. Er gibt, die Gemeinde hat zu nehmen. Sie haben nicht eine Gemeinschaft von ebenbürtigen Menschen, die sich untereinander erbauen. Sie haben eine Herde Schafe, die mit mehr oder weniger Hunger das Heu entgegennehmen, welches ihnen der Hirte in die Krippe stopft. Der schreiendste Mangel an dem Staatskirchentum überall ist der Mangel einer zusammenwirkenden Gemeinschaft gleichgesinnter Menschen. Wir haben dieselbe; wie unvollkommen sie auch sein mag, sie ist da und braucht bloß verbessert zu werden. Wenn eine Gemeinde erfolgreich ist, so ist sie es meistens, weil sie es versteht, die mancherlei Gaben der Glieder herbeizuziehen und zu ihrem einheitlichen Zwecke zu verwerten. Und das ist nicht nur der Fall in Gebetsstunde und Sonntagsschule. Unsere Gemeinden haben sich bis jetzt meist auf die rein geistliche Arbeit beschränkt, und deshalb sind die Gaben der Lehre und Ermahnung fast die einzigen, die zur Verwendung gekommen sind. Aber wir haben schon mit Überraschung und Freude bemerkt, wie manche Glieder, die in der Gebetsstunde fast stumm sind, freudig aufleben, wenn ihnen eine Gelegenheit zur Entfaltung von praktischem Geschick gegeben wird in Nähschulen, Krankenpflege usw. Vom Dichter Homer wird erzählt von dem sagenhaften Meergreis Proteus. Derselbe hatte die Fähigkeit, allerlei Gestalten anzunehmen und sich in Wasser, Feuer, Tiere oder Bäume zu verwandeln. Gerade diese Fähigkeit hat eine Baptistengemeinde durch die Einheit ihres Lebens und die Freiheit und Biegsamkeit ihrer Organisation. Nun, in diesem allen ist sie eine Schule für ihre Glieder und ein Beweis für die Welt, was einem freien Gemeinwesen von ebenbürtigen Menschen möglich ist, die durch einen einheitlichen Zweck und eine gemeinschaftliche Liebe miteinander verbunden sind. Sie ist prophetisch für das, nach dem die Welt tastet und tappt und was sie fortschreitend erlernen muss und wird.

4. Die Baptistengemeinden haben eine prophetische Aufgabe in der Stellung, welche sie den Frauen erweisen. Vielleicht denkt jemand, das sei eine geringfügige Aufgabe. Er irrt. Es ist keine geringfügige Sache, was für eine Stellung einer ganzen Hälfte des Menschengeschlechts angewiesen wird. „Wer sein Weib liebt, der liebt sich selbst", sagt Paulus. Es ist des Mannes eignes Interesse, dass das Weib eine gerechte und naturgemäße Stellung innehabe. Steht das Weib schief, so zieht sie die ganze menschliche Gesellschaft schief. Knechtest du sie mit Willen, so knechtet sie dich ohne Willen. Nein, die Stellung des Weibes ist nichts Geringfügiges.

Es ist eine zugestandene Tatsache, dass im Altertum, und unter den heidnischen Völkern noch jetzt, die Stellung der Frau nicht die ist, welche ihr zukommt. Es ist etwas, was den Frauen zum Ermüden oft vorgesagt wird, dass das Christentum ihre Stellung gehoben hat. Hat es diese Arbeit jetzt fertiggebracht? Ist das Weib jetzt so hoch gehoben, wie es nach Gottes Willen kommen kann? Wenn so, seit wann? Und wie kann man das wissen? Meine eigene Überzeugung ist es, dass auch darin das Reich Gottes noch am Kommen ist und noch nicht vollständig da ist. Und es scheint mir, unsere Gemeinden haben darin eine prophetische Aufgabe. In unseren Versammlungen nehmen die Frauen freien Anteil, gerade wie die Männer. Sie wirken mit in den Sonntagsschulen. In den Geschäftsstunden haben sie überall das Stimmrecht und, soviel ich weiß, in den meisten Gemeinden auch das Recht, einen Antrag zu stellen und für oder gegen denselben zu reden. Das ist schon viel. Unsere Gemeinden sind darin der Welt im Ganzen voraus. Ich sage nicht, dass wir schon stehen, wo wir stehen sollten. Auf unseren Konferenzen werden die anwesenden Frauen als „besuchende Geschwister" eingetragen und es wird ihnen stillschweigend das Recht verweigert, über die Verwaltung der Gelder mitzustimmen, die sie selbst zum großen Teil aufgebracht haben. Es ist schwer einzusehen, weshalb die Frauen in den Gemeinden stimmen dürfen und auf den Konferenzen nicht. Auch in der Weise, in welcher in der Presse und auf Frauen-Vereinsfesten über die Frauen und zu ihnen gesprochen wird, geht hervor, dass sie noch nicht den Männern ebenbürtig gehalten werden. Gerade wenn ihnen am meisten geschmeichelt wird, werden sie am tiefsten herabgewürdigt. Es ist, wie wenn man ein Kind liebkost und beruhigt. Wie gesagt, wir stehen jetzt schon, im Vergleich mit anderen, so hoch hierin, dass ich wünschte, wir ständen noch höher.

Ich muss schließen. Ich habe in diesem Artikel freimütig einige praktische Anwendungen aus den in den vorhergehenden Artikeln niedergelegten Gedanken gezogen. Natürlich bin ich allein und nicht die Redaktion oder die Denomination für diese Gedanken verantwortlich zu halten. Ich habe keinen Zweifel, dass manche Leser nicht in allem mit mir übereinstimmen werden, besonders in den Anwendungen. Ich bin zufrieden, wenn sie nur den Gedanken unseres prophetischen Amtes als Christen annehmen; mögen sie ihm dann diejenigen Anwendungen geben, zu welchen der Geist Gottes sie führt.

Noch ein Wort. Wir als Christen und auch wir als Baptisten haben eine prophetische Mission. Dieselbe wird ihren Einfluss auf die Menschheit haben, ob wir es wissen oder wollen oder nicht. Aber dieser Einfluss wird ungleich intensiver sein, wenn wir unseren prophetischen Beruf mit klarem Bewusstsein fassen und freudig die Ausübung desselben unternehmen. Das Gesetz der Schwere bestand in der Welt, lange ehe Newton es entdeckte und formulierte, und unbewusst haben die Menschen immer danach gehandelt; aber doch ist mit der Entdeckung desselben in der Architektur, im Maschinenbau, in der ganzen Welt der Mechanik eine neue Zeit angebrochen. Ebenso ist es auf dem Gebiet des geistlichen Lebens ein großer Unterschied zwischen dem unbewussten Gehorsam und der bewussten Unterwerfung unter ein Reichsgesetz Gottes.

2. Walter Rauschenbusch: Warum ich Baptist bin (1905/06)

Die Artikelserie „Why I am a Baptist" von Walter Rauschenbusch wurde in der Monatsschrift „Rochester Baptist Monthly" in den Monaten November 1905 bis März 1906 erstmals veröffentlicht und erschien auch im „Colgate Rochester Divinity School Bulletin", Dezember 1938, und in Sydnor L. Stealy: A Baptist Treasury, New York 1958 (Übersetzung: Klaus J. Jähn, 2021).

VORSPIEL

Warum bin ich Baptist?
Nun, am Anfang, weil mein Vater einer war.

Er war ein lutherischer Pfarrer in Deutschland, er kam nach Amerika, nahm Kontakt mit den Baptisten auf, fand in ihren Lehren die Wahrheiten, nach denen er gesucht hatte, und wurde unter großem Positionsverlust und unter Seelenproblemen Baptist. Wenn er ein lutherischer Pfarrer in Deutschland geblieben wäre, wäre ich wahrscheinlich kein Baptistenpastor in Amerika. Es hat keinen Sinn zu leugnen, dass unsere familiären Beziehungen und die Ausbildung in unserer Kindheit einen sehr starken Einfluss auf uns alle ausüben und unsere religiösen Zugehörigkeiten für uns bestimmen. In Ländern mit einer „etablierten Kirche" gilt es als schrecklich und gottlos, wenn jemand die Religion seiner Väter verlässt, und selbst in unserem Land, das ein Paradies der Religionsfreiheit und des Individualismus ist, ist nur eine Minderheit der Menschen nicht so stark von individuellen Überzeugungen geprägt, dass sie die weichen und sich windenden Bindungen von Familienliebe und Familientradition brechen können. Die meisten Menschen sind Katholiken oder Protestanten oder Juden, weil ihre Eltern Katholiken oder Protestanten oder Juden waren, und das ist alles, was es davon zu sagen gibt. Wenn die Engel heute Abend hundert Baptistenbabys stehlen und durch anglikanische Babys ersetzen sollten, kann man davon ausgehen, dass die Babys, die zum Verfechter des Anglikanismus, der anglikanischen Agende und der apostolischen Nachfolge herangewachsen sind, lernen würden, in diesen Dingen das Lächeln der bewussten Überlegenheit zu lächeln. Es gibt einige von uns, die einfach aus Überzeugung Baptisten geworden sind und die die Konfession ihrer Eltern verlassen mussten, um zu gehen, wohin die Wahrheit sie führte. Aber die Mehrheit von uns wurde in baptistischen Familien geboren, und ich bin einer dieser Mehrheit.

Aber das drückt nur die Hälfte der Wahrheit aus. Wir sind Amerikaner, weil wir so geboren wurden. Aber es ist unsere Pflicht und unser Recht, deutlich und zunehmend zu verstehen, wofür unser Land steht, und die Ideale der Demokratie und Gleichheit, auf denen unser nationales Leben beruht, als unsere persönlichen Prinzipien zu übernehmen. Wir sind Amerikaner von Geburt, aber wir müssen aus persönlicher Überzeugung Amerikaner werden. Ebenso mögen wir von Geburt an Baptisten sein, aber wir müssen aus Überzeugung Baptisten werden. Und kein Mensch ist ein wahrer Baptist, bis seine ererbte Tendenz in einen bewussten Zweck umgewandelt wurde. In einem großen Güterbahnhof können Sie eine Lokomotive beobachten, die einen Güterzug auf die verschiedenen Abstellgleise verteilt. Sie wird einen Güterwagen anschieben und ihn von selbst rollen lassen. Der Güterwagen bewegt sich, aber er bewegt sich durch eine Trägheitskraft. Er enthält keine lebendige Energie. Nach und nach wird er langsamer und bleibt schließlich stehen. Kein baptistischer Junge oder Mädchen sollte erwachsen werden, um diesem Güterwagen zu ähneln. Sie müssen ihre eigenen baptistischen Überzeugungen entwickeln und aus eigener Kraft laufen. Sie haben ein großes Erbe der Wahrheit geerbt; lass sie lernen, was ihnen schon gehört, lass sie durch die Kraft der persönlichen Aneignung halten, was ihnen durch Erbrecht gehört.

Ich begann als Baptist, weil mein Vater es war, aber heute bin ich Baptist, weil ich mit meiner Überzeugung nichts anderes sein konnte. Ich stehe jetzt auf eigenen Füßen und bin bereit, über meinen Glauben zu berichten.

Es ist gut, die Frage zu stellen: „Warum bist du ein Baptist?" Ich wünschte, alle unsere Gemeindemitglieder müssten klar und vollständig darauf antworten. Es ist möglich, Baptist auf kleinem oder großem Grund zu sein. Ein Mensch könnte sagen: „Ich bin Baptist, weil das griechische Wort baptiso Eintauchen bedeutet." Das ist ganz richtig, aber es ist ein ziemlich kleiner Haken, an dem Sie Ihre religiösen Überzeugungen festmachen können. Ein kurzsichtiges Kind wurde in den Zoo gebracht und stand vor dem Löwenkäfig. Der Löwenschwanz hing durch die Stangen. „Aber ich dachte, der Löwe wäre anders", sagte das Kind, „er sieht aus wie ein gelbes Seil." Es gibt also Baptisten, die bisher nur das Ende unserer baptistischen Ideale und Überzeugungen entdeckt haben, und es ist kein Wunder, dass die so schmal sind wie der Schwanz, an den sie fromm glauben. Es ist möglich, „Näher, mein Gott zu dir" mit einem Finger auf einem kleinen Harmonium von vier Oktaven zu spielen. Aber es ist eine ganz andere Musik, wenn dieselbe Melodie mit allen Mitteln einer großen Pfeifenorgel und in all dem Reichtum voller Harmonie gespielt wird. Kleine Überzeugungen machen kleine Menschen. Viele Baptisten sind nach einem kleinen Muster geschnitzt, weil ihre Überzeugungen so klein sind.

Der Geist der Menschen erweitert sich heute. Überall um uns herum strömen große Gedanken. Und Menschen, die in einem Teil ihres Lebens großartige Ideen begriffen haben, sind ungeduldig gegenüber kleinen Ideen im anderen Teil ihres Lebens, insbesondere in ihrer Religion. Nur ein großer Glaube, der auf großzügigen, gigantischen Linien aufgebaut ist, wird die nachdenklichen Männer und Frauen der Zukunft gewinnen. Ich glaube, dass wir Baptisten einen großartigen Körper der Wahrheit haben – frei, vital, ehrlich, spirituell und ganz im Einklang mit den edelsten Tendenzen unserer Zeit. Aber wir müssen seine Größe erkennen und ihn frei in all seiner Größe und Frische präsentieren und dürfen den Menschen nicht einige getrocknete Pflanzen und ausgestopfte Tiere als Vertreter des verheißenen Landes zeigen, in das Gott uns geführt hat und zu dem wir sie einladen.

In der nächsten Ausgabe der Zeitschrift werde ich fortfahren, einige der Überzeugungen darzulegen, die mir persönlich am Herzen liegen. Ich kann nicht garantieren, dass meine Ideen der vollen Größe des Baptismus entsprechen. Wahrscheinlich ist es eher umgekehrt. Niemand wird wahrscheinlich das Ganze sehen oder sogar das Ganze sagen, was er sieht. Wenn ich zu kurz komme, ist dies ein freies Land, und es steht jedem frei, die Farben der Baptisten auf eine höhere Ebene als meine zu heben.

Warum ich Baptist bin?

Mein erster Grund: Baptisten betonen den Vorrang der persönlichen christlichen Erfahrung.

Die Religion hat in den verschiedenen christlichen Gruppierungen eine Vielzahl von Formen angenommen. Nehmen Sie an einer feierlichen Messe in einer römisch-katholischen Kathedrale teil, mit dem schwachen feierlichen Licht, der anschwellenden Musik, den Kerzen, der Truppe der Priester, Diakone und Ministranten, dem Weihrauch, dem Klang der Glocke, der Niederwerfung des Volkes, wenn die Oblate auf wundersame Weise in den Leib des Herrn verwandelt wird. Nehmen Sie andererseits ein kleines Treffen in einer Landgemeinde, in der eine einfache Seele nach der anderen auftaucht, um in einfachen Worten von ihrer Erfahrung mit Gott zu erzählen. Wie weit sie voneinander entfernt sind! Und doch ist es nur fair zu glauben, dass alle christlichen Gruppierungen dasselbe anstreben: die menschliche Seele durch Christus in rettenden Kontakt mit Gott zu bringen und für sie das Wissen und die Kraft eines heiligen Lebens zu festigen. Freuen wir uns, dass wir alle eins sind in diesem grundlegenden Ziel.

Andererseits ist es berechtigt zu behaupten, dass einige religiöse Gruppierungen versuchen, dieses Ziel mit Mitteln zu erreichen, die die Seele eher behindern, Gott besser zu finden, als sie ihr helfen. Auch das Judentum suchte Gott mit seiner aufwändigen Tempelverehrung, seinen blutigen Opfern, seinen detaillierten Formen. Aber Christus hat uns gelehrt, uns Gott auf einfachere und spirituellere Weise zu nähern. Die alles entscheidende Frage, wo und wie man anbetet, wurde als veraltet und überflüssig in den

Hintergrund gedrängt für diejenigen, die gelernt hatten, Gott im Geist und in der Wahrheit anzubeten. Allen religiösen Gruppierungen haften viele Überreste ihrer Kindheit an, Überzeugungen und Bräuche, die in ihrer Herkunft abergläubisch waren und niemals zum echten Christentum gehörten. Und einige religiöse Gruppen haben sich entschieden geweigert, diese Dinge jemals abzulegen; sie schätzen Überreste des Heidentums als ihre wertvollsten und grundlegendsten Besitztümer. Daher ist es für einen intelligenten Christen von Bedeutung zu fragen, wo er das Christentum in seiner am wenigsten verfälschten Form finden kann. Wo ist das grundlegende Ziel, die menschliche Seele in die rettende Gemeinschaft mit Gott zu bringen, am deutlichsten erreicht? Wo ist Anbetung am spirituellsten? Wo wird die Aufmerksamkeit am wenigsten von dem abgelenkt, was im religiösen und ethischen Leben wesentlich ist?

Der christliche Glaube, wie ihn die Baptisten vertreten, stellt die spirituelle Erfahrung kühn in den Vordergrund als die einzige große Sache in der Religion. Er zielt auf experimentelle Religion ab. Wir sind eine evangelistische Gruppierung. Wir rufen alle Menschen zur bewussten Umkehr von der Sünde auf, zum bewussten Gebet um Vergebung. Wir fragen einen Menschen: „Hast du deinen Glauben auf Christus gesetzt? Hast du deinen Willen seinem Willen unterworfen? Hast du die innere Zuversicht erhalten, dass deine Sünden vergeben sind und dass du mit Gott im Frieden bist? Hast du Erfahrung mit Gott gemacht?" Wenn jemand unseren Gemeinden beitreten möchte, bitten wir um Belege für solche Erfahrungen und um nichts anderes. Wir bitten ihn nicht, ein Glaubensbekenntnis oder einen Katechismus zu rezitieren. Je einfacher und herzlicher das Zeugnis ist, desto besser gefällt es uns. Wenn es glatt und wortreich ist, misstrauen wir ihm. Erfahrung ist unsere einzige Voraussetzung für den Empfang der Taufe; sie ist grundlegend in unserem kirchlichen Leben.

Wir wenden den gleichen Test auf unseren geistlichen Dienst an. Das erste, was wir einen Kandidaten fragen, ist seine Bekehrung und christliche Erfahrung. Als nächstes fragen wir ihn, ob er sich bewusst ist, dass er zum persönlichen Dienst berufen worden ist; das sucht auch nach seiner Erfahrung mit Gott. Schließlich fragen wir ihn nach seinen Ansichten über die Lehre, aber auch dort raten wir von einer bloßen Aufzählung von Glaubenssätzen ab und freuen uns am meisten, wenn alle seine intellektuellen Überzeugungen hervorgehen aus innerer Überzeugung und Erfahrung.

Daher basieren unsere Kirchenmitgliedschaft und unser Dienst beide auf religiösen Erfahrungen. Das ist der übliche Verlauf unseres kirchlichen Lebens. Schauen Sie einmal genau auf unsere Gemeinden: Nichts zieht sie so an und gewinnt sie beim Predigen als der Hinweis auf die persönlichen Erfahrungen mit Gott; nichts berührt und ergreift sie in den gemeindlichen Zusammenkünften so sehr wie die Herzensnote der Erfahrung. Dass wir so stark auf wahrer Taufe bestehen, ist kein Beharren auf äußeren Formen, sondern ein Protest gegen jede äußere Form, die keine Erfahrung zur Grundlage hat. Die Taufe der Gläubigen ist eine äußere Handlung und eine innere Erfahrung. Wir glauben, dass die Kindertaufe eine äußere Handlung ohne jede innere Erfahrung ist, und wir werden nichts davon haben.

In diesem direkten Beharren auf bewusster persönlicher Erfahrung ist eine wahre Baptistengemeinde so eindeutig und ungebunden, wie es eine religiöse Gruppe nur sein kann. Die römisch-katholische Kirche zum Beispiel versucht auch, einen Menschen mit der Gnade Gottes in Kontakt zu bringen, aber die Gnade Gottes wird durch die Sakramente empfangen. Im erneuernden Wasser der Taufe, in der mysteriösen Hostie der Kommunion, in der Absolution, die der Priester im Sakrament der Buße ausgesprochen hat, heißt es, begegne ein Mensch Gott. Aber tut er das? Oder begegnet er nur der Kirche? Hat die Kirche nicht viele von Menschen gemachte Zeremonien zwischen Seele und Gott geschoben, so dass Tausende, die all diese Rituale pünktlich durchlaufen, Gott tatsächlich nie erfahren haben und durch genau die Rituale, die ihnen beigebracht wurden, davon abgehalten werden ihn zu treffen?

Ich habe wiederholt Konfirmationsgottesdienste in der lutherischen Kirche besucht und war tief daran interessiert. Die Kinder dort werden auf ihre Kenntnis des Katechismus und der Schriftstellen untersucht. Sie rezitieren sie aus dem Gedächtnis. Ich wünschte, Baptistenkinder wüssten auswendig so viel über die Bibel und die Kirchenlieder. Ich betrachte die monatelange gründliche Unterweisung vor der Bestätigung als eines der schönsten Merkmale der lutherischen Kirche und wünschte, wir könnten sie kopieren. Es bietet eine konkurrenzlose Gelegenheit für einen frommen Pastor. Aber wenn die mentale Übung der Rezitation von auswendig Gelerntem zum Test für die Aufnahme in die Kirche und ihr Sakrament gemacht wird, wird die persönliche Erfahrung durch etwas völlig anderes und minder Wertigeres ersetzt. Ich weiß aus persönlichem Kontakt mit den Menschen, wie viele den Eindruck haben, dass eine solche Unterweisung eine Person zum Christen macht.

Einige Kirchen halten viel von Ritualen und Sakramenten, in dem Glauben, dass dies den Zugang zu Gott ermöglicht. Andere halten viel von einem formulierten Glaubensbekenntnis, in der Überzeugung, dass korrektes intellektuelles Verständnis die grundlegende Sache im christlichen Leben ist. Baptisten haben das Ritual vereinfacht, bis wir nur noch zwei obligatorische rituelle Handlungen haben, die Taufe und das Abendmahl, und wir bestehen auch in diesen auf Erfahrung als wesentlichem Bestandteil. Wir glauben an klare Überzeugungen der Wahrheit, aber wir haben kein formuliertes Glaubensbekenntnis, dem jeder, Prediger oder Laie, zustimmen muss. Intellektuelle Glaubensbekundungen sind nützlich, wenn sie das Ergebnis persönlicher Erfahrung sind. Wenn nicht, sind sie wahrscheinlich ein schädlicher Ersatz für Erfahrung.

Überlegen Sie nun, wie großartig es für eine Gemeinde ist, zu versichern, dass ein Mensch in direkte persönliche Beziehungen zu Gott treten kann und muss, und ihr gesamtes kirchliches Leben so einzurichten, dass solche direkten und spirituellen Erfahrungen bei Menschen möglich sind. Ich habe Menschen in anderen Kirchen getroffen, die nicht nur selbst keine solche Erfahrung haben, sondern auch bezweifeln, ob jemand sie haben kann. Es scheint ihnen eine Vermutung zu sein, dass ein Mensch behauptet, er wisse, dass er Vergebung von Gott erhalten habe und in bewusster Gemeinschaft mit ihm lebe. Doch wofür ist der ganze Apparat des kirchlichen Lebens gut, wenn er den Menschen nicht zu dieser Erfahrung hilft?

Die große Masse der Menschen nimmt ihre Religion aus zweiter Hand. Eine starke religiöse Seele hat in der Vergangenheit eine echte Erfahrung mit Gott gemacht. Sie erzählt anderen davon, sie glauben es und nehmen dann ihren Glauben an ihre Erfahrung als Ersatz für eine solche Erfahrung selbst. Die Religion der Vergangenheit ist in der Bibel, den Glaubensbekenntnissen, den Riten und Überzeugungen der Kirche niedergelegt, und die Menschen probieren alles fromm und stimmen dem zu und denken, dass dies Religion ist. Es ist nicht mehr Religion als Mondlicht Sonnenlicht ist. Die Gedanken und Erfahrungen anderer sind für uns von unschätzbarem Wert, weil sie unsere eigenen bereichern und erweitern, aber in der Religion wird nichts die persönliche Erfahrung ersetzen. Beim Studium der Naturwissenschaften besteht die moderne Methode darin, den Schüler in direkten Kontakt mit der Natur zu bringen. Die Präparation eines einzelnen Tieres vermittelt mehr Erkenntnisse über die Biologie als die besten Lehrbücher, in denen ein Schüler liest, was andere beobachtet haben. Baptisten glauben an fortgeschrittene Methoden in der Religion. Sie konfrontieren die Seele mit Gott.

Experimentelle Religion ist notwendigerweise frei und freiwillig. Menschen können die Teilnahme an der Messe erzwingen. Sie können die Zustimmung zu einem Glaubensbekenntnis erzwingen. Innere Erfahrung können sie nicht erzwingen. Sie muss frei und spontan sein. Und nichts hat in den Augen Gottes einen Wert, was nicht frei aus dem Leben des Menschen fließt. Was würden uns die erzwungene Liebe einer Frau oder eines Kindes bedeuten? Welchen Wert hat für Gott erzwungener Glauben und Anbetung? Wenn wir auf Erfahrung bestehen und nicht auf Ritualen oder Glaubensbekenntnissen, verorten wir Religion dort, wo sie notwendigerweise frei ist, und wenn sie frei gegeben wird, hat sie Wert in Gottes Augen.

Experimentelle Religion hat eher Ergebnisse im moralischen Leben als jede andere Art. In den einfachen Formen der heidnischen Religion ist Ritual fast alles, was es an Religion gibt; Moral ist nur ein zufälliges Ergebnis. Jeder wirkliche Aufstieg in der Evolution der Religion macht sie weniger rituell und ethischer. In den höheren Religionsformen besteht immer die Gefahr, in die unteren Stufen zurückzukehren und das Ritual auf Kosten der

Moral zu betonen. Wenn wir auf der Umkehr von der Sünde und der Unterwerfung unter den Willen Gottes bestehen, ist dies eine religiöse Erfahrung, die direkt zu einem höheren moralischen Leben führt. Eine solche Religion stärkt die ethische Pflicht am stärksten und dient dem gemeinsamen Leben der Menschheit in hohem Maße.

Wie wichtig eine solche direkte Erfahrung Gottes ist, können wir daran erkennen, dass sie in Zeiten des Zweifels oft das Einzige ist, was unerschütterlich bleibt. Mancher Mensch hat gespürt, wie sein intellektueller Glaube zusammenbrach, und doch hat sein Glaube an Gott den Sturm wie ein Fels in der Brandung überstanden. Als die Argumente in Stücke gingen, konnte er immer noch sagen: „Aber ich weiß, dass Gott einen neuen Menschen aus mir gemacht hat; die Erfahrung, die ich in den vergangenen Jahren gemacht habe, ist mir genauso sicher, wie dass ich am Leben bin." Und auf dieser Grundlage konnte er einen festeren Glauben aufbauen. Eine Kirche, die den Menschen hilft, Religion persönlich zu erleben, hilft ihnen daher, das Wesentlichste und Bleibendste im moralischen und spirituellen Leben zu erreichen.

Ich denke auch gerne, dass eine kirchliche Gruppe, die religiöse Erfahrung verlangt, allein deshalb zutiefst demokratisch ist. Es braucht einen geschulten Verstand, um die feinen Unterschiede der Glaubensbekenntnisse zu verstehen. Es braucht viele historische Informationen, um die Rituale und Symbole einiger der alten Kirchen zu verstehen. Wenn jemand genau weiß, was jedes Kleidungsstück bedeutet, das ein katholischer Priester vor dem Altar trägt, wie dieses Gewand entstanden ist und welche Veränderungen es durchlaufen hat, weiß er genug Geschichte, um ein Buch zu schreiben. Andererseits ist die Erfahrung Gottes für den einfachsten Verstand offen, genau wie die Liebe. Ein kleines Kind kann lieben, bevor es denken kann. Eine arme deutsche oder italienische Mutter kann vielleicht in der neuen Bildung, die ihre Kinder in diesem Land erhalten, nicht mithalten, aber sie kann jeden in der Liebe zu ihnen übertreffen. Der Intellekt ist aristokratisch; menschliche Liebe und religiöser Glaube sind beide demokratisch.

Wenn wir Baptisten auf persönlicher Erfahrung als dem einzigen wesentlichen Bestandteil der Religion bestehen, kehren wir zum ursprünglichen Christentum zurück. Das wunderschöne Ritual, das die Glieder der alten Kirchen umhüllt, wurde in späteren Generationen Stück für Stück ausgearbeitet, und die moderne historische Wissenschaft macht immer deutlicher, dass die schimmernde Seide, aus der diese Kleidungsstücke hergestellt sind, und die goldenen Fäden, mit denen sie bestickt sind, aus dem Heidentum der Antike genommen wurden. Das Beharren auf korrektem Denken, auf exakter Orthodoxie der Definition, war ebenfalls ein Produkt des griechischen Intellektualismus, nachdem sich das Christentum mit der griechischen Zivilisation der heidnischen Welt zusammengeschlossen hatte. Diese Dinge gehörten nicht zum Christentum, wie die Apostel es wussten. Viel weniger waren sie Teil des Christentums Jesu selbst. Das ursprüngliche Christentum war außerordentlich einfach, es war nur ein neues Leben mit Gott und ein neues Leben mit Menschen. Der Glaube an Christus war eine spirituelle Erfahrung. Diejenigen, die an ihn glaubten, fühlten einen neuen Geist, den Heiligen Geist, der in ihren Herzen lebte, ihre Gebete und Zeugnisse inspirierte, ihre Selbstsucht dahinschmelzen ließ und sie zum Heldentum ermutigte. Paulus nannte dieses neue Leben „Glauben". Dieses sein Wort bedeutet nicht nur einen intellektuellen Glauben. Es ist eine Art algebraisches Symbol, das die innere religiöse Erfahrung und das Leben in Christus ausdrückt.

Ich bin also Baptist, weil wir in unserem kirchlichen Leben ein Minimum an Betonung auf Ritual und Glaubensbekenntnis und ein Maximum an Betonung auf spiritueller Erfahrung haben, und je mehr ich die Geschichte der Religion studiere, desto mehr sehe ich, wie großartig und fruchtbar solch eine Position ist.

Wenn ich eine solche rein spirituelle Religion für Baptisten beanspruche, ist mir klar, dass nicht alle Baptisten sie besitzen. Viele erkennen nicht einmal, dass dies die Essenz unseres baptistischen Glaubens ist. Wir haben einige, die darauf bestehen, in einen rein legalen und rituellen Geist einzutauchen. Wir haben andere, die sich nur zu sehr freuen würden, wenn wir ein Baptisten-Glaubensbekenntnis mit tausend Punkten hätten, auf dem sie bestehen könnten. Ich weiß auch, dass „Erfahrung" bei sehr vielen ein sehr flaches Gefühl ist, das oft von anderen übernommen wird und wieder stirbt, ohne das Leben und Verhalten überhaupt zu verändern, es sei denn, dass es religiöse Eitelkeit zu noch anderen Fehlern hinzufügt. Dies sind die Kleinheit und Kleinlichkeit, die untrennbar mit dem menschlichen Leben verbunden sind. Aber unser baptistischer Glaube basiert ebenso wie unsere amerikanische politische Verfassung auf großen Prinzipien, und selbst wenn einige sie missbrauchen oder missverstehen oder innerlich Verräter davon sind, ihre Größe erhebt andere empor. Baptisten halten an baptistischen Prinzipien fest, und baptistische Prinzipien wiederum erheben Baptisten.

Warum ich Baptist bin?
Mein zweiter Grund: Baptisten praktizieren Demokratie in unserem organisierten kirchlichen Leben.

In der letzten Ausgabe des Monats habe ich dargelegt, wie wichtig und wertvoll es mir erscheint, dass Baptisten in ihrem gesamten kirchlichen Leben die Notwendigkeit persönlicher Erfahrung mit Gott betonen und so die Seele mit ihm konfrontieren, um an ihrer spirituellen Erlösung zu arbeiten. Wie Mose oder Elia oder Johannes der Täufer Gott allein inmitten der einsamen Felsen der Wüste begegneten, möchten wir, dass jeder Mensch in die innere Einsamkeit seiner eigenen Seele geht, in der niemand ihm folgen kann, um die immer noch leise Stimme des Ewigen zu hören und die Vergangenheit und die Zukunft mit dem großen Vater seines Geistes zu regeln.

Aber Religion ist keine rein individuelle Angelegenheit. Nichts im menschlichen Leben ist es. Wir sind soziale Wesen, und alle Elemente unseres Lebens entfalten sich nur durch sozialen Austausch und Zusammenarbeit zu ihrer vollen Entwicklung. Ein Mensch, der alleine arbeitet, ist ein unzulänglicher Produzent. Durch Arbeitsteilung und Zusammenarbeit wird die produktive Wirksamkeit aller vervielfacht. Eine Person, die sich alleine weiterbildet, ist im Nachteil im Vergleich zu einem Schüler, der Lehrer und Mitschüler hat, die ihn anregen. Unsere Freuden, unsere Zuneigungen, unsere moralischen Bestrebungen werden alle zu höherer Macht und Reichweite erhoben, wenn wir sie mit anderen teilen. Ein isoliertes Individuum ist insofern ein behinderter Mensch. Wir erkennen niemals alle unsere Kräfte und Begeisterungen, bis wir in einer öffentlichen Versammlung mit anderen schreien oder mit anderen Schritt halten und die Flagge sehen, die das Symbol unseres gemeinsamen Lebens ist und uns vorwärtsführt.

Es liegt auf der Hand, dass auch die Religion sozialen Ausdruck verlangt und erst dann zu ihrer vollen Stärke und ihrem Reichtum kommt, wenn sie mit anderen geteilt wird. Und so ist es tatsächlich. Es gibt eine Süße im privaten Gebet, aber es gibt einen zusätzlichen Schauer, wenn wir uns einer von Herzen kommenden Hymne anschließen und auf den Wellenkamm einer gemeinsamen Emotion gespült werden. Die meisten von uns sind zu der großen religiösen Entscheidung im Leben nur unter dem Einfluss sozialer Emotionen gekommen. Bei den meisten von uns würde die Flamme religiöser Sehnsucht und Entschlossenheit im Laufe der Jahre immer tiefer flackern, wenn sie nicht durch den Kontakt mit den Erfahrungen und der religiösen Willenskraft anderer neu entfacht würde. Als Jesus sagte, dass zwei oder drei in seinem Namen versammelt sind und er sich inmitten von ihnen befindet, drückte er die tiefe Wahrheit aus, dass seine Gegenwart nur in einer christlichen Gemeinschaft vollständig verwirklicht wird. Es mag eine sehr kleine Gruppe sein, aber es braucht mindestens ein anderes menschliches Herz neben uns, um sich Christi voll bewusst zu sein.

Die christliche Kirche erhält ihre Berechtigung aus diesen grundlegenden Tatsachen der menschlichen Natur. Sie ist kein Selbstzweck. Sie ist immer ein Mittel zum Zweck. Sie soll das religiöse Leben im Einzelnen schaffen und fördern. Sie soll das Reich Gottes in der ganzen Menschheit aufbauen.

Christen finden bei der Debatte über die richtige Organisation der Kirche kein Ende. Die römisch-katholische Kirche ist der Ansicht, dass es außerhalb der Bischöfe und dem römischen Papst keine wahre Kirche gibt. Papst Bonifatius VIII. behauptete 1302 feierlich: „Die eine und einzigartige Kirche hat einen Leib und ein Haupt, nämlich Christus, und den

Stellvertreter Christi, Petrus, und den Nachfolger Petri. Ferner erklären, behaupten und definieren wir, dass es für jeden Menschen für die Errettung absolut notwendig ist, dass er dem Papst unterstellt ist." Papst Pius IX. wiederholte 1854: „Es ist Teil des Glaubens, dass außerhalb der apostolischen römischen Kirche niemand gerettet werden kann." Die anglikanische Kirche ist der Ansicht, dass alle geistliche Autorität von der Ordination abgeleitet wird, die durch das historische Episkopat vollzogen wird, und dass presbyterianische und baptistische Pastoren, obwohl sie sehr gute Männer und von Gott gesegnet sein mögen, um Seelen zu retten, doch keine Pastoren der christlichen Kirche im korrekten Sinn sind. So macht die eine Kirche Erlösung und die andere die geistliche Autorität von der Verbindung mit der richtigen kirchlichen Organisation abhängig. Es gibt auch Baptisten, die bereit sind zu behaupten, dass es außer einer Baptistenkirche überhaupt keine wahre Kirche gibt.

Meiner Meinung nach ist das Wesentliche nicht, dass eine Kirche sehr alt ist oder eine kontinuierliche Geschichte hat, sondern dass sie den christlichen Geist auch in der Art ihrer Organisation verkörpert und durch ihre Verfassung den Mitgliedern die größtmögliche Gelegenheit bietet, gemeinsam ein wahrhaft christliches Leben zu führen. Die grundlegende Frage ist nicht einmal, ob eine bestimmte Kirchenordnung biblisch ist, sondern ob sie christlich ist. Die Bibel hilft uns nur zu sehen, ob sie christlich ist.

Nun denke ich, dass die Organisation unserer Baptistenkirche, obwohl sie in vielerlei Hinsicht fehlerhaft ist und wie alle anderen menschlichen Organisationen knarrt und stöhnt, doch auf sehr edlen christlichen Grundlinien aufgebaut ist und mir daher sehr am Herzen liegt.

Sie versucht, eine Organisation von wirklich christlichen Menschen zu schaffen. Es werden nur diejenigen zur Mitgliedschaft zugelassen, die sich wohlüberlegt darum bewerben und behaupten können, dass sie Christus begegnet sind und ihn lieben und ihm folgen wollen. Sie prüft ihre Aussagen, um sie vor Selbsttäuschung zu bewahren, und stimmt nur dann dafür, sie aufzunehmen, wenn sie sich sicher fühlt, dass es einen wirklichen Beginn eines bewussten spirituellen Lebens gibt. Sie eliminiert auch diejenigen aus ihrer Mitgliedschaft, die offensichtlich kein christliches Leben führen. Sie kann viele Fehler machen, wenn sie zu schnell aufnimmt und zu langsam ausschließt, aber sie versucht zumindest, ihre Mitgliedschaft sauber und homogen zu halten. Gemeinden mögen so weltlich werden, dass es schwer zu erkennen ist, dass sie von der Welt getrennt sind, aber die Grundsätze sind immer noch im Aufbau unseres kirchlichen Lebens eingebettet, und das bietet immer eine Möglichkeit der Reformation. Auf der anderen Seite funktionieren bei anderen Kirchen ihre Verfassungen umgekehrt. Einzelne Pastoren in solchen Kirchen mögen sich bemühen, eine wirklich christliche Gemeinschaft zu schaffen, aber ihre Kirchenordnungen neutralisieren diese Bemühungen, indem sie alle durch das Tor der Kindertaufe aufnehmen.

Unsere Gemeinden sind christliche Demokratien. Das Volk ist in ihnen souverän. Alle Macht, die von ihren Pastoren und Vorständen ausgeübt wird, wird von der Gemeinde übertragen. Es gibt reichlich Raum für diejenigen, die eine von Gott gegebene Befähigung zur Führung haben, aber sie bleiben im Dienst des Volkes, indem sie gegenüber der Gemeinde für ihre Handlungen verantwortlich sind. Auf diese Demokratie der Baptistengemeinden kann man stolz sein. Eines der edelsten Elemente im Leben unserer germanischen Vorfahren war, dass sich ihre Dorfgemeinschaften in der Dorfversammlung selbst regierten. Das wurde als ein Merkmal der arischen Rasse bezeichnet. Es war der Keim aller Volksfreiheiten. Eine Versammlung der Baptistenkirche ist genau diese Art von Selbstverwaltung des Volkes. Es ist demokratischer als die delegierte Regierung eines Presbyteriums. Es entspricht auch vollständiger dem ursprünglichen Christentum. Je weiter wir zum apostolischen Christentum zurückkehren, desto vollständiger ist die Demokratie, der wir begegnen. Die römisch-katholische Kirche ist ein wohlwollender Despotismus. Alle Macht fließt vom Papst nach unten. Diese Art der kirchlichen Organisation entstand unter dem Despotismus des kaiserlichen Roms und hat die politischen Ideen und Bräuche dieser Epoche verewigt. Die Regierung der Bischöfe hat auch starke Affinitäten zu einer Monarchie. Der englische König Jakob I. sagte: „Kein Bischof, kein König." Er sah in Bischöfen die besten Pfeiler gegen die puritanische Demokratie. Unsere Gemeindeverwaltung hat ihren Ursprung in einer großen Welle der Demokratie des Volkes in England und verkörpert und verewigt die demokratischen Ideale der puritanischen Revolution. Mit Stolz glaube ich, dass unser kirchliches Leben im Einklang steht mit dem großen Ideal der Regierung des Volkes, durch das Volk und für das Volk, das die Menschheit langsam zu verwirklichen versucht.

Unsere Baptistengemeinden erkennen keine Priesterklasse an. Unsere Pastoren unterscheiden sich nicht wesentlich von den Laien. Nach katholischen und anglikanischen Ansichten erhält ein Priester einen unauslöschlichen Wesenszug in der Ordination, der es ihm ermöglicht, Dinge zu tun, die kein anderer Mann tun kann. Wir sehen unseren Dienst nicht so und ich danke Gott dafür, dass wir das nicht tun. Die Verheerung, die die priesterliche Machtübernahme in der Geschichte der Kirche angerichtet hat, ist unermesslich. Der Priester ist ein Erbe des Heidentums. Er wird nur benötigt, wenn magische Sakramente angeboten oder verabreicht werden müssen. Jesus war weder Priester noch hat er ein Priestertum erschaffen. Andere Kirchen haben nur eine vage Abgrenzungslinie zwischen der Kirche und der Welt, aber eine sehr scharfe Abgrenzungslinie zwischen der Geistlichkeit und den Laien. Wir kehren das um. Wir haben eine scharfe Grenze zwischen Kirche und Welt, aber nur eine vage Linie zwischen Geistlichkeit und Laien. Welches ist am christlichsten?

Wir haben keine Hierarchie in unserer Geistlichkeit. Wir haben keinen Propst oder Superintendenten über dem Pastor, keinen Bischof über dem Propst, keinen Erzbischof über dem Bischof, keinen Papst über allen. Jesus bittet uns, keinen Menschen Vater oder Mutter zu nennen, aber wir alle sollen Schwestern und Brüder sein, und die einzige Größe besteht darin, durch Dienst herauszuragen (Matthäus 23, 1–12). Das regelt alle Hierarchien für mich. Einige haben größere natürliche Begabungen als andere, und diese Ungleichheit sollte offen anerkannt werden. Einige haben einen heiligeren Charakter und tiefere spirituelle Einsichten, und sie sollten dementsprechend Ehre und Führung haben. Aber es gilt: Brüderlichkeit im Dienst.

Unsere Gemeinden haben Selbstverwaltung. Jede Gemeinde ist in ihren eigenen Angelegenheiten souverän. In dieser Hinsicht folgen wir demselben Prinzip, auf dem unser Land eigentlich aufgebaut ist. Ein Grund, warum unsere Städte so schlecht regiert werden, ist, dass sie zu wenig Selbstverwaltung haben und von entfernten staatlichen Gesetzgebern geführt werden. Jeder Mensch weiß selbst am besten, wo ihn der Schuh drückt, und jede Gemeinde im Großen und Ganzen ist mit ihren eigenen Angelegenheiten am besten vertraut. Die Selbstverwaltung unserer Gemeinden hindert sie nicht daran, sich mit anderen in brüderlicher Zusammenarbeit, in Verbänden und regionalen Versammlungen, in Stadtmissionsgesellschaften und nationalen Missionsorganisationen zusammenzuschließen. Ich denke jedoch, dass es unseren Baptistengemeinden an dieser freiwilligen Zusammenarbeit mangelt und es zu sehr jeder Gemeinde erlaubt ist, so gut es geht allein zurechtzukommen. In Rochester zum Beispiel haben wir keinen angemessen organisierten Ausdruck unserer Einheit.

Unsere Baptistengemeinden lehnen alle Bündnisse mit dem Staat ab. Sie akzeptieren kein Diktat des Staates in ihren spirituellen Angelegenheiten. Sie fordern vom Staat keinen Gefallen, außer dass sie eine solche Steuerbefreiung akzeptieren, die der Staat allen Institutionen gewährt, die für das Gemeinwohl und nicht für den privaten Profit arbeiten. Die Baptisten bestanden auf dieser Trennung zwischen Kirche und Staat zu einer Zeit, als das Prinzip neu und revolutionär war. Einige Baptisten scheinen zu glauben, dass diese Trennung auf der Idee beruht, dass das spirituelle Leben nichts mit dem weltlichen Leben zu tun hat. Ich leugne diese Behauptung völlig und halte sie für einen katastrophalen Irrglauben. Unsere baptistischen Vorfahren bestanden auf dieser Trennung, weil sie sahen, dass Unheil angerichtet würde, wenn ungeistliche Menschen, angetrieben von politischen oder habgierigen Motiven, versuchten, sich in die Zentren des religiösen und moralischen Lebens einzumischen. Die Kirchen allein zu lassen bedeutete, sie das religiöse und moralische Leben der Nation mit ihren eigenen Problemen ungehindert lösen zu lassen, nicht durchkreuzt durch niedere Überlegungen und Kräfte. Andersherum wurde festgestellt, dass das politische Leben der Nation von einem verzerrenden und störenden Einfluss befreit wird, wenn kirchliche Fragen aus der Politik herausgehalten werden. Andere Kirchen mussten geradezu gewaltsam aus ihrem Einfluss auf das öffentliche Einkommen und die politische Macht herausgetrennt werden. Baptisten haben die weitaus edlere und stolzere Position, diese Dinge freiwillig abzulehnen und Pioniere in diesem Prinzip zu sein, zu dem sich die zivilisierten Nationen langsam hinbewegen.

Mein zweiter Grund, Baptist zu sein, ist, dass die Baptistengemeinden in ihrer Verfassung den christlichen Organisationsprinzipien nahekommen und jeder christlichen Gemeinschaft eine faire Chance geben, ein christliches soziales Leben zu gestalten. Sie versuchen, Gemeinschaften von wirklich christlichen Menschen zu organisieren. Sie vertrauen den Menschen durch Selbstverwaltung und bilden christliche Demokratien. Sie haben keine priesterliche oder geistliche Klasse, die von den Menschen getrennt ist. Sie haben keine abgestufte Hierarchie im geistlichen Dienst. Ihre Ortsgemeinden verbinden Selbstverwaltung mit brüderlicher Zusammenarbeit. Und sie sind grundsätzlich frei von jeglichen Verwicklungen mit nichtreligiösen Kräften.

Ich weiß sehr wohl, dass die Baptistengemeinden diesen großartigen Prinzipien nicht gerecht wurden. Gemeinden sind wie Einzelpersonen ständig in der Gefahr des Rückfalls. Es gibt Gemeinden, die fast jeden aufnehmen und kaum jemanden ausschließen. Es gibt Baptistengemeinden, in denen eine kleine Gruppe von Männern herrscht und Demokratie zu einem bloßen Namen verkommen ist. Es gibt Baptistenprediger, die in Geist und Temperament priesterlicher sind als der gegenwärtige Papst. Aber es ist eine großartige Sache für eine Nation, eine Verfassung verabschiedet zu haben, die die Freiheit garantiert, selbst wenn diese Nation von Bossen geritten wird und an diejenigen ausverkauft wird, die zahlen; es ist eine großartige Sache für einen jungen Mann, sich definitiv einem Leben des selbstlosen Dienstes verschrieben zu haben, auch wenn er oft von selbstsüchtigen Impulsen verführt wird; und es ist eine großartige Sache für eine Gruppe von Gemeinden, solche fortgeschrittenen christlichen Prinzipien in ihrer Verfassung verkörpert zu haben, selbst wenn sie diese einzeln oder gemeinsam verfehlen.

Warum ich Baptist bin?
Mein dritter Grund: Baptisten bestehen darauf, dass kein Ritual, sondern ein Christus-ähnliches Leben wahre Anbetung und reine Religion kennzeichnet.

Der erste Grund, warum ich mein baptistisches Erbe mit Aufrichtigkeit und Vernunft aufgenommen habe, war, dass unter Baptisten eine persönliche religiöse Erfahrung gepflegt wird. Der zweite war, dass unsere kirchliche Organisation in ihrem Geist christlichen Grundsätzen recht nahekommt. Mein dritter Grund betrifft das Konzept des Gottesdienstes.

Ich kann dies am besten klarstellen, indem ich ein wenig zurückgehe in die Geschichte der Religion. In den wilden und primitiven Formen der Religion ist Anbetung hauptsächlich ein Versuch, „auf die rechte Seite" der Götter zu gelangen. Die Menschen haben Angst vor den schrecklichen Kräften der Natur, vor Donner, Krankheit, Seuche, Flut und Dürre und versuchen, die übernatürlichen Wesen zu besänftigen und zu versöhnen, die ihr Missfallen zeigen, indem sie diese Schrecken auf hilflose Sterbliche senden. So bieten sie Opfer und erbärmliche Gebete an, wie sie wütenden menschlichen Despoten, mit deren Wildheit und Launen sie gut vertraut waren, Geschenke bringen und vor ihnen heulen würden. Menschen wollen gute Ernten, Gesundheit, Nachkommen, Rache und Schutz, und sie erzählen den Göttern von ihren Wünschen und bringen ihnen Geschenke, um ihre Hilfe und Gunst zu gewinnen. Das Böse abzuwehren und Gefälligkeiten zu sichern ist das Hauptziel der Anbetung in diesen niederen Stadien der Religion.

Aber jeder Gott hat seinen eigenen Geschmack und seine eigene Neigung, die berücksichtigt werden müssen. Ein Gott mag Reis und Blumen, ein anderer möchte den Geruch von brennendem Hammel- oder Rindfleisch, ein anderer besteht auf menschlichem Blut. Sie haben ihre heiligen Orte, an denen sie erschienen sind und an denen man sich am besten an sie wenden konnte. Sie haben ihre heiligen Namen und Formeln, mit denen sie beschworen werden können. Und sie haben ihre Priester, die Experten in all diesen Angelegenheiten sind und sich dem Gott nähern und Opfer für das unwissende und unreine Volk darbieten dürfen – als eine Gegenleistung. Diese Formen der Anbetung werden von Generation zu Generation weitergegeben und sorgfältig im Gedächtnis der Experten aufbewahrt, da ihre Wirksamkeit vom Wortlaut eines Gebets oder von einer Niederwerfung nach rechts oder links abhängt. Im heidnischen Rom murmelten die Priester alte Gebete, die sie nicht mehr verstanden. Die Religion ist in Bezug auf die Formen der Anbetung wunderbar konservativ. Alle alten Religionen sind voller versteinerter Gebräuche.

In einem höheren Stadium der religiösen Entwicklung wollen Menschen persönlichen Kontakt mit der Gottheit. Sie haben ein Gefühl von Unreinheit und Befleckung. Ihnen wird gesagt, dass sie übernatürlich gereinigt und heilig gemacht und von der Kraft der bösen Mächte befreit werden, wenn sie mit Wasser gebadet oder mit Öl gesalbt oder mit heißem Blut berührt werden – alles natürlich mit der richtigen magischen Formel. Die Menschen haben jetzt ein tiefes Gespür für die Gebrechlichkeit und Verderblichkeit des sterblichen Lebens. Sie sehnen sich nach Unsterblichkeit und wollen darüber Gewissheit. Ihnen wird gesagt, dass sie, wenn sie bestimmte mysteriöse Riten durchlaufen, unter den Schutz der Götter geraten, die das Jenseits regieren, und vor dem Tod gerettet werden, oder etwas vom göttlichen Leben wird in sie eintreten und den Tod überleben. So streben die Menschen in dieser höheren Stufe der Religion nach Sühne der Schuld, Freiheit von Unreinheit, Sieg über den Tod, direktem und konkretem Kontakt mit der Gottheit. Auch in dieser Phase sollen die Formen der Anbetung von größter Bedeutung sein. Wenn sie nicht genau ausgeführt werden, verlieren sie ihre Kraft.

Für jeden, der die dichte Wolke des Aberglaubens kennt, die über der Menschheit hing, ist es eine wunderbare Erleichterung, von diesem Rauch aus Weihrauch und Brandopfer an die Außenluft und das Sonnenlicht zu treten, in denen Jesus mit seinem Vater wandelte. Diese Schar übernatürlicher Despoten, die Opfer wollen und gerne sehen, wie Menschen zusammenzucken und flehen, ist verschwunden, und das beste Wesen im Universum beugt sich herab in väterlicher Liebe. Heilige Stätten, heilige Zeiten, heilige Formeln und heilige Experten bleiben zurück, und das Einzige, was Gott verlangt, ist die Liebe zu ihm selbst und die Liebe zu unseren Mitmenschen. Die alte kauernde Angst der Sklaven ist verschwunden, und stattdessen sehen wir die freie Liebe und den Gehorsam des Sohnes und Kindes Gottes. Jesus betete nicht, weil er es musste oder weil er etwas von Gott bekommen wollte, sondern weil er es liebte zu beten und mit seinem Vater zu sprechen. Ein Jünger Jesu zu werden bedeutet zu lernen, an Gott zu denken und mit ihm zu leben, wie Jesus es tat, und alles Leben durch dieses neue Wissen und diesen neuen Glauben verwandeln zu lassen.

Paulus verstand Jesus. Sein Kampf gegen das Gesetz war eine gewaltige Anstrengung, die alten Formen der Religion, die den Geist der Religion verkrampften und knebelten, wegzuschneiden und die Christen frei zu machen, Christus vor sich zu betrachten und auf den Geist in sich zu hören. Lesen Sie Römer 8 oder Galater aus dieser Sicht.

Aber die alten religiösen Gewohnheiten waren im Geist der Menschen sehr stark. Es erforderte harte Arbeit, die jüdischen Christen von ihren alten jüdischen Religionsformen zu befreien, und die Menschen, die im Heidentum gelebt hatten, schufen sehr bald ein neues System von Zeremonien, die ein christliches Gesicht, aber einen heidnischen Geist hatten. Das Christentum hatte nur zwei religiöse Handlungen, in denen die Form für etwas anderes steht, die Taufe und das Abendmahl. Die eine war ein Bad, die andere eine Mahlzeit. Diese zwei einfachen Handlungen des täglichen Lebens wurden verwendet, um große spirituelle Gedanken auszudrücken. Aber Menschen mit heidnischen Geistesgewohnheiten ergriffen diese und sahen in ihnen genau das, wonach sie suchten. Die Taufe war für sie eine mystische Reinigung, die Schuld und Befleckung wegwusch, ein magisches Bad, aus dem sich ein Mensch erhob, der sich als neuer Mensch regenerierte und dessen Vergangenheit ganz bereinigt war. Als sie die Worte „Dies ist mein Leib, das ist mein Blut" hörten, fühlten sie, dass Christus auf mysteriöse Weise wirklich in Brot und Wein gegenwärtig war, und als sie die Elemente schluckten, trat sein göttliches Leben in sie ein und gab ihnen die Gewissheit und die Kraft der Unsterblichkeit. Diese abergläubischen Ideen wurden im Laufe der Zeit immer mächtiger und konkreter, sie wurden von Theologen adoptiert und als Teil des Wesens des Christentums verteidigt. Allmählich glaubte man, dass Christus nicht nur im Abendmahl gegenwärtig war; das Brot und der Wein wurden tatsächlich in seinen Leib und sein Blut verwandelt und mit den Zähnen gekaut, und dieser neue Leib Christi, der nach der Zauberformel des Priesters geschaffen wurde, wurde Gott im Opfer der Messe erneut angeboten. Früh wuchs ein neues Priestertum heran, das mit mysteriösen Kräften ausgestattet war, um die Sakramente zu weihen und Sünden zu vergeben. Zusätzliche Sakramente wurden entwickelt. Das Christentum hatte wieder seine heiligen Stätten, heiligen Zeiten, heiligen Formeln, sein Opfer und Weihrauch, seine festgelegten Gebete und alle Anbetungsapparate, genau wie die heidnischen Religionen, nur noch mehr. Durch all das atmete der Geist Jesu immer noch mit mitleidender und rettender Kraft, aber die rettende Kraft war größtenteils trotz der sogenannten christlichen Anbetung und nicht mittels dieser da. Und diese etablierte Religion war außerordentlich konservativ und bestrebt, die Dinge so zu halten, wie sie waren, und weigerte sich, den Geist Jesu sie zu besseren Dingen erziehen zu lassen. So wie der alte heidnische Priester in Rom Formeln in einer toten Sprache murmelte, so singt der christliche Priester in Rom seine Formeln in Latein, welches eine lebendige Sprache war, als das Christentum begann, und heute eine tote Sprache ist. Auch die griechische Kirche verwendet eine rituelle Sprache, die für das Volk unverständlich geworden ist. Dies ist nur ein geringfügiger Hinweis auf den versteinernden Konservatismus in der Religion.

Die Reformation war ein Aufstand des religiösen, demokratischen und nationalen Geistes gegen dieses tote Erbe der Vergangenheit. Unter anderem vereinfachte die Reformation den Gottesdienst und fegte eine große Masse abergläubischer Zeremonien hinaus. In einigen Ländern war der Bruch mit katholischen Gottesdienstformen weitaus gründlicher als in anderen. Die calvinistischen Kirchen in der Schweiz, in Frankreich, Holland, Schottland und Teilen Deutschlands waren sehr gründlich, die lutherischen Kirchen in Deutschland und Skandinavien nicht ganz so gründlich und die Church of England am allerwenigsten. Die Baptisten und all jene Gruppen, mit denen wir historisch verbunden sind, marschierten in der Avantgarde des Protestantismus. Das ist ein Grund, warum ich Baptist bin, weil ich als Baptist ein radikaler Protestant bin. Ich kann helfen, das Christentum von der Masse heidnischer Einflüsse zu reinigen, die in den frühen Jahrhunderten eingedrungen sind und danach so religiös bewahrt und geschätzt wurden. Ich kann helfen, die Menschheit zu dieser einfachen, ethischen, spirituellen Anbetung zu bringen, die Jesus lehrte und die so beklagenswert von den vergoldeten und juwelenbesetzten Gottesdiensten einer heidnischen Kirche überlagert wurde.

Tatsächlich sind Baptisten in einigen Punkten protestantischer als die großen Reformatoren. Die Reformatoren behielten alle die Kindertaufe bei. Aber die Kindertaufe war ein wesentlicher Bestandteil dieser sehr heidnischen Tendenz, die ich zu beschreiben versucht habe. Sie entstand aus einer doppelten Wurzel: dem Glauben, dass die Erbsünde sogar Säuglinge zur Hölle verdammt, und dem Glauben, dass die Taufe erneuert. Wenn die Taufe rettet und Kinder Erlösung brauchen, wollte die menschliche Liebe natürlich, dass die Kinder getauft werden, um sie vor dem Risiko der Hölle zu retten. Zu Beginn der Reformation gab es weit verbreitete Zweifel an der Kindertaufe, aber sie abzulehnen hätte Kirchen gläubig Getaufter bedeutet und die große Masse der Menschen entkirchlicht. Die Reformatoren scheuten vor allem aus politischen Gründen vor einer so umfassenden Veränderung zurück, und die Kindertaufe wurde aufrechterhalten, verteidigt und gepriesen. Sie war ein fremdes Element im Protestantismus und hat die Tür zu anderen fremden Elementen in Gottesdienst, Organisation und Lehre auf subtile Weise geöffnet. Sie stirbt jetzt langsam aus. Moderne protestantische Christen glauben nicht mehr, dass ungetaufte Kinder durch ihre Erbsünde zur Hölle fahren, und sie glauben auch nicht, dass die Taufe erneuert. Und wenn ein Baby keine Taufe braucht und wenn die Taufe nichts nützt, warum sollte das Baby dann getauft werden? Andere sentimentale Gründe werden jetzt verwendet, um den Brauch zu stützen, aber die Zahl der Kindertaufen nimmt ständig ab. Die Menschen kommen vernünftigerweise zu dem Schluss, ihren Kindern die Chance zu geben, sich taufen zu lassen, wenn es ihnen etwas bedeutet. Natürlich haben Baptisten weitgehend dazu beigetragen, dieses Ergebnis zu erzielen. Sie haben den alten heidnischen Sauerteig von Anfang an sauberer gefegt, und die langsame Entwicklung des gereinigten christlichen Geistes im modernen Protestantismus schwingt in diese Richtung.

Der wahre Gottesdienst, das einzige, wofür Gott sich wirklich interessiert, ist ein Christus-ähnliches Leben. Die ganze Zeit im Bewusstsein der Liebe und Nähe Gottes zu leben, all unsere Wünsche und Absichten in seinem Willen zu vereinen, demütig vor ihm und gerecht und liebevoll mit allen Menschen zu wandeln, ist die wahre christliche Anbetung. Ohne das ist kein Gebet, kein Lied, kein Gottesdienst am Sonntag mehr als ein unstimmiger Lärm in den Ohren Gottes. Das hat Paulus gemeint, als er uns sagte, wir sollen unseren Körper, uns selbst, als lebendiges Opfer anbieten, und er sagte, dass dies unser „vernünftiger Gottesdienst" sein wird, das heißt, unsere rationale Form der Anbetung. Er war mit vielen irrationalen Formen der Anbetung gut vertraut. Wenn Jakobus sagt, dass eine reine und unbefleckte „Religion" darin besteht, den Hilflosen zu helfen und uns von der Welt fernzuhalten, bedeutet das Wort „Religion" Gottesdienst oder Liturgie. Ein liebevolles und reines Leben ist die wahre Liturgie des christlichen Gottesdienstes.

Das Leben Jesu war so voller Religion wie eine Nachtigall voller Lieder oder Rosen voller Düfte, aber die Richtung seines Lebens war weg von den ererbten Formen der Anbetung, und man kann kaum sagen, dass er neue Formen gelehrt hat. Er lehrte ein Gebet, als seine Schüler darum baten, aber dieses Gebet sollte völlige Einfachheit lehren. In unserer gemeinsamen Anbetung werden wir dem Geist des wahren Christentums am nächsten kommen, wenn jede Handlung voller Freude an Gott ist und an seiner Gemeinschaft, an der Liebe zueinander, am Hass auf alles Böse und an dem ehrlichen Wunsch, ein richtiges Leben im Anblick Christi zu führen. Unser Gottesdienst sollte so weit wie möglich jede egoistische Gier, jeden Aberglauben und alle unwahren und unwürdigen Vorstellungen von Gott beseitigen. Er sollte unsere Vorstellung vom richtigen Leben klären, indem er unsere moralische Natur unterweist, er sollte unserem Willen starke, beständige und dauerhafte Impulse für rechtschaffenes Handeln geben, und er sollte Gewohnheiten der Ehrfurcht und der Fähigkeit der Anbetung hervorbringen und fördern.

Für all dies ist der Weg in unserem baptistischen religiösen Leben frei. Es wird uns leichtgemacht, einfach, wahrheitsgemäß und spirituell zu sein. Wir werden nicht in die Versuchung geführt, durch das Überleben heidnischer Formen in unserem Ritual in den Aberglauben zurückzugleiten. Wenn unser Gottesdienst eine feste Liturgie mit einander antwortenden Elementen und künstlerischem Schmuck hat, ist dies nicht unbedingt eine Abweichung von den Grundlagen der Baptisten. „Wenn zwei dasselbe tun, ist es nicht dasselbe." Wie viel Spiritualität und wesentliche Religion in einem bestimmten baptistischen Gottesdienst steckt, ist eine andere Frage. Das hängt ganz von den Männern und Frauen ab, die daran beteiligt sind. Er könnte völlig unfruchtbar und tot sein. Aber selbst dann liegt ein Vorteil in unserer einfachen Form, denn der Tod wird nicht durch das geliehene Leben der bloßen Zeremonie verborgen und maskiert. Ein unspiritueller Priester mag die Messe schöner singen als der süßeste Heilige, aber ein Baptistenprediger oder eine Baptistengemeinde kann nicht lange tot sein, ohne dass die Menschen es merken, und dann gibt es eine faire Chance zur Umkehr.

Warum ich Baptist bin?
Mein vierter Grund: Baptisten tolerieren kein Glaubensbekenntnis. Die Bibel allein ist eine ausreichende Autorität für unseren Glauben und unsere Praxis.

Die Religion spricht den ganzen Menschen an und findet ihren Ausdruck in den verschiedenen Seiten seiner Natur. In jeder Religion gibt es ein intellektuelles Element, und das wird stärker, wenn wir die Entwicklung der Religion vom barbarischen und derben Volk bis zu den zivilisierten Nationen verfolgen. Wir können nicht anders, als über diese Welt, über uns und über diese Seele in uns nachzudenken. Wie ist die Welt entstanden?

Wurde sie von einer guten oder einer schlechten Macht mit einem weisen Zweck oder durch Torheit gemacht? Wenn ein gutes Wesen sie geschaffen hat, warum steckt so viel Leid und Böses darin? Wie kamen Sünde und Tod auf die Welt? Wie kann der Mensch vor der Sünde und ihrer Strafe bewahrt werden? Was kommt nach dem Tod? Was ist die Zukunft der Welt und der menschlichen Seele? Dies sind Fragen, mit denen sich Naturwissenschaft und Philosophie befassen, aber es sind auch religiöse Fragen, und ein religiöser Mensch sehnt sich nach einer Antwort und versucht auf irgendeine Weise, ein zufriedenstellendes und harmonisches Denkgebäude aufzubauen, in dem sein Intellekt verweilen kann.

Aber die Antwort, die einen Menschen in einer Phase seines Lebens zufriedenstellt, passt in der nächsten Phase nicht mehr. Wenn er ein wachsender Mensch ist, muss sein Glaube weiterwachsen und sich an seine wachsenden Informationen anpassen. Das Gleiche gilt für die gesamte Menschheit. Wenn ein afrikanischer Häuptling glaubt, dass die Welt auf der anderen Seite der Berge endet und sein Gott jeden Tag eine neue Sonne macht und sie am Abend auslöscht, ist das für ihn ein zufriedenstellendes Schema des Universums, aber nicht für einen zehnjährigen Jungen in unseren Schulen. Wenn Christen im Mittelalter glaubten, dass unsere Erde das Universum sei und dass die Sterne in verschiedenen Kristallkugeln angeordnet seien, die sich um die Erde drehten, wäre dies eine religiöse und wissenschaftliche Konzeption des Universums, die die Menschen in jenen Tagen zufriedenstellte, aber wir leben in einer größeren Welt, jetzt würde ein Mensch intellektuellen Selbstmord begehen, wenn er versuchen würde, auf dieser Erklärung des Universums Gottes zu pochen. Für die moralischen Gefühle vergangener Zeiten schien es völlig richtig und gerecht, dass Gott die Menschen für eine Sünde verurteilte, die Adam begangen hatte, und dass alle Heiden hoffnungslos verloren waren. Unser moralisches Urteil wurde durch die forschende Vermittlung des Geistes des Christentums zarter und wahrer, und wir lehnen solche Vorstellungen über Gottes Umgang mit der Menschheit ab. Es ist von größter Wichtigkeit, dass der Einzelne und das Menschengeschlecht die Fähigkeit zum Wachstum des religiösen Denkens behalten. Es ist fatal, den religiösen Gedanken eines Alters für ein höheres Alter verbindlich zu machen. Es verurteilt einen erwachsenen Menschen, kindliche Dinge nicht wegzuräumen, sondern immer noch wie ein Kind zu denken und zu sprechen.

Doch genau das hat die Religion sehr häufig getan. Nachdem das Christentum unter Konstantin dem Großen zur Staatsreligion des Römischen Reiches geworden war, war es den Kaisern ein großes Anliegen, dass die Kirche vereint bliebe und nicht durch erbitterte Lehrkämpfe zerbrochen würde. Wenn also eine Lehrfrage Probleme bereitete, beriefen sie einen großen Bischofsrat ein und ließen ihn mit einfacher Mehrheit über die tiefsten Fragen entscheiden. Darüber hinaus wurden diese Räte in der Regel wie moderne politische Versammlungen durch Drahtziehen geordnet und eingerichtet, und das Ergebnis wurde gewöhnlich durch Kompromisse oder Einschüchterungen erreicht. Wenn das Ergebnis erreicht war, wurde es zum verbindlichen Gesetz der Rechtgläubigkeit, und die Menschen glaubten, dass der Heilige Geist, der versprochen hatte, die Kirche in alle Wahrheit zu führen, die Entscheidungen geleitet hatte. Ein solcher allumfassender Rat konnte sich nicht irren, und seine Entscheidungen waren für alle christlichen Denker bindend. Solche unfehlbaren Entscheidungen nahmen im Laufe der Jahrhunderte zu, und jede wurde um die Kirche genietet, wie man einen eiserner Reifen um ein Fass schlägt. Reifen sind gut um Fässer, aber ich würde nicht empfehlen, schöne, enganliegende Reifen um den Körper eines heranwachsenden Kindes zu legen. Man kann kaum übertreiben, wenn man beschreibt, welchen Schaden der intellektuell, moralisch und religiös wachsenden Menschheit durch diesen Alptraum toter Autorität zugefügt wurde. Zum Beispiel war die Lehre von der Transsubstantiation, das heißt der Glaube, dass das Brot und der Wein des Abendmahls tatsächlich in Fleisch und Blut Christi verwandelt werden, das Produkt des dunklen Zeitalters. Als Bildung und Wissenschaft am niedrigsten waren, als die Zivilisation der Antike unter der rohen Barbarei der teutonischen Stämme begraben lag, als der Aberglaube spross wie ein Giftpilz, entwickelte sich ein Glaube, der über gesunden Menschenverstand und Vernunft lachte. Aber die katholische Kirche hat ihn feierlich angenommen, und jetzt müssen amerikanische katholische Gelehrte des 20. Jahrhunderts daran glauben. Und sie tun es. Aber sie können nicht, ohne ihren Intellekt auf andere Weise zu lähmen.

Während die Reformation voranschritt, brachten die Kirchen der Reformation auch zahlreiche Glaubensbekenntnisse hervor. Sie wuchsen zunächst aus politischen Notwendigkeiten heraus. Zum Beispiel war die lutherische Partei in Deutschland 1530 in großer Gefahr, vom Kaiser verfolgt und unterdrückt zu werden. Auf dem Augsburger Landtag präsentierten sie ein Bekenntnis, eine Zusammenfassung ihres Glaubens, um zu zeigen, dass sie sich in allen wichtigen Punkten mit den Katholiken einig waren und nicht so schlecht waren, wie man es sich vorgestellt hatte. Dieses Augsburger Bekenntnis wurde von Melanchthon verfasst, der von Natur aus eine schüchterne Seele war und zu dieser Zeit zutiefst verängstigt, und er hielt alle mutigeren Behauptungen der Reformation sorgfältig außen vor. Man kann leicht mit dieser versöhnlichen Haltung in dieser gefährlichen Situation sympathisieren. Aber dieses Bekenntnis wurde später als eines der Glaubensbekenntnisse der lutherischen Kirche angenommen und muss immer noch als verbindliche Erklärung der Wahrheit des Evangeliums akzeptiert und unterschrieben werden. Es ist sehr schwer, fast unmöglich, ein Glaubensbekenntnis nach seiner Verabschiedung wieder loszuwerden. Unsere presbyterianischen Brüder waren lange Zeit beunruhigt unter dem geradlinigen Calvinismus ihres Westminster-Bekenntnisses, und es hat sie einen langen Kampf gekostet, um einige Veränderungen daran zu erreichen. Der große Kirchenhistoriker Harnack, der wusste, wie hartnäckig Glaubensbekenntnisse an einer Kirche haften, war voller Bewunderung, als die amerikanischen Presbyterianer mit diesen Anstrengungen begannen.

Nun haben wir Baptisten kein maßgebliches Glaubensbekenntnis. Unsere Pastoren und Professoren müssen nicht feierlich erklären, dass sie eine veraltete Aussage als ihren Glauben annehmen und dies immer lehren werden. Wir haben ein paar Zusammenfassungen, genannt New Hampshire Bekenntnis und Philadelphia Bekenntnis, die oft von neu organisierten Gemeinden übernommen werden, aber niemand wird dazu verpflichtet, sie zu verwenden. Soweit ich mich erinnere, habe ich sie erst gelesen, als ich schon mehrere Jahre Baptistenpastor gewesen war, und als ich sie gelesen habe, fand ich sie nicht interessant. Diese Freiheit von Glaubensbekenntnissen hat es den Baptisten ermöglicht, ohne Streit und Kämpfe zu wachsen. Wir waren strenge Calvinisten, genau wie unsere presbyterianischen Brüder, und auch wir sind unmerklich vom starren Calvinismus abgewichen, aber wir hatten kein Glaubensbekenntnis, um daran zu basteln und keinen Konflikt darüber. Wie der Elefant Topsy sind wir einfach „gewachsen".

Dennoch waren Baptisten bemerkenswert frei von Lehrschwankungen. Sie haben sich nicht im Zick-Zack bewegt, sondern in einer ziemlich geraden Linie. Es gab genug konservativen Instinkt, um ihr Denken auszugleichen, sie brauchen kein Holzjoch auf den Schultern zu tragen, um sie auszugleichen. Baptisten haben immer darauf bestanden, dass sie allein die Bibel als ausreichende Autorität für Glauben und Praxis anerkennen. Es gibt in der Tat viele Baptisten, die versucht haben, die Bibel so zu verwenden, wie andere Konfessionen ihre Glaubensbekenntnisse verwenden. Sie haben die Bibel zu einem großen Glaubensbekenntnis gemacht, und das bedeutete praktisch: „Du musst alles glauben, was die Bibel unserer Meinung nach bedeutet und sagt." Sie haben versucht, uns ihre kleine Interpretation des großen Buches als das Glaubensbekenntnis aufzuzwingen, an das sich alle guten Baptisten halten müssen.

Aber zum Glück unterscheidet sich die Bibel völlig von einem im Dunkeln liegenden Glaubensbekenntnis. Ein Glaubensbekenntnis enthält scharf definierte und abstrakte Theologie, die Bibel enthält Aufzeichnungen des konkreten und leuchtenden religiösen Lebens. Ein Glaubensbekenntnis richtet sich an den Intellekt, die Bibel spricht die ganze Seele an und erbaut sie. Ein Glaubensbekenntnis sagt Ihnen, was Sie glauben müssen, die Bibel sagt Ihnen, was heilige Menschen geglaubt haben. Ein Glaubensbekenntnis ist religiöse Philosophie, die Bibel ist religiöse Geschichte. Ein Glaubensbekenntnis gibt die Wahrheit wieder, wie sie für eine Gruppe kluger Menschen in einem bestimmten Stadium der Menschheitsgeschichte aussah, die Bibel gibt die Wahrheit wieder, wie sie für eine große Anzahl von Gott erfüllter Menschen über einen Zeitraum von vielen hundert Jahren aussah. Die Stärke eines Glaubensbekenntnisses liegt in seiner Gleichmäßigkeit und seiner engen Passform, die Schönheit der Bibel liegt in ihrer wunderbaren Vielfalt und ihrem Reichtum. Ein Glaubensbekenntnis legt ein Gesetz fest und bindet Gedanken, die Bibel vermittelt einen Geist und weckt Gedanken.

Jede Sammlung historischer Dokumente, die direkt aus dem menschlichen Leben hervorgeht, wäre für spätere Zeiten nützlicher und lehrreicher als das klügste abstrakte Denken eines einzelnen Menschen oder einer Gruppe von Menschen. Die epochalen Abhandlungen der Vergangenheit werden mit beängstigender Schnelligkeit überflüssig, die menschliche Natur mit ihrer Liebe und ihrem Hass und ihrer Furcht und Hoffnung und ihrer Sünde und Leidenschaft ist immer dieselbe, und was in den Tagen von Ramses II. im Schatten der Pyramiden wahr war, ist in den Tagen von Roosevelt I. im Schatten der Wolkenkratzer wahr. Also sind Glaubensbekenntnisse tot und die Bibel lebt. Und was für ein Leben darin ist! Eine einzigartige und begabte Nation mit einer hohen Vorstellung von Gott und einem aufregenden Glauben an ihn bewahrt die Gedanken ihrer mutigsten Denker, ihrer Propheten und Revolutionäre, ihrer Dichter und Religionshistoriker, und die gesamte Sammlung pulsiert mit dem lebendigen Atem Gottes – wenn wir nur Lust haben zu antworten. Und dann kommt der Höchste von allen, der Sohn Gottes und der König der Menschheit, und sein Leben und Denken werden in kunstlosen Büchern aufbewahrt, und der kraftvolle Impuls, den er den menschlichen Seelen gibt, trägt sich in einer Reihe von Briefen und Traktaten ein, und diese werden der alten Bibel des jüdischen Volkes als die neue Bibel des christlichen Volkes hinzugefügt.

Diese Bücher sind der Niederschlag der reinsten und frischesten Form des Christentums. Es ist der Bergbach, bevor er durch den Zufluss anderer Gewässer in der Ebene schlammig geworden ist. Das Neue Testament war das Gewissen im Herzen der Kirche, das sie immer warnte und an ihre sündigen Wanderungen erinnerte. Es ruft uns heute noch höher, über das traditionelle Christentum hinaus, zur Religion Christi. Im Neuen Testament liegt die Kraft der ewigen Reformation für die Kirche. Baptisten, die an das Neue Testament gebunden sind, haben ihren Rennwagen an einen Stern gebunden, und sie werden in Bewegung bleiben müssen.

Es scheint mir eine großartige Sache zu sein, dass Baptisten nicht an Glaubensbekenntnisse gebunden sind, sondern die Bibel als ihre Autorität angenommen haben. Die volle Bedeutung dieses Grundsatzes ist bei uns noch nicht sichtbar geworden. Wir haben die Bibel lahm gemacht, indem wir sie in ein Gesetzbuch und eine Sammlung von Beweistexten verwandelt haben. Wir haben uns oft geweigert, sie in ihrer eigenen einfachen Bedeutung zu verstehen, um den größeren Umfang der Geschichte darin zu verstehen. Wir haben uns um Kleinigkeiten gekümmert und die größten Dinge verpasst.

Wir haben alles auf eine einzige Ebene reduziert, als ob Esther, Jesaja und das Alte Testament dem Neuen und Zephanja oder Judas unserem Herrn Jesus Christus gleichgestellt wären. Aber ich glaube, dass der alte Schleier des Moses noch von der Bibel genommen wird und ihr volles Licht hervorbricht.

Dies ist der letzte Grund, den ich angebe, warum ich Baptist bin. Baptisten haben den religiösen Intellekt nicht durch die Annahme eines Glaubensbekenntnisses gebunden, und sie haben sich verpflichtet, zu lernen, was die Bibel ihnen sagen kann, und ihr Leben danach zu führen. Dies ist für mich ein zufriedenstellender Ausgleich zwischen den beiden großen Prinzipien – von Freiheit und Autorität: zwischen der Initiative des Einzelnen und der Autorität der Kirche, zwischen Treue zur Vergangenheit und Gehorsam gegenüber dem Ruf der Zukunft. Ich meine nicht, dass Baptisten diese Grundsätze fehlerfrei angewendet haben; sie haben öfter gesündigt und verpfuscht als nicht. Aber das Prinzip ist richtig und hat eine rettende Führungskraft.

NACHSPIEL

Hierin endet diese kleine Serie. Die Artikel wurden aus dem Stegreif und unter dem Druck anderer Arbeiten geschrieben, und ihre Fehler verlangen ein freundliches Urteil. Meine Hoffnung war, dass einige Leute sich tatsächlich Zeit nehmen könnten, um sie zu lesen und zu einem klareren Verständnis ihres eigenen Glaubens und der Natur unserer Denomination zu gelangen, und dass einige, die mit den Grundsätzen unserer Denomination vertraut sind, neue Lichtblicke bekommen bei der Annäherung an ein vertrautes Thema auf frische Weise.

Manchmal hatte ich beim Schreiben dieser Artikel Zweifel, ob ich Gutes oder Schlechtes tue. Ich würde Schaden anrichten, wenn ich den Baptisten den Eindruck vermitteln würde: „Wir sind das Volk und es gibt keine anderen." Wir sind keine perfekte Denomination. Wir können genauso eng und klein sein wie jeder andere. Es gibt feine Eigenschaften, in denen andere Denominationen uns übertreffen. Ich möchte die Selbsteinbildung der Baptisten nicht fördern, weil ich dadurch den Geist Christi betrüben würde. Ich möchte die Baptisten nicht dazu bringen, sich in ihren kleinen Muschelschalen einzuschließen und dem Ozean außerhalb von ihnen gleichgültig zu sein. Ich bin Baptist, aber ich bin mehr als Baptist. Alles gehört mir, ob Franz von Assisi oder Luther oder Knox oder Wesley. Alle gehören mir, weil ich Christi bin. Der alte Adam ist ein strenger Denominalist; der neue Adam ist nur Christ.

3. Ralf Dziewas: Zum 100. Todestag von Walter Rauschenbusch (2018)

In einer Stellungnahme der Leitung des Bundes Evangelisch-Freikirchlicher Gemeinden in Deutschland vom 16. Juli 2018 heißt es:[211] *„Am 25. Juli 1918 starb Walter Rauschenbusch, eine der prägenden Gestalten des Baptismus, dessen theologisches Erbe noch heute Beachtung findet. Präsidium und Bundesgeschäftsführung des Bundes Evangelisch-Freikirchlicher Gemeinden (BEFG) würdigen sein Werk und empfehlen den Gemeinden, sich auch in der Gegenwart mit der sozialethischen Dimension des Evangeliums zu beschäftigen. Frieden und Gerechtigkeit zu suchen gehört heute wie vor hundert Jahren zu den vordringlichen Aufgaben der Kirche. Professor Dr. Ralf Dziewas würdigt den herausragenden Baptisten rückblickend:" [Der folgende Text ist Teil der Stellungnahme.]*

Zum 100. Todestag von Walter Rauschenbusch (4. Oktober 1861 – 25. Juli 1918)

Der deutsch-amerikanische baptistische Theologe Walter Rauschenbusch war einer der prägenden Theologen der Social-Gospel-Bewegung. Seine Sozialtheologie hat nachfolgende Generationen bis hin zu Martin Luther King entscheidend geprägt.

Walter Rauschenbusch wurde als Sohn des in Amerika zum Baptismus konvertierten lutherischen Pfarrers August Rauschenbusch in Rochester, New York, geboren, verbrachte aber einen Großteil seiner Kindheit in Deutschland, wo er auch das Gymnasium abschloss.

Nach seinem Theologiestudium am Rochester Theological Seminary begegnete ihm 1885 in seiner ersten Stelle als baptistischer Pastor die Not der Arbeiterschaft im New Yorker Elendsviertel „Hell´s Kitchen". Diese Erfahrung ließ ihn zu einem leidenschaftlichen Kritiker des Kapitalismus werden, denn dieser hatte um die Jahrhundertwende zu einer tiefen Kluft in der amerikanischen Gesellschaft geführt, in der sich extremer Reichtum und existentielle Armut gegenüberstanden.

Rauschenbusch gründete 1892 gemeinsam mit anderen Baptistenpastoren die „Bruderschaft des Reiches Gottes" (Brotherhood of the Kingdom), die schnell über baptistische Kreise hinaus zu einer Verbreitung der sozialreformerischen Reich-Gottes-Theologie der Social-Gospel-Bewegung beitrug. Auch als Rauschenbusch 1897 ans Rochester Theological Seminary berufen wurde und dort 1902 den Lehrstuhl für Kirchengeschichte am

---

[211] In: https://www.befg.de/aktuelles-schwerpunkte/pressemitteilungen [22.02.2021]; vgl. BUND kompakt Nr. 20 vom 19.07.2018.

deutschsprachigen Department übernahm, blieb er ein landesweit beachteter und erfolgreicher Vortragsredner, obwohl er seit einer nicht ausgeheilten Grippeerkrankung fast taub war.

Rauschenbusch forderte von den christlichen Gemeinden neben der individuellen Frömmigkeit auch eine soziale Erweckung: Das Reich Gottes könne sich in dieser Welt gegen die von Gier und Konkurrenz geprägte soziale Sünde des Kapitalismus nur durchsetzen, wenn das Christentum neu die soziale Dimension der Botschaft Jesu und der alttestamentlichen Propheten entdeckt und die Verantwortung für eine Veränderung der sozialen Verhältnisse übernimmt.

Mit seinen in hoher Auflage erschienenen Veröffentlichungen „Christianity and the Social Crisis" (1907), „Christianizing the Social Order" (1912), „The Social Principles of Jesus" (1916) und „A Theology for the Social Gospel" (1917) legte Rauschenbusch innerhalb des letzten Jahrzehnts seines Lebens die theologischen Grundlagen für eine Sozialtheologie, die eine pietistisch geprägte Frömmigkeit mit genossenschaftlichen Konzepten und sozialistischer Kapitalismuskritik verband.

Als Deutsch-Amerikaner führte der Ausbruch des Ersten Weltkriegs Rauschenbusch in Anfeindungen und Auseinandersetzungen, da sein Eintreten für einen „fairen" Umgang mit Deutschland von vielen Zeitgenossen als Landesverrat empfunden wurde. Zugleich stellte die Katastrophe dieses großen Krieges den auch in seinem Werk zentralen Optimismus eines sozialen Fortschrittsdenkens massiv in Frage.

In Deutschland ist Walter Rauschenbuschs baptistische Sozialtheologie nur wenig rezipiert worden, obwohl seine Theologie von der lutherischen Reich-Gottes-Lehre Albrecht Ritschls geprägt war und mit anderen Ansätzen der liberalen Theologie kompatibel gewesen wäre. Sein theologisches Hauptwerk „A Theology for the Social Gospel" wurde jedoch von Clara Ragaz ins Deutsche übersetzt und mit einer Einleitung von Leonhard Ragaz 1924 in der Schweiz publiziert. Das Buch fand seine Leserschaft aber eher im Bereich der deutschsprachigen christlichen Sozialisten als in der akademischen evangelischen Theologie oder den baptistischen Gemeinden Deutschlands. Hier wurde vor allem das bereits 1890 von Walter Rauschenbusch und Ira D. Sankey gemeinsam herausgegebene Liederbuch „Evangeliums-Sänger" bis 1923 in 15 Auflagen nachgedruckt und in vielen Baptistengemeinden verwendet. Seine Theologie eines sozialen Evangeliums war hingegen für die immer noch um Anerkennung ringenden baptistischen Gemeinden des späten Kaiserreichs wohl zu diesseitsbezogen und zu gesellschaftskritisch, als dass man sie damals schon positiv hätte aufnehmen können.

Es ist zu begrüßen, dass Walter Rauschenbuschs Theologie in den letzten Jahren wieder vermehrt Beachtung findet, denn auch angesichts der aktuellen Fragen nach einer gerechten Weltwirtschaftsordnung bieten seine Schriften anregende Impulse, die soziale Verantwortung des christlichen Glaubens neu zu bedenken. Das Reich Gottes ist keine Vertröstung für das Jenseits. Das Reich Gottes ist dort im Anbruch, wo diese Welt hin zu mehr Gerechtigkeit verändert wird. Diese Einsicht ist eines der Vermächtnisse, für die der baptistische Theologe Walter Rauschenbusch mit seiner Sozialtheologie bis heute Beachtung verdient.

4. Kurzbiografie Walter Rauschenbusch[212]

Walter Rauschenbusch wurde am 4. Oktober 1861 in Rochester/New York geboren. Sein Vater, August Rauschenbusch, war bereits in dritter Generation lutherischer Pfarrer, zuletzt in Altena. 1845 wanderte er aus, wurde evangelischer Missionar und schließlich Prediger in den USA. 1850 hatte sich August Rauschenbusch einer Baptistengemeinde angeschlossen und arbeitete als Prediger in Missouri. 1858 folgte er einer Berufung als Dozent an das Rochester Theological Seminary, wirkte zugleich auch in deutschen Gemeinden und am baptistischen Seminar in Hamburg. 1854 heiratete er Caroline Rump aus Altena.

Walter hatte drei ältere Geschwister: Frida (1855–1934) – sie war Publizistin, heiratete Johann Georg Fetzer und förderte den Aufbau einer baptistischen Frauenarbeit in Deutschland; Winfrid (1857–1858), der frühzeitig verstarb; Emma (1859–1940) promovierte 1894 als erste Frau in der Schweiz an der Universität in Bern, sie war Schriftstellerin, heiratete John Everett Clough und ging mit ihm in die Missionsarbeit nach Indien.

Seine frühe Kindheit verbrachte Walter Rauschenbusch mit der Familie in Neuwied und Barmen (1865–69), seine Schulzeit in Rochester. 1879 ging er erneut nach Deutschland, um in Gütersloh das Abitur abzulegen, und begann in Berlin mit einem Theologiestudium, das er 1883–85 in Rochester beendete. Ab 1886 wurde er für elf Jahre Prediger der Second German Baptist Church in New York City, eine deutsch-amerikanische Gemeinde am Rande des Armenviertels „Hell's Kitchen".

Hier, in der täglichen Begegnung mit Menschen aus den Slums der Großstadt, wuchs seine Überzeugung, dass Gemeinde- und Sozialarbeit zusammengehören. Zugleich beschäftigte er sich verstärkt mit sozial-reformerischen Theorien und Konzepten seiner Zeit. 1887 gründete er gemeinsam mit anderen die christlich-soziale Monatszeitung „For the Right", in der er begann, seine gewonnenen Ansichten zu veröffentlichen.

1891 reiste er, von der Gemeinde beurlaubt, nach Europa, um hier seine theologischen Studien fortzusetzen und die soziale Arbeit der Kirchen in den Großstädten kennenzulernen. In England besuchte er u. a. die Londoner Heilsarmee („Salvation Army"), in Deutschland hielt er sich zu Forschungen in Berlin und Greifswald auf.

Zurück in den USA gründete er 1892 mit anderen Pastoren die „Brotherhood of the Kingdom", eine Gemeinschaft, die sich das Ziel gesetzt hatte, die sozial-reformerische Theo-

---

[212] Nach: Karin Förster: Walter Rauschenbusch. Eine biografische Skizze, in: ZThG 18 (2013), 143–52; Roland Fleischer: Walter Rauschenbusch, in: https://lexikon.befg.de [22.02.2021].

logie vom Reich Gottes zu verbreiten. Schnell wuchs sie über die baptistischen Kreise hinaus zu einer interkonfessionellen Bewegung für das Social Gospel.

Bereits im Winter 1888 gab es in Walter Rauschenbuschs Leben einen tragischen Einschnitt: Infolge einer nicht auskurierten Grippe verlor er sein Gehör. Dies beeinträchtigte vor allem seine Gemeindearbeit, welche er dennoch und mit Erfolg weiterführte.

Im Jahr 1893 heiratete er die Lehrerin Pauline E. Rother und hatte mit ihr fünf Kinder.

1897 folgte er der Berufung für einen Lehrauftrag im German Department am Baptist Theological Seminary in Rochester. Ab 1902 übernahm er als Professor den Lehrstuhl für Kirchengeschichte, den er an diesem Seminar bis zu seinem Lebensende innehatte.[213] Stets war es sein Anliegen, den Studenten die Verbindung von bibeltreuer Frömmigkeit mit zugleich sozialer Verantwortung nahezubringen. Traditionelle Individualethik und Sozialethik gehörten für ihn untrennbar zusammen.

Nach jahrelanger Arbeit und mehreren Anläufen erschien 1907 sein Buch „Christianity and the Social Crisis", mit dem er zu einem der maßgeblichen protestantischen Theologen der sozialen Bewegung avancierte. Vortragsreisen durch ganz Amerika folgten, viele junge Pastoren wurden durch ihn geprägt.

1907/08 hielt er sich für weitere Studien erneut in Deutschland auf. In Marburg lernte er Rudolf Bultmann und Martin Rade kennen; bedeutsam waren auch die Kontakte zu den religiös-sozialen Schweizern Leonhard Ragaz und Hermann Kutter.

Es folgten weitere Hauptwerke Rauschenbuschs: „Christianizing the Social Order" (1912), „The Social Principles of Jesus" (1916), vor allem für junge Menschen, und „A Theology for the Social Gospel" (1917), das 1924 von Clara Ragaz ins Deutsche übersetzt wurde (Titel: „Die religiösen Grundlagen der sozialen Botschaft"). Auf sein darüberhinausgehendes umfangreiches publizistisches Schaffen verweist u. a. der hier vorliegende Band.

Im deutschen Baptismus wurde Rauschenbusch weniger durch seine theologischen Schriften und mehr durch seine Übersetzung zahlreicher amerikanischer Evangeliumslieder bekannt, die er 1890 im Oncken Verlag in Hamburg herausgab. Der „Evangeliums-Sänger" erfuhr eine rasante Verbreitung und zahllose Neuauflagen – bis in die 60er Jahre.

Die Ereignisse des Ersten Weltkriegs und die damit verbundenen Konflikte für die Deutsch-Amerikaner belasteten ihn sehr. Kurz vor Kriegsende, am 25. Juli 1918, verstarb er in Rochester.

---

[213] Seit diesem Wechsel von der deutsch- zur englischsprachigen Abteilung änderte er seinen Vornamen von Walther zu Walter. Im deutschsprachigen Raum blieb es zumeist bei Walther.

5. Auswahlbibliografie Walter Rauschenbusch

Deutschsprachige Literatur seit 1970

1970er Jahre

Stappert, Bernd H.: Weltlich von Gott handeln. Zum Problem der Säkularität in der amerikanischen Theologie und bei Friedrich Gogarten, Essen 1978, 27–49 und Register

1980er Jahre

Dammann, Uwe: Die Weltverantwortung der Christen – Das „soziale Evangelium" von Walter Rauschenbusch (1861–1918) I–III, in: Die Gemeinde 9 (1989), 4f.; 10 (1989), 4f.; 12 (1989), 5f. *(eindrückliches Porträt mit theologischer Grundlegung des social gospel, der sozialen Botschaft an die Kirchen und Rauschenbuschs erwecklicher Frömmigkeit)*

Doerries, Reinhard: Walter Rauschenbusch, in: Martin Greschat (Hg.): Gestalten der Kirchengeschichte (Die neueste Zeit III), Bd. 10.1, Stuttgart 1985, 174–184

Geldbach, Erich: Evangelikalismus. Versuch einer historischen Typologie, in: Reinhard Frieling (Hg.): Die Kirchen und ihre Konservativen (Bensheimer Hefte 62), Göttingen 1984, 52–83 (bes. 59f.)

Ritschl, Dietrich: Art. Social Gospel, in: Hanfried Krüger u.a. (Hg.), Ökumene-Lexikon. Kirchen – Religionen – Bewegungen, Frankfurt a.M. [2]1987, 1.111ff.

1990er Jahre

Andjelic, Milenko: Christlicher Glaube als prophetische Religion. Walter Rauschenbusch und Reinhold Niebuhr, Frankfurt a.M. u.a. 1998, 31–98 (Diss. Heidelberg 1996)

Bresina, Christoph: Von der Erweckungsbewegung zum „Social Gospel". Walter Rauschenbuschs Herkunft, Umwelt und Entwicklung bis 1891 (Diss. Marburg 1993)

Dammann, Uwe: Art. Rauschenbusch, Walter (1861–1918), in: Helmut Burkhardt / Uwe Swarat (Hg.): Evangelisches Lexikon für Theologie und Gemeinde, Bd. 3, Wuppertal u.a. 1994, 1.655f.

Hillerdal, Gunnar: Art. Armut. 8. The Social Gospel und die davon ausgehende Entwicklung, in: Gerhard Müller u.a. (Hg.): Theologische Realenzyklopädie, Teil I Bd. 4 (Studienausgabe), Berlin/New York 1997, 113

Holthaus, Stephan: Art. Social Gospel, in: Helmut Burkhardt / Uwe Swarat (Hg.): Evangelisches Lexikon für Theologie und Gemeinde, Wuppertal u.a. Bd. 3, 1994, 1.850f.

Renders, Helmut: Trachtet zuerst nach dem Reich Gottes und seiner Gerechtigkeit. In memoriam Walter Rauschenbusch, der bedeutendsten Stimme des Social Gospel, in: Theologie für die Praxis. Aus dem Theologischen Seminar der Evangelisch-methodistischen Kirche, Reutlingen 25 (1999), H. 2, 79–111

Rennstich, Karl: Art. Rauschenbusch, Walter, in: Traugott Bautz (Hg.): Biographisch-Bibliographisches Kirchenlexikon, Bd. VII, Herzberg 1994, 1.415–1.419

Schwarz, Hans: Im Fangnetz des Bösen. Sünde – Übel – Schuld (Biblisch-theologische Schwerpunkte 10), Göttingen 1993, 128–133, 135

Schwarz, Hans: Womit der Glaube steht und fällt. Unverzichtbare Themen der Bibel, Neukirchen-Vluyn 1999, 31–33

Schweiker, William: Art. Social Gospel, in: Erwin Fahlbusch u. a. (Hg.): Evangelisches Kirchenlexikon. Internationale theologische Enzyklopädie, Bd. 4, Göttingen ³1996, 273–276 (bes. 274 f.)

2000er Jahre

Dammann, Uwe: Wie kommt der Himmel zur Erde? Brauchen unsere Gemeinden und unser Bund eine neue Bewegung des „social gospel"?, in: Die Gemeinde 10 (2006), 12 f.

Dietrich, Tobias: Martin Luther King (UTB Profile 3023), Paderborn 2008, 44 f. („Rauschenbach" [sic!])

Geldbach, Erich: Von Gandhi zu Martin Luther King. Ein vergessenes Kapitel transkontinentaler baptistischer Geschichte, in: ZThG 6 (2001), 60–101

Giebel, Astrid: Die Rezeption von Walter Rauschenbuschs „Social Gospel" im Deutschen Baptismus, in: Dies.: Glaube, der in der Liebe tätig wird (Baptismus-Studien 1), Kassel 2000, 159–162

Hebblethwaite, Brian: Art. Social Gospel, in: Gerhard Müller u. a. (Hg.): Theologische Realenzyklopädie, Bd. 31, Berlin/New York 2000, 409–419 (bes. 412–415)

Oelschlägel, Christian: „Reich Gottes" im Sozialprotestantismus der USA. Walter Rauschenbuschs „Theology for the social gospel", in: DWI-Info 37 (2005), 69–82

Toulouse, M.G.: Art. Rauschenbusch, Walter, in: Hans Dieter Betz u. a. (Hg.): Religion in Geschichte und Gegenwart. Handwörterbuch für Theologie und Religionswissenschaft, Bd. 7, Tübingen ⁴2004, 67 f.

Toulouse, M.G.: Art. Social Gospel, in: ebd., 1.407 ff.

2010er Jahre

Brackney, William H.: Die Geschichte der Baptisten in Nordamerika, in: A. Strübind / M. Rothkegel (Hg.): Baptismus. Geschichte und Gegenwart, Göttingen 2012, 47–67 (bes. 61, 66 f.)

Brackney, William H.: Walter Rauschenbusch – Prophet und Legende. 100 Jahre später, in: ZThG 24 (2019), 98–124 *(115: Brackney würdigt ausdrücklich die vorliegende Arbeit Jähns, weil sie besonders auch die pastorale und pietistische Seite Rauschenbuschs auslotet; vgl. auch Klappentext.)*

Dammann, Uwe: Ein Radikaler für das Reich Gottes. Eine Erinnerung an Walter Rauschenbusch (1861–1918), in: Die Gemeinde 20 (2011), 12

Dammann, Uwe: „Dein Reich komme!" Erinnerung an Walter Rauschenbusch, den Begründer des „social gospel", in: Faszination Bibel 4 (2011), 40 f.

Dziewas, Ralf: Die postmillenaristische Reich-Gottes-Theologie des Walter Rauschenbusch, in: Ders.: Social Gospel und moderne Sozialtheologie. Zur Bedeutung der Reich-Gottes-Vorstellung für eine gesellschaftsverändernde Diakonie, in: ZThG 18 (2013), 200–206, 208, 212; auch in: Christoph Böttigheimer / Ralf Dziewas / Martin Hailer (Hg.): Was dürfen wir hoffen? Eschatologie in ökumenischer Verantwortung (Beihefte zur Ökumenischen Rundschau 94), Leipzig 2014, 113–131

Dziewas, Ralf: Martin Luther King, Jr. – Ein Visionär der Liebe, in: ZThG 23 (2018), 191–212 (bes. 197–199, 201 f.) *(nach einem Vortrag zum Martin-Luther-King-Tag in Hamburg 2016)*

Dziewas, Ralf: Nebenbei bemerkt. Zum 100. Todestag von Walter Rauschenbusch, in: Die Gemeinde 16 (2018), 32

Förster, Karin: Walter Rauschenbusch. Eine biographische Skizze, in: ZThG 18 (2013), 143–152

Geldbach, Erich: Die social gospel Bewegung. Entstehung und Inhalte, in: ZThG 18 (2013), 124–142 (bes. 89–92, 100)

Haspel, Michael: Die Quellen von Martin Luther Kings theologischer Konzeption der Menschenrechte und sozialen Gerechtigkeit, in: ZThG 21 (2016), 290–315 (bes. 294–297)

Müller, Lars: Sünde als soziale Macht. Das Sündenverständnis in der Sozialtheologie Walter Rauschenbuschs, in: ZThG 18 (2013), 153–167

2020er Jahre

Liese, Andreas: Die Rezeption von Walter Rauschenbusch im deutschen Baptismus, in: Reinhard Assmann / Andeas Liese (Hg.): Baptismus und Sozialismus. Das Verhältnis der Baptisten zum Sozialismus in den Umbrüchen des 20. Jahrhunderts. Studientag Berlin 2019 (Baptismus-Dokumentation 9), Elstal/Norderstedt 2020, 31–35

*Die aktuellste Werkausgabe im englischsprachigen Raum enthält die derzeit umfang-
reichste Bibliografie zu Walter Rauschenbusch und erstmals auch eine Liste nordameri-
kanischer und europäischer Archivbestände:*

Brackney, William H. (Hg.): Walter Rauschenbusch. Published Works and Selected Writings, Vol. I–III, Macon/GA, 2018–19
    Volume I: Christianity and the Social Crisis and Other Writings
    Volume II: Christianizing the Social Order and Other Writings
    Volume III: A Theology for the Social Gospel and Other Writings

Baptismus-Dokumentation

Schriftenreihe – herausgegeben vom Oncken-Archiv des BEFG in Elstal
Editionen von Quellen und Materialien zur Geschichte des Baptismus und des BEFG

Band 1: Armin Weist, Baptistische Archivalien aus den Gebieten östlich von Oder und Neiße in genealogischen und staatlichen Archiven

Elstal/Norderstedt 2011, 79 Seiten, Paperback (Books on Demand), 2. Aufl. 2012
ISBN: 978-3-844-81208-4, Schutzgebühr 5,90 €

Der vorliegende Band ist ein Wegweiser zu Archiven vor allem im osteuropäischen Raum, in denen Unterlagen ehemaliger Baptistengemeinden vor 1945 zu finden sind – ein wichtiges Hilfsmittel sowohl für freikirchliche historische Spurensuche als auch für die Familienforschung.

Band 2: Marc Schneider, Die Diskussion im deutschen Baptismus um die 68er Bewegung

Elstal/Norderstedt 2012, 84 Seiten, Paperback (Books on Demand), 2. Aufl. 2017
ISBN: 978-3-8482-2251-3, Schutzgebühr 5,90 €

Dieser Band gibt einen Überblick auf die Ereignisse der Studentenbewegung in Deutschland von 1967 bis 1972 und ihre Auswirkungen im deutschen Baptismus. Aufgezeigt wird insbesondere die Wahrnehmung der 68er Bewegung in der baptistischen Presse und Studentenarbeit sowie die Diskussion in den Gemeinden. Dokumentiert wird die Masterarbeit des Autors, Absolvent der Theologischen Hochschule Elstal.

Band 3: Heinz Szobries, Schuldbekenntnisse aus dem Bund Ev.-Freikirchlicher Gemeinden und anderen Kirchen in Deutschland nach 1945. Zeugnisse von Schwachheit und Kraft beim Einstehen für die eigene Vergangenheit

Elstal/Norderstedt 2013, 128 Seiten, Paperback (Books on Demand), 2. Aufl. 2017
ISBN: 978-3-7322-9120-5, Schutzgebühr 6,90 €

Der Autor beschreibt und dokumentiert die Diskussionen im Baptismus nach dem Krieg über ein Schuldbekenntnis zum Verhalten in der NS-Zeit. Die 50 veröffentlichten Textdokumente, eingeschlossen sind Vergleichstexte aus anderen Kirchen und Freikirchen, u. a. auch zur DDR-Zeit, machen diesen Band zu einem wichtigen Nachschlagewerk.

Band 4: Roland Fleischer, Der Streit über den Weg der Baptisten im Nationalsozialismus. Jacob Köbberlings Auseinandersetzung mit Paul Schmidt zu Oxford 1937 und Velbert 1946

Elstal/Norderstedt 2014, 172 Seiten, Paperback (Books on Demand), 2. Aufl. 2016
ISBN: 978-3-7357-8618-0, Schutzgebühr 8,90 €

Baptisten suchten ihren Weg in der Zeit des Nationalsozialismus weitgehend in Anpassung an die politischen Verhältnisse. Zu den wenigen öffentlichen Mahnern gehörte Dr. Köbberling, der Bekennenden Kirche nahe stehend. Dieser Band dokumentiert sowohl die offiziellen Stellungnahmen des Bundes als auch die Gegenschriften und Korrespondenzen Köbberlings, zumeist erstmalig veröffentlicht. Ergänzt hat sie der Autor durch eine historische Einführung sowie biografische Beiträge zu Köbberling und Bundesdirektor Schmidt.

Band 5: Reinhard Assmann / Andreas Liese (Hg.), Unser Weg – Gottes Weg? Der Bund Evangelisch-Freikirchlicher Gemeinden in Deutschland – eine historische Bestandsaufnahme. Studientag Kassel 2014

jOTA Publikationen GmbH Hammerbrücke (Edition Forum Wiedenest) und Oncken-Archiv Elstal 2015, 170 Seiten, Paperback, ISBN: 978-3-935707-79-4, Bestell-Nummer (jOTA): 449.579, 11,95 €

75 Jahre BEFG – ein Jubiläum zum Feiern? Der Bundesschluss von Baptisten- und Brüdergemeinden 1941 bleibt umstritten. Er wurde sowohl geistlich als auch politisch begründet. Die Bundesgeschichte, die zeitweise noch die Elim-Gemeinden umfasste, wurde und wird als ein lebendiges und fruchtbares Miteinander erlebt, zugleich aber auch als ein kräftezehrendes Nebeneinander. Ein Studientag 2014 in Kassel versuchte die historischen Hintergründe und Entwicklungen aus der Sicht der drei Traditionsgruppen zu beleuchten. Der vorliegende Band dokumentiert die aufschlussreichen Vorträge dieses Tages.

Band 6: Reinhard Assmann / Andreas Liese (Hg.), Vereint in Christus – (wieder)vereint im Bund. 25 Jahre Zusammenschluss der beiden deutschen Bünde Evangelisch-Freikirchlicher Gemeinden – Akteure erinnern sich. Studientag Kassel 2015

jOTA Publikationen GmbH Hammerbrücke (Edition Forum Wiedenest) und Oncken-Archiv Elstal 2016, 210 Seiten, Paperback, ISBN: 978-3-935707-85-5, Bestell-Nummer (jOTA): 449.585, 12,95 €

Im Jahr 2016 ist es 25 Jahre her, dass sich die beiden Bünde Evangelisch-Freikirchlicher Gemeinden in der Bundesrepublik und der DDR zu einem gemeinsamen Bund vereinigten. Ein Grund, dankbar und zugleich kritisch zurückzuschauen. Wie haben die damaligen Akteure aus Ost und West diesen Zusammenschluss erlebt? Ist uns als Freikirche dieser Prozess besser gelungen als in der Politik? Gelang er auf Augenhöhe oder war es eher ein Anschluss des Ost-Bundes an den West-Bund? Sprachen die einen von einer „Stunde Gottes", erinnern sich andere auch an Enttäuschungen, Verletzungen und neue Trennungen... Ein Studientag im November 2015 in Kassel ließ eine Reihe von Zeitzeugen dazu zu Wort kommen. Der vorliegende Band dokumentiert diese lebendigen Berichte und Diskussionen.

Band 7: Wilfried Weist / Reinhard Assmann, Dass das Wort des Herrn laufe und gepriesen werde. Die Schrifttumsarbeit im Bund Evangelisch-Freikirchlicher Gemeinden in der DDR

Elstal/Norderstedt 2017, 298 Seiten, Paperback (Books on Demand), ISBN: 978-3-7448-4931-9, Schutzgebühr 14,95 €

Evangelisch-freikirchliches Schrifttum in der DDR – es überrascht, in welcher Breite und Vielfalt christliche Veröffentlichungen in dieser Zeit möglich waren. Bald nach dem Krieg hatte Prediger Otto Ekelmann Lizenzen für eine Zeitschrift, Verlagsarbeit und den Aufbau einer Evangelischen Versandbuchhandlung in Berlin (EVB) erworben. Neben einem geschichtlichen Überblick dokumentiert der vorliegende Band Zeitzeugenberichte des 25-jährigen Jubiläums der DDR-Schrifttumsarbeit. Aufgenommen wurde ferner eine größere Auswahl staatlicher Gutachten, die das mühevolle Ringen um die notwendigen Druckgenehmigungen illustrieren. Eine Bibliografie aller EVB-Veröffentlichungen sowie weiterer verwandter Publikationen macht diesen Band zu einem wichtigen Nachschlagewerk für den Bund Evangelisch-Freikirchlicher Gemeinden in der DDR.

Band 8: Veit Claesberg, Der pastorale Leiter als Prophet. Der Baptistenpastor Arnold Köster (1896–1960) im Widerstand gegen den Nationalsozialismus

Elstal/Norderstedt 2018, 276 Seiten, Paperback (Books on Demand), ISBN: 978-3-7481-1715-5, Schutzgebühr 9,90 €

Arnold Köster gilt als einer der kontinuierlichsten und schärfsten Kritiker des Nationalsozialismus. Während des ‚Dritten Reiches' vermittelte er seiner Baptistengemeinde in Wien und weit darüber hinaus Orientierung und Hoffnung. Seine Predigten verliehen seinem pastoralen Leitungsdienst prophetische Züge. Für den vorliegenden Band konnte der Autor aus einem umfangreichen Fundus gut erhaltener Predigt-Mitschriften Kösters schöpfen. Er bringt diese Inhalte ins Gespräch mit neueren Entwürfen pastoraler und prophetischer Leitungskonzepte. Es gelingt ihm, historische und pastorale Theologie miteinander zu verknüpfen und auf ethisch-theologische Fragestellungen zu beziehen. – Ein wichtiger Impuls für pastorale Verantwortung in aktuellen gesellschaftlichen Herausforderungen.

Band 9: Reinhard Assmann / Andreas Liese (Hg.), Baptismus und Sozialismus. Das Verhältnis der Baptisten zum Sozialismus in den Umbrüchen des 20. Jahrhunderts. Studientag Berlin 2019

Elstal/Norderstedt 2020, 252 Seiten, Paperback (Books on Demand), ISBN: 978-3-7519-0335-6, Schutzgebühr 8,90 €

2019 – ein Multigedenkjahr: 30 Jahre Ende des Staatssozialismus in der DDR, 70 Jahre Gründung der Bundesrepublik und der DDR, 100 Jahre Weimarer Reichsverfassung. In allen Ereignissen spielte auch die Auseinandersetzung mit dem Marx'schen Sozialismus eine Rolle. Bisher kaum untersucht wurde, welche Bedeutung diese für freikirchliche Gemeinden hatte. Wie entwickelte sich das Verhältnis von Marxisten und Baptisten vor und nach dem Zweiten Weltkrieg? Wie viel Sozialismus steckte im Bund Evangelisch-Freikirchlicher Gemeinden in der DDR? Wie stand es um den Dialog zwischen den Weltanschauungen? Und wie haben sich Baptisten zum Ende des DDR-Sozialismus in der Friedlichen Revolution engagiert? Ein Studientag im November 2019 versuchte in mehreren Referaten und Zeitzeugengesprächen sich diesen Fragen zu widmen. Der vorliegende Band dokumentiert die Ergebnisse sowie in einem umfangreichen Anhang z.T. unveröffentlichte Dokumente aus verschiedenen Epochen zum Thema.

FSC
www.fsc.org

MIX

Papier aus ver-
antwortungsvollen
Quellen

Paper from
responsible sources

FSC® C105338

Wichteln

Rückt heran die Weihnachtszeit,
wird es auch fürs Wichteln Zeit,
um den Alltag zu verschönen,
auch mitunter zu versöhnen.

Also los, doch selbst gemacht?
Daran hab ich nicht gedacht.
Soll ich nähen oder stricken?
Lass mich wohl zum Lehrgang schicken!

Soll ich schnitzen oder malen?
Lieber würd ich bar bezahlen.
Aus Papier und Holz was leimen?
Ich versuch es mal mit Reimen:

Doch so einfach ist das nicht.
Jeder Vers ist kein Gedicht!
Ist die Freude erst geweckt,
merkt man, was in einem steckt.

Weihnachtshase

Bei höchstem Stress der Weihnachtsmann
fragt nun beim Osterhasen an,
ob ihm wohl dieser helfen kann.

Der Hase sagt, er wär bereit,
weil er doch weiß, es drängt die Zeit,
und bis zum Osterfest ists weit.

So geht er ran ganz früh am Morgen,
um alles dafür zu besorgen.
Dann produziert er Weihnachtseier
für bunte Teller für die Feier:

Mal große, kleine, dunkle, helle
und zuckersüß für alle Fälle,
mal rund, auch eckig, nicht genormt,
so ganz verschieden ausgeformt.

Aus Marzipan, Krokant, Konfekt,
was doch natürlich allen schmeckt.
Bald ists geschafft. Der Hase rennt
zu lieben Leuten, die er kennt.

Den Korb gefüllt bis an den Henkel
beschert er reich die Kinder, Enkel.
Er ist zufrieden und beglückt,
wenn alle Nester gut bestückt.

Weihnachtszeit

Die Alltagspflichten sind getan.
Zufrieden mach ichs mir gemütlich.
Nun endlich Stille, alles friedlich!
Ich lehne mich zurück und ahn:

Das große Fest ist nicht mehr weit.
Ich zünde eine Kerze an
und schaue, und ich spüre dann
den Zauber dieser Weihnachtszeit!

Vor 2000 Jahren

Vor zweitausend langen Jahren
wär ich sicherlich gefahren
zu dem Christkind in dem Stall.
Ja, ich sucht es überall.

Dieses Jahr, nach vielen Staus,
bleib ich lieber mal zu Haus.
freue mich am Kerzenschein,
trinke dann ein Gläschen Wein.

Lese auch ein gutes Buch.
Schöne Dinge gibts genug!
Denke an vergangne Zeiten,
lasse mich von Wünschen leiten.

Meide Dinge, die nichts taugen,
und ich schließe dann die Augen
und entdeck mit einem Mal:
Weihnachten gibts überall!

Bescherung

Der Weihnachtsbaum ist schon geschmückt,
der Tisch mit Gaben reich bestückt.
Klein-Ingo denkt ans Fußballspiel
und auch Anettchen wünscht sich viel.

Der Hund weiß nicht, was hier geschieht.
Wenn er die Hundewurst erst sieht!
Und Oma mit den vielen Sachen
will allen eine Freude machen.

Und endlich, endlich ists soweit:
Die Kerzen brennen weit und breit.
Man hört Gedichte und singt Lieder,
und auch der Weihnachtsmann kommt wieder.

Bescherung dann in Windeseile:
Papier und Band und tausend Teile!
Und man vernimmt den Freudenschrei:
Das Fußballspiel ist auch dabei!

Wer weiß noch, was da einst geschah?
Wer fragt noch, wer das Christkind war?
Wir alle feiern laut das Fest,
von Weihnachten nur noch den Rest.

Christkind

Es brannte der Baum und funkelte bunt,
viel süßes Zeug wohl für den Mund.
Da waren Geschenke, sehr üppig und groß,
und Bübchen saß auf Papas Schoß.

Der zeigte ihm viel: Gefällt es dir nicht?
Doch Bübchen hatte ein fragend Gesicht.
Es hätte so gern das Christkind gesehn.
Der Vater konnte das nicht verstehn.

Kinderwelt

Kleine Kinder haben Träume.
Wahret diese Kinderwelt!
Schafft die Zeit und auch die Räume,
doch verderbt sie nicht mit Geld!
Vieles wird in Kinderaugen
wunderbar durch Phantasie.

Ausgefeilte Sachen taugen,
sind sie fertig, kaum für sie.
Oft genügen ein paar Dinge,
die aus Holz und Pappe sind.
Warum schenkt ihr goldne Ringe?
Die verliert doch nur ein Kind!

Grüner Winter

Zu Weihnachten gabs neue Ski
für die Familie, nämlich vier.
Dann gings ins Winterparadies,
was aber Wünsche offen ließ.

Bis hoch hinaus nur grüne Hänge,
wo sonst der Schnee in jeder Menge.
Das milde Wetter hier und dort
erlaubte keinen Wintersport.

Die unentwegte Skielite
entwich in Sommerskigebiete.
Enttäuschte fuhren gleich nach Haus.
Dem Ärger folgten lange Staus.

Wir fügten uns dem Schicksal dann
und zogen Wanderstiefel an.
Und während wir vom Winter träumten,
die ersten Frühlingsstrahlen bräunten.

Ich sehe kritisch diese Zeichen,
die immer öfter uns erreichen.
Der Klimawechsel lässt erahnen:
Bald wachsen auch bei uns Bananen.

Schule

Schule ist für Kinder Pflicht.
Mancher liebt sie, mancher nicht.
Auf den Lehrer kommt es an,
dass man lernt und auch was kann.

Wunderkind

Der Florian, das Wunderkind,
war anders als sonst Kinder sind.
Er lief schon früh und sprach ganz klar
weit vor der Zeit, noch nicht ein Jahr.

Das ABC konnt er mit zwei,
die Zeitung las er bald mit drei.
Er lernte auch bereits Klavier
und spielte Mozart fast mit vier.

Mit fünf erhielt der Florian
gar seinen ersten Weisheitszahn.
Den ham die Grundschulpädagogen
ihm leider schon sehr bald gezogen.

Denn als mit sechs die Schule rief,
ging gleich am ersten Tag was schief:
Statt Anerkennung zu erzielen,
war er ja einer nur von vielen.

Und ziemlich früh verlor er schon
den größten Teil der Illusion.
Warum war nur die Schule Pflicht?
Das meiste intressierte nicht.

Mit zehn dann endlich kam er zum
entsprechenden Gymnasium.
In jener Orientierungsstufe
gab es die ersten Jubelrufe.

Was doch in diesem Jungen steckt!
Selbst Englisch sprach er bald perfekt.
Die Eltern lobten ganz begeistert:
Wie toll das unser Bub so meistert.

Dann traf mit zwölf, wie das so geht,
den Florian die Pubertät
und ließ die Schule fast vergessen
durch anderweitige Intressen.

Die neusten Hits warn ihm geläufig
und auch die Partys wurden häufig.
Er sprengte manche starre Kette,
probierte Schnaps und Zigarette.

Gleichwohl entdeckte er zu Recht
den Drang zum weiblichen Geschlecht.
Er krönte die Entwicklungszeichen
mit loser Zunge, derben Streichen.

So manche Strafe wurd verhängt.
Im Unterricht meist abgelenkt,
für Hausaufgaben keine Zeit,
es mehrte sich Vergesslichkeit.

Dass dann von Leistung keine Spur,
bescheinigte ihm die Zensur.
Und folglich wurde ihm empfohlen,
doch jenes Jahr zu wiederholen.

Ach leider dann zu guter Letzt,
hat man den Florian schrägversetzt.
Auf unsrer Schule hier am Ort
da setzte er die Laufbahn fort.

Die Lehrer fand er nun ganz nett.
Wenn er nur erst den Abschluss hätt!
Der Stoff war für ihn Kinderkram.
Was warn die anderen bloß lahm!

Als man ihn gar zum Sprecher machte,
was ihm dann endlich Geltung brachte,
erfolgte jetzt der große Schwung
wie Raucherecke, Schülerfunk.

Mit Hofgestaltung und Tutoren
lag er uns allen in den Ohren,
mit Schulprojekten jeder Art.
Der Florian war schwer in Fahrt.

Allmählich schwand auch der Elan
und Florian wurd´ wieder zahm.
Und in Bezug auf die Zensuren
lief es nicht mehr auf vollen Touren.

Doch nach dem üblichen Verdruss
gabs den erhofften Schulabschluss
wie heute hier in dieser Runde
bei unsrer großen Abschiedsstunde.

Er präsentiert mit stolzem Blick
den Eltern das ersehnte Stück.
Für diese war, wie Eltern sind,
der Florian ein Wunderkind.

Nürnberger Trichter

Ich seh schon hoffende Gesichter,
wenn nun mein Nürnberger Trichter
ein neues Lernzeitalter schafft.
Denn ich studier mit ganzer Kraft

An meinem letzten Schulversuch.
Danach erscheint mein neues Buch.
Ein Beispiel sei die Seite zehn.
Wie das so geht, kann man schon sehn:

Den Trichter steckt man in das Haupt,
soweit der Umstand es erlaubt
und füllt hinein das Stundenziel.
Das ist so wie ein Kinderspiel.

Das alles lässt man gründlich sacken,
soll dieser Eingriff wirklich klappen.
Das Hauptproblem ist sowieso:
Wie kriegt man raus das ganze Stroh?

Bleibt dieses in dem Schülerkopp,
kommt es zu einem Bildungsstopp.
Doch ist gelöst auch diese Frage,
ist jeder Lehrer in der Lage,

Fast alle Schwächen zu kurieren
ganz ohne großes Zeitverlieren.
Das hilft sofort und ohne Müh,
ja selbst am Montag in der Früh.

Ich steh nun hier im weißen Kittel
mit meinem neuen Arbeitsmittel:
Durch einen Trichter aus den Tuben
strömt sacht der Lernstoff in die Buben.

Und ohne dass der Lehrer spricht,
erfolgt der beste Unterricht.
Und folglich steigt man – Gott sei Dank –
wahrscheinlich auch im Pisarang.

Mitarbeit

Ein Lehrer allzu oft vergisst,
dass wohl die Schule nicht für alle
die einzige Erfüllung ist,
wie auch in diesem Falle.

Der Tobi zählt zu den ganz Stillen,
ihn interessiert nicht jede Sache.
Liegt es am Ehrgeiz oder Willen?
Egal, was ich auch mache.

Doch heute scheint er frisch und munter.
Er meldet sich ganz unverhofft.
Ja, Wunder gibt es schon mitunter,
auch wenn nicht allzu oft.

Ich bin verblüfft und hoffe sehr,
dass endlich mal mein Mühen greift.
Wie schön, Tobias träumt nicht mehr!
Der Schüler ist gereift.

Ich lass ihn erst mal etwas schmoren.
Das steigert seine Mitarbeit.
Er hat die Lethargie verloren!
Das wird auch endlich Zeit.

Als er nicht mehr zu bremsen ist,
nehm ich erwartungsvoll ihn ran,
dass er die Antwort nicht vergisst.
Ich seh ihn freundlich an.

Er weiß es doch, es gilt die Wette!
Da sprudelt es aus ihm heraus:
Ich muss ganz dringend auf Toilette!
Und schon ist er hinaus.

Fritzchen

Ein weitres Mal prahlt Fritz erheitert:
Das ist ganz leicht, das kann ich auch,
obwohl er eben erst gescheitert
und landet wieder auf dem Bauch.

Doch Fritzchen gibt so schnell nicht auf.
In seiner Ehre tief gekränkt
legt er paar starke Worte drauf,
wodurch er sich noch mehr verfängt.

Und erst aus Angst vor der Blamage,
die meistens sich am Ende zeigt,
besinnt sich Fritz in seiner Rage,
indem er endlich weise schweigt.

Hausaufgaben

Hausaufgaben sind oft schwer.
Schon zwei Stunden oder mehr
sitzt verdrossen unser Paul
äußerst strebsam, gar nicht faul.

Vater siehts voll Ungeduld.
Da sind nur die Lehrer schuld!
Zu dem Kind setzt sich der Vater,
zu beenden solche Marter.

Liebevoll drückt er den Sohn:
Keine Angst, wir schaffen´s schon.
Oh, verzwickt! Da muss er schätzen
und erklärt in Bandwurmsätzen.

Unser Paul schreibt viele Reihen.
Fehler wird man wohl verzeihen. -
Und der strenge Lehrer Gaul
schnappt sich gleich das Heft von Paul.

Paulchen strahlt und wartet, hofft.
Doch der Pauker spricht wie oft:
Wo hast du diesen Blödsinn her?
Jener schluchzt: Mein Vater, der ...

Halbjahreszeugnis

Freitag gab es Giftpapier:
Wieder dominiert die Vier!
Eine Fünf ist auch dabei.
Das ist mir nicht einerlei.

Oben steht „leicht abgelenkt“.
Hab mich wohl nicht angestrengt.
Im Verhalten, das gibt Mut,
steht da endlich einmal Gut.

In Religion, wie dem auch sei,
gabs doch immerhin ne Drei.
Etwas Hoffnung macht, so scheints,
wenigstens in Sport die Eins.

In Französisch, ja das weiß ich,
war ich nicht besonders fleißig.
Daher kommt das Minuszeichen.
Insgesamt wird es schon reichen.

Warum man sich so gebärdet
bei Bemerkung „ist gefährdet“?
Denn im nächsten halben Jahr
mach ich wieder alles klar.

Vater jedoch hat Bedenken.
Nötig ists etwas zu lenken.
Spitzt man zeitig nicht die Ohren,
ist ein ganzes Jahr verloren.

Pubertät

Schon früh im zwölften Lebensjahr
treibt die Entwicklung tolle Blüten.
Nicht anders als es immer war,
muss man die Kinder jetzt behüten.

Die Mädchen werden langsam Frau.
Man sieht, es formen sich Konturen.
Das Kleiden wird zur Modenschau,
ganz anders gehen nun die Uhren.

Marie trägt heute ein Kostüm.
Ein bisschen Rouge liegt auf den Wangen.
Man ahnt den leisen Hauch Parfüm,
das Haar ist offen ohne Spangen.

Der Unterricht hat längst begonnen,
Marie jedoch nimmt ihn nicht wahr.
Ganz unbeteiligt und versonnen
dreht sie ihr schulterlanges Haar.

Ja, Mathe ist wohl nicht ihr Fach,
das ist ganz deutlich zu bemerken.
Die Leistung ist vorwiegend schwach,
sie hat wahrscheinlich andre Stärken.

Da fällt ihr plötzlich was entgegen,
ein Stück Papier zum Ball zerdrückt.
Marie entfaltet es verlegen
und scheint vom Inhalt her beglückt.

Sie schreibt noch etwas an den Rand,
knautscht dann genau so das Papier
und schickts sogleich zu Unbekannt,
die Jungenreihe im Visier.

Ich unterbrech den Unterricht,
verfolge eifrig das Delikt.
Zu handeln ist jetzt meine Pflicht.
Mir scheint, dass da Marie erschrickt.

Ich nehme an mich das Papier.
Ists recht, soll ich es wirklich lesen?
Doch wenn ichs aus dem Aug verlier,
weiß ich auch nicht, was da gewesen.

Obwohl ich vorerst mit mir ringe,
entwirre ich sogleich das Blatt
in der Erwartung schlimmer Dinge,
die es wohl schon gegeben hat.

Warum wohl kichern ein paar Jungen?
Ich dreh das Blatt so hin und her
und merk, der Scherz ist voll gelungen,
denn da steht nichts, das Blatt ist leer!

Marie sitzt da ganz selbstbewusst
und schaut mit Freude mir entgegen,
ganz ohne eine Spur von Frust
und überhaupt nicht mehr verlegen.

Erwachsen!

Endlich, endlich ists soweit
nach der langen Jugendzeit!
Heute sind es achtzehn Lenze!
Damit schwindet manche Grenze,

Die verbietet, was man möchte.
Das eröffnet viele Rechte.
Ja, ich kann nun selbst entscheiden,
meinen Eltern werd ichs zeigen!

Gott sei Dank, mit achtzehn Jahren
darf man endlich Auto fahren,
morgen möglichst gleich nach Kiel.
Zu erleben gibt es viel.

Freitagabend wird gefeiert,
ich hab schon was angeleiert.
Groß genug ist doch das Haus.
Wenn die meckern, zieh ich aus.

Werd mich um nen Job bewerben,
meine Haare lass ich färben.
Endlich kann ich mich so schminken,
dass die Männer mir zuwinken. -

Ist das Alter auch erreicht,
merkt man bald, das ist nicht leicht.
Nicht nur Freiheit, Recht - mitnichten - ,
denn jetzt mehren sich die Pflichten.

Die erste Einsicht dieser Welt:
Alles kostet sehr viel Geld!
Wer es hat, hofft oft vergebens
auf das große Glück des Lebens.

Lass dir Zeit und schau bedacht,
was dich wirklich glücklich macht!
Liebes Kind, sei doch gescheit:
Lass dir ruhig etwas Zeit!

Vertretungsstunde

Ich fahr zur Schule mit Elan,
gut vorbereitet, so wie immer.
Da schickt mich der Vertretungsplan,
mein Gott, es geht wohl nicht viel schlimmer,
in die bekannte R 9b.
Doch meine Klasse muss nach Haus.
Als ich zu den Besagten geh,
da seh ich nicht mehr fröhlich aus.

Ich steh nun da, fühl mich allein
und warte, bis die Schüler sitzen,
denn ständig kommen neue rein.
Ich fange langsam an zu schwitzen.
Dann endlich ist die Tür geschlossen,
und schließlich sind die Fenster zu.
Da wird noch mit Papier geschossen,
und immer noch ist keine Ruh.

Derweil die Schüler diskutieren,
bin ich ganz still und werde warten.
Man darf die Ruhe nicht verlieren!
Die letzte Reihe spielt schon Karten.
Ganz ohne jemand zu verletzen,
erbitt ich mir Aufmerksamkeit.
Natürlich muss man sich durchsetzen.
Fürs Unterrichten wirds auch Zeit.

Die Inhalte der letzten Stunde
die ham die Schüler längst vergessen.
Kein Finger zeigt sich in der Runde.
Paar Jungen seh ich jedoch essen.
Als ich was an die Tafel schreibe,
kippt mit Getöse eine Bank.
Vor Schreck zerbricht sogar die Kreide,
und bäuchlings liegt ein Schüler lang.

Fast Totenstille herrscht im Raum.
So friedlich war es längst nicht immer.
Doch er erwacht aus seinem Traum
recht bald geheilt im Krankenzimmer.
Als ich zum Unterrichten komm,
denn meine Schüler sind bereit,
ertönt auch schon der Pausengong.
Den meisten tut es sogar leid.

Versetzung

Ich bin empört, ich bin entsetzt!
Nun wird die Nora noch versetzt.
Für mich ist das - und das ist wahr -
in keiner Weise vorstellbar.
Wie kann man nur auf sie verzichten,
tat sie nicht immer ihre Pflichten?

War immer freundlich, immer offen,
hat stets das richtge Wort getroffen,
war zuverlässig, kollegial.
Warum nur fiel auf sie die Wahl?
Ganz anders hätte ich entschieden
und diesen Fehler so vermieden.

Gern denk ich an die Zeit zurück:
Am Lehrertisch mit ihr zum Glück
gabs stets ne nette Plauderei,
- Ernsthaftes war zwar auch dabei-.
Es wurde viel und laut gelacht,
denn häufig wurde Spaß gemacht.

Mit ihr gabs gute Klassenfahrten,
gefeiert ward in unsrem Garten
privat sowie die Lehrerfeste.
Auch schulisch gab sie stets das Beste
mit Herz und Freude und Elan.
Das hat der Schule gut getan.

Auch ihre Schüler warn erpicht
auf ihren guten Unterricht.
Selbst meine Kinder hams erfahren,
weil sie mal ihre Schüler waren.
Was ist das alles nun noch wert?
Für mich ist der Entschluss verkehrt!

Doch schließlich geht das Leben weiter:
Mal ziemlich traurig, meistens heiter.
Lass dich nur nicht unterkriegen,
dir wird auch jene Schule liegen,
denn in deiner netten Art
gelingt dir auch die Gegenwart!

Schulratsbesuch

Der Schulrat hat sich angesagt:
Die Superschule ist gefragt.
Und Hochalarm wird angekündigt,
die Lehrerschaft sofort entmündigt.

Man macht sie fast zu Marionetten,
wie manche sie so gerne hätten.
Man krempelt um den ganzen Laden,
jedoch fürs Klima sehr zum Schaden.

Es steigt die Zahl der Konferenzen.
Es gibt Aktionen ohne Grenzen!
Auch von Hausmeister und Verwaltung
verlangt man beste Arbeitshaltung.

Und jeder Lehrer nun entfacht
fortan ne wahre Medienschlacht.
Gleichwohl mit kaum gekanntem Druck
entstehen Flur- und Klassenschmuck.

Auch alle Aufsichtskräfte sausen
gleich nach dem Klingeln in die Pausen
und entsprechend ihrer Pflicht
ganz zeitig in den Unterricht.

Wie wichtig ist das Klassenbuch
bei diesem hohen Schulbesuch!
Natürlich wär es gar nicht klug,
fehlt da ein simpler Namenszug.

Und man erinnert schon beizeiten
an eine Planung von zwei Seiten
besonders für die dritte Stunde
nach allerneuster Lehramtskunde.

Ach, welche Robe ist genehm?
Wohl lieber stilvoll als bequem!
Und bei den Jungen wie den Alten
erstaunen all die Bügelfalten.

Die ganze Nacht kann man nicht schlafen,
man fürchtet sich vor schlimmen Strafen.-
Dann endlich ist der Schulrat da:
Und alles läuft ganz wunderbar!

Grad heute sind die Lampen heller,
und selbst die Schuluhr geht viel schneller.
Selbst unsre Heizung ist fast heiß,
und auch die Schüler sind ganz leis.

Sogar die Türen quietschen kaum,
ganz blitzeblank ist jeder Raum.
Piek sauber ist die Fensterbank
und Bilder hängen Wände lang.

Auch die Kollegen sind noch schicker
und ihre Büchertaschen dicker. -
Am Ende fallen liebe Worte
bei viel Kaffee und Sahnetorte.

Dann endlich hat der Schulbesuch
von aller Freundlichkeit genug.
Er war natürlich sehr zufrieden,
wär sicher gerne noch geblieben.

Dann nimmt er seinen seidnen Schal
und fragt leicht zwinkernd nun mit Mal,
wie wir es eigentlich so finden,
ihm solchen Bären aufzubinden.

Auf dem Weg

Nach längstens einem halben Jahr
wird aufgeräumt, so wie es war,
doch diesmal ist es noch viel schlimmer
in meinem kleinen Arbeitszimmer.

Prospekte, Hefte stapelweise
die stören meine Arbeitskreise.
Und auch viel Bücher und Broschüren
blockieren Schreibtisch, selbst die Türen.

Die blaue Tonne ist schon voll.
Ich weiß nicht, was ich machen soll.
Auf meinem Schulweg nächsten Morgen
werd ich wohl diesen Müll entsorgen.

Kaum bin ich auf dem Schulgelände,
nehm ich die Box in beide Hände.
Da bricht das schwere Ding entzwei.
Gerade jetzt, auwei, auwei!

Aufmerksamkeit mein Müll bereitet,
der flächig auseinander gleitet.
Jetzt kommt ne Windbö noch dazu,
der Müll verbreitet sich im Nu.

Sehr peinlich! Flugs in großer Eile
ergreif ich die verstreuten Teile
grad vor den Augen der Kollegen,
die schmunzeln schadenfroh deswegen.

Da naht der Chef aus der Dienstleitung
mit allerneuster Morgenzeitung.
Ganz dick gedruckt steht: „Umweltschutz!
Wohin nur mit dem ganzen Schmutz?"

Ich sage nur, es tut mir leid
und sammle schnell, denn es wird Zeit.
Jedoch ganz hilfreich viele Hände
die säubern mit mir das Gelände.

Klassenfahrt

Die erste Nacht auf Klassenfahrt
ergraute mein so stolzer Bart.
Trotz Bitten, Drohen sowie Strafen
kommt die 6a gar nicht zum Schlafen.

Durch Kreischen, Johlen immerzu,
um Mitternacht noch keine Ruh.
Die Mädchen, Jungen Wand an Wand
sind völlig außer Rand und Band.

Die Aufsichtskräfte diskutieren
lang über diese Hausmanieren.
Und in der Absicht zu verzeihn,
schläft man schließlich doch noch ein.

Durch frühes Lärmen hoch geschreckt,
wird man schon wieder aufgeweckt.
Und lauschend nach des Lärmes Quelle,
begeb ich mich sogleich zur Stelle.

Ach, wieder jene, unerhört,
die schon die ganze Nacht gestört!
Euch werd ich heute Beine machen!
Jäh stirbt das weltvergessne Lachen.

Hallig Hooge

Graue Wolken und viel Wind,
als wir an der Nordsee sind.
Auf der Fähre in Schlüttsiel
fasziniert das Wellenspiel.

In der Ferne sehn wir Gröde:
Ist das Wattenmeer nicht öde?
Meine Schüler meinen nicht.
Hallig Hooge kommt in Sicht.

Langer Marsch zu unserm Heim,
beim Marschenbauer kehrn wir ein.
In dem Stall auf Stroh am Boden
kann man schlafen und toll toben.

Einfach ist der Essenssaal,
doch auch das ist uns egal.
Alle stürzen sich aufs Essen.
Die Manieren sind vergessen.

Wie die erste Nacht wohl war?
Klassenfahrt in Höchstgefahr,
denn trotz Mahnen keine Ruh!
Niemand kriegt ein Auge zu.

Nächsten Morgen, noch recht matt,
wandern wir nun durch das Watt.
Hosen nass, die Füße kalt.
Seehundbänke! Endlich halt!

Plötzlich der Andreas schreit:
Es ist Flut, das Wasser steigt!
Doch die Panik bleibt noch aus.
Ich führ alle heil nach Haus.

Mittwoch dann, mit einem Mal
kommt der erste Sonnenstrahl.
Schönstes Wetter! Eben drum
gehts per Fährschiff nach Amrum.

Hohe Dünen, breiter Strand,
blaues Wasser, weißer Sand!
Langeness am vierten Tag,
wieder wandern, war die Frag.

Doch da gibt es nichts zu klagen,
Es geht los mit Leiterwagen.
Zurück zu Fuß dann übern Damm.
Rechts und links nur grauer Schlamm.

Henning kümmert das nur wenig,
wird gewählt zum Wattenkönig.
Ein Problem die nassen Sachen:
Modenschau! Die andern lachen. -

Dann ist unsre Fahrt vorbei.
Alle Koffer stehn in Reih.
Auf der Fahrt in unsre Stadt
jeder müde Augen hat.

Könnt man nur Gedanken lesen!
Weiß man alles, was gewesen.
Bettgeflüster, Nachtausflüge,
manche gut getarnte Lüge!

Doch es wächst der Klassengeist,
wenn zusammen man verreist
eine ganze Woche lang
ohne Schule, Gott sei Dank!

Betriebsklima

Früher kam man doch ganz gerne
zu uns selbst aus weiter Ferne,
viele gute Pädagogen,
die an unsre Schule zogen.

Doch dann wuchs die Schülermenge,
trieb uns alle in die Enge,
und Entspannung nie und nimmer
bot fortan das Lehrerzimmer.

Eiseskälte ließ uns zittern
ohne Sonn wie hinter Gittern.
Doch viel nutzte nicht das Klagen.
Immer wieder blieben Fragen.

Unterrichten noch das Beste,
vieles doch, was furchtbar stresste.
Höchst verhasst die Konferenzen!
Leider kann man die nicht schwänzen.

Viele Worte und Anträge!
Mancher wurd zur Nervensäge.
Und wo blieben die Beschlüsse?
Man bemühte erst Ausschüsse!

Rauchereck im Lehrerzimmer?
Dieses Thema schwelt noch immer.
Gab es endlich den Beschluss,
brachte dieser nur Verdruss.

Eine Lösung auf der Stell
gibt es jetzt wohl nicht so schnell.
Hier vermisst man gute Geister.
Wer kennt nicht den Bürgermeister?

Doch was solls? Hört auf zu fluchen!
Lasst uns nach ner Lösung suchen!
Liebe Raucher, seid nicht stur,
raucht solange auf dem Flur!

Müsst ihr auch Gardinen, Kissen
eine Weile noch vermissen,
denkt doch an das gute Klima!
Das wird endlich wieder prima,

Wenn vergessen all die Ränke.
Das wird helfen und ich denke,
nach dem Streit in diesem Jahr
wird bald alles wie es war.

Kajaktour
in Zeiten des Personalabbaus

Unserm Häuptling Graue Feder
- hierzulande kennt ihn jeder –
wünschen alle die Rothäute
auf dem Kriegspfad fette Beute.

Seine Krieger aus dem Ort
kämpfen mit ihm hier an Bord
um die beste Position.
Ja, es geht um Leben, Lohn.

Kurs voraus, bereit zum Entern!
Vorsicht nur, dass wir nicht kentern.
Schon erschallt das Kriegsgeheul.
Manche Rothaut kriegt ne Beul.

Viel Geschaukel, und zuletzt
sind paar Krieger quer versetzt.
Häuptling dann die Brüder zählt,
wer am Ende alles fehlt.

Die Indianer hier im Boot
leben alle, keiner tot.
Mit dem Häuptling Graue Feder
geht uns keiner an das Leder.

Verabschiedung

Lieber Rektor Zimmermann!
Nun fängt ein neues Leben an
ohne Ärger, Stress und Pflicht.
Dürfen gilt jetzt, Müssen nicht.

Nicht mehr Hefte korrigieren,
nicht die Lehrer kontrollieren.
Weder Amt noch Schulaufsicht
gehn mit Ihnen zu Gericht.

Wenn die Schüler Streiche machen,
können Sie darüber lachen.
Nicht gemachte Hausaufgaben
werden Sie nicht mehr beklagen.

Oder freche Äußerungen,
die ertrug man notgedrungen,
können Sie nicht mehr verletzen,
wenn Sie sich zur Ruhe setzen.

Auch die vielen Konferenzen
dürfen Sie nun künftig schwänzen.
Und so mancher Dienstbeschluss
bringt für Sie nicht mehr Verdruss.

Ihr Verhältnis zur Verwaltung
kommt nun besser zur Entfaltung,
weil Sie jetzt die leeren Kassen
künftig ganz in Ruhe lassen.

Stundenkürzung, Stellenstreichen,
die ja heute schon nicht reichen,
störn Sie nicht. Sie sind fein raus,
denn für Sie ist Schule aus!

Nehmen Sie sich ohne Hast
die nun wohl verdiente Rast!
Und ich möchte Ihnen raten:
Freun Sie sich an Ihrem Garten!

Grüner Rasen, frische Luft,
tausendfacher Blütenduft
lassen große Pläne reifen,
wenn Sie Feder, Stift ergreifen.

Also kriegen Sie deswegen
ne Gartenbank von den Kollegen.
Wie gesagt, nicht nur zum Ruhn.
Es gibt ne Menge noch zu tun!

Ambitionen

Langsam steigen die Gehälter,
doch viel schneller wird man älter.
Und allmählich denkt man schon
an die Ruhestands-Pension.

Deshalb stellt man schon die Weichen,
setzt recht zeitig hier ein Zeichen,
dass die Rente dann auch reicht.
Leider ist das nicht so leicht.

Hat man so ein hohes Amt,
wird zum Schulrektor ernannt,
muss man Andre überwachen,
sitzt oft vor Verwaltungssachen.

Ärger hat man mit Kollegen
und viel Arbeit auch deswegen,
fürchtet sich vor Amtsbesuchen,
darf nicht einmal richtig fluchen.

Und dann die Vertretungspläne,
die ich beispielhaft erwähne!
Jedes Jahr die Schulstatistik,
selten wahr, doch immer listig!

In den Ferien Aufsichtspflicht,
in den Urlaub gehts noch nicht!
Viele Pflichten habe ich,
Probleme gibt es sicherlich.

Doch da sind auch gute Geister,
hilfsbereit ist der Hausmeister.
Auch die nette Sekretärin
ist wohl meistens ein Gewinn.

Soll ich wirklich mal regieren,
werde ich viel delegieren.
Jeder tanzt nach meiner Pfeife,
bis ich die Pension erreiche.-

Ob ichs könnte oder will,
das ist wirklich nicht mein Stil!
Lieber bleibe ich bescheiden,
werde diesen Stand vermeiden.

Verzicht

Schon öfter wurde ich gebeten,
mal unsern Rektor zu vertreten.
Natürlich mach ich so was gerne,
weilt unser Chef in weiter Ferne.

Auch den Kollegen ist es recht,
denn ohne ihn läufts auch nicht schlecht.
Doch dieses Amt total bekleiden?
Das möchte ich ganz gern vermeiden.

Ganz überraschend ohne Not
erreichte mich das Angebot
von meiner lieben Heimatstadt,
was eigentlich was für sich hat.

Dem Schulrat sage ich deswegen,
das werd ich gründlich überlegen.
Doch diese Wochen mit Gedanken
vertiefen nur mein erstes Schwanken.

Ich habe arg dadurch zu leiden,
und kann mich nicht dafür entscheiden.
Hab keine Lust zu präsidieren,
ach, zu viel würde ich verlieren!

Denn aus Berufung ward ich Lehrer.
Das Rektoramt scheint mir viel schwerer.
So manches könnte mich wohl reizen,
auf Dauer aber auch verheizen:

Zum Beispiel Stress mit den Kollegen,
verzichten würd ich gern deswegen.
Und gar die eignen kleinen Schwächen
die könnten sich ganz bitter rächen.

Bin Lehrer gar von Leib und Seele.
Ach schade drum, wenn mir das fehle!
Ja, danach werde ich mich richten
und so auf dieses Amt verzichten.

Sport

Sport und Spiel sind allermeist
in der Einheit Körper, Geist
nicht nur freudvoll, auch gesund,
hält den ganzen Menschen jung.

Skischule

Anfangs üble Pistenrocker,
doch jetzt fahrn wir schon ganz locker.
Sonja zeigt mit viel Geschick
Schwünge auch im steilen Stück:

In die Knie und Fersenschub!
Stockeinsatz! Und groß genug
entlastet man den Außenski,
umsteigen, wieder in die Knie!

Weiterhin schön vorne bleiben
und dem Schnee die Kanten zeigen!
Rechts und links betont im Bogen,
rhythmisch wird die Spur gezogen.

In fünf Tagen, gar nicht leicht,
ist die Grobform schon erreicht.
Richtig leistungsorientiert,
wird das nächste Mal trainiert.

Wasserscheu

Karl-Heinz wollt niemals baden.
Er fand dran keine Freud
und meint, es könnt ihm schaden
und ganz besonders heut.

Nach einer halben Stunde
war es ihm doch zu dumm.
Er schlich schon eine Runde
ums kühle Nass herum.

Er prüfte mit dem Zeh.
Das Wasser war nicht kalt,
es tat auch gar nicht weh.
Hinein, ein Ruf erschallt.

Wie er so bei sich dachte,
ob er ins Wasser sollt,
ein andrer Junge sachte
ihn in das Becken rollt.

Dieweil er ratlos war
und fast beschämt, da schlich
herbei der Jungen Schar
und amüsierte sich.

Nun gab es keine Wahl.
Er wollt kein Feigling sein
und wirft mit einem Mal
sich ganz ins Nass hinein.

Das war der erste Schritt.
Dann steigerte er sich
und machte alles mit.
Bald schwamm er wie ein Fisch.

.

Joggen

Ich kannte einen Jogger.
Der machte sich erst locker
und joggte jeden Morgen.
Er kannte keine Sorgen.

Doch eines Tages klagte er,
ein Knie das schmerzte sehr.
Es war wohl der Meniskus.
Mit Joggen war nun Schluss.

Er fing dann an mit Radeln.
Die Wahl war auch zu tadeln.
Er sattelte das Pferd,
das war wohl ganz verkehrt.

So blieb ihm nur der Wagen.
Der Schmerz war zu ertragen.
Er kam von Ort zu Ort,
doch fehlte ihm der Sport.

Kaum war er operiert,
hat ers erneut probiert
und lässt sich wieder locken
zum morgendlichen Joggen.

Fußballfieber

König Fußball der regiert
in den nächsten vierzehn Tagen.
Wetten werden schon riskiert,
dass wir diesmal alle schlagen.

Man zählt uns im eignen Land
zu den hohen Favoriten.
Hoch ist der Erwartungsdrang,
dass wir demnach auch was bieten.

Jubelstürme von den Rängen
treiben unsre Mannschaft an.
Auch Fanfaren und Gesänge
ziehen alle in den Bann.

Anpfiff endlich! Der Ball rollt.
Einer liegt bereits am Boden.
Dieses Foul war nicht gewollt,
doch die Massen lautstark toben.

Freistoß fliegt am Tor vorbei,
erste große Chance vergeben.
Gegner kommt und ist ganz frei,
doch zu unserm Glück daneben.

Mit der Zeit wirds Spiel dann flauer,
immer schwächer das Niveau,
wahrlich schlimm für die Zuschauer.
Null zu null, und man ist froh.

Nächsten Gegner muss man schlagen.
Man hofft weiter auf Moral.
Andre Taktik, wird man sagen.
Und die Hoffnung steigt mit mal.

Dickes Knie

Der Arzt rät ab von meinem Sport,
denn häufig war ich schon verletzt:
Geh lieber mit dem Hündchen fort,
vermeide die Gefahren jetzt!

Ists mit dem Sport nun wirklich aus?
Das wurd mit Nachdruck mir geraten.
Dann bleib ich öfter mal zu Haus,
bewege mich in meinem schönen Garten! -

Vom Fußball kam ich gestern heim
mit einem furchtbar dicken Knie.
Die Knochen gehen aus dem Leim,
ganz schmerzfrei bin ich daher nie.

Wir siegten aber fünf zu zwei.
Das war ein wahrlich großer Kampf.
Auch Sonntag bin ich wohl dabei,
dann mach ich wieder richtig Dampf.

Regatta

Spät am Abend ich erfuhr
von dem Start der Segeltour.
Mit der Vierzehn-Meter-Jacht
geht es in die Fehmarn-Schlacht.

Alles klar! Jedoch ich ahn nicht,
dass das Schiff so sehr spartanisch.
Keine Dusche und kein Klo,
gar kein Schrank da irgendwo.

Von früh morgens ohne Ruh
schuftet man nur immerzu.
Nach der Halse eine Wende,
langsam bluten meine Hände.

Bin zu langsam an den Winschen.
Beinahe wollen sie mich lynchen.
Segel dicht holn, Segel fieren.
Keine Zeit ist zu verlieren.

Wir entschwinden schnell dem Feld,
fühl mich fast schon wie ein Held.-
Oh, verdammt, jetzt dreht der Wind.
So ein Mist, der Petrus spinnt!

In dem Nebel fast allein,
schläft der Wind allmählich ein.
Als wir dann die Tonne runden,
ist die Konkurrenz entschwunden.

Sportlich nehmen wirs in Kauf.-
Gegen Mittag frischt es auf.
An die Winschen, Segel dicht!
Ganz verloren ist noch nicht.

Unser Schiff kommt so in Fahrt.
Jede Wende ist recht hart.
Aber das Manöver sitzt,
während es ganz tüchtig spritzt.

Wir sind Dritter dann im Ziel,
doch der Platz nutzt uns nicht viel.
Eingeteilt in Segelklassen
müssen wir heut leider passen.

Bordgedicht

Leichte Brise so um drei,
Sonne scheint sogar dabei.
Hoch am Wind mit Kurs Hohwacht,
Segeln größte Freude macht.

Um die Zeit mir zu vertreiben,
werde ich in Ruhe schreiben
dieses erste Bordgedicht.
Ganz so einfach ist das nicht!

Dass ich freie Fahrt gewinne,
kommt ein Bändsel an die Pinne.
An den Klampen wirds belegt,
dass die Pinne sich nicht regt.

Doch ich komm noch immer nicht
zu dem ersten Bordgedicht.
Immer schießt das Boot in Wind.
Ists vielleicht doch schlecht getrimmt?

Also fier ichs Groß deswegen,
halb am Wind dem Ziel entgegen.
Als ich mich gemütlich setze,
seh ich vor mir Fischernetze.

Also greif ich nach der Pinne,
dass ich nunmehr Raum gewinne.
Ich versuch das Netz zu runden.
Schiet, die ist doch fest gebunden!

Ich sitz fest, dreh auf der Stell,
zerr am Bändsel heftig, schnell.
Doch durch ungeschickte Kraft
rutscht die Pinne aus dem Schaft.

Weil das Bötchen langsam dreht,
Fock und Groß gefährlich bläht.
Bötchen legt sich ganz nach Lee,
dass ich schon den Boden seh.

Hechte schnell zur andern Seite,
so gibts keine größre Pleite.
Erst mal muss das Segel runter,
Wasser schöpfen, heißt es munter.

Los das Ruder, fier das Schwert,
was das Fischernetz erschwert.
Endlich alles klar an Bord,
setz ich meinen Törn dann fort.

Schnurstracks immer Kurs voraus.
Gott sei Dank gibts keine Staus!
Großer Schreck, ja so ein Schiet,
ich bin längst im Schießgebiet.

Da naht schon, ich sehe rot,
plötzlich ein Patrouillenboot.
Ich erschrecke, bin gefasst
auf ein ganzes Jahr lang Knast.

Doch der Captain grüßt mich froh
Mit nem freundlichen Hallo.
Heut am Sonntag gibts kein Schießen.
Freie Fahrt kann ich genießen.

Ist auch wenig Zeit geblieben,
ward das Bordgedicht geschrieben.
Auch gelöst ist nun die Frage
der Selbsteuerungsanlage.

Tennisehen

Ganz leicht zu denken, was geschieht,
wenn man sich viel zu selten sieht,
denn heut spielt sie und morgen er.
Da fällt das Eheleben schwer.

Versöhnlich fragt man seine Frau:
Ach, spieln wir mal, und weiß genau,
dass sie das doch sehr kritisch sieht,
weil dies nämlich so geschieht:

Er schlägt die Bälle aus dem Stand
und schickt sie dann die Linie lang.
Auch kommen diese viel zu scharf,
was man wohl ganz und gar nicht darf.

Will aber er sie lasch dann bringen,
so wird ihm dieses kaum gelingen,
und spätestens nach einem Satz
verlässt sie lustlos diesen Platz.

Doch solches darf sich nicht verketten,
will man die Tennisehen retten:
So habe ich mal nachgedacht,
was man zukünftig anders macht:

Drum fordre ich in dieser Stunde
ne Ehepartner-Punktspielrunde
als Bindeglied der Tennis-Ehe,
wenn ich das also richtig sehe.

Zuerst spielt sie, nicht nur als Schau,
das erste Match gegen die Frau,
sodann kommts nun mit noch mehr Dampf
zum harten Tennis-Männerkampf.

Im Mix´d entscheidet, das ist klar,
das bessre Tennis-Ehepaar.
Man kämpft zusammen, spornt sich an,
der Mann die Frau, die Frau den Mann.

Der Tennissport als Lebensziel
Wird nun zum wahren Liebesspiel.
Ja, diese neuen Ehepflichten
wird man doch sicher gern verrichten.

Tennisschläger

Im Profitennis, das weiß jeder,
gebraucht man ständig neue Schläger.
Mit dem Modell vom letzten Jahr,
da kommt man jetzt schon nicht mehr klar.

Natürlich hat, wenn ihr nur wüsstet,
der Gegner schon längst nachgerüstet.
Gewaltig ist der Schlägerkopf,
viel größer als ein Suppentopf.

Auch die Besaitung ganz speziell
macht nun das Spiel besonders schnell.
Mit dem Gerät, ganz hart bespannt
hat man ne Waffe in der Hand.

Die Bälle zischen hin und her
und viel zu schnell, man sieht nichts mehr.
Gefährlich ists, und man muss hoffen,
dass man vom Ball wird nicht getroffen.

Man reagiert, das sag ich euch,
nur aufs vertraute Flop-Geräusch.
Wenn dann jedoch der Sieg gelingt,
es umso größre Freude bringt.

Tennisplätze

Die Saison geht noch zu Ende.
Eine letzte Meisterschaft!
Ärger gabs auf dem Gelände
durch die liebe Nachbarschaft.

Wenn sich nun die Tore schließen
nach dem allerletzten Flop,
wird das Unkraut wieder sprießen.
Es heißt hier für immer Stopp.

Tennisplätze zu bebauen!
Baugrundstücke dicht am Wald!
Doch ich meine voll Vertrauen:
Trauert nicht und hofft auf bald!

Dann entstehn in Ortsrandlage
Plätze für den weißen Sport.
Und es ist gar keine Frage,
noch mal treibt uns keiner fort.

Reitstunde

Ein Jeder hat ein Steckenpferd,
Anette aber eins mit Stert,
mit Mähne und mit spitzen Ohren.
Gleich gibt Anette ihm die Sporen.

Doch jedes Pferd hat seine Tücken,
sitzt man hoch oben auf dem Rücken.
Was ist, wenn es dann bockt und steht
und es gar nicht mehr weiter geht?

Was ist, wenn es ganz plötzlich steigt
und ungewohnt die Stärke zeigt
und wenn es einmal bockig springt
und dich aus seinem Sattel bringt?

Doch meistens aber macht es still,
was man als Reiter von ihm will.
So sagt Anette nur mal „hopp"
und los gehts hurtig im Galopp.

Ganz mutig gibt sie ihm die Zügel
und stürmt hinauf den kleinen Hügel,
und dann hinunter und hinab
entfernt sie sich in leichtem Trab.

Zurück jedoch nur noch im Schritt,
so kriegt sie auch die Landschaft mit.
Entlang den Wiesen, Äckern, Bäumen
kann nun Anette richtig träumen.

Am Bach jedoch die letzte Wende,
dann ist die Stunde schon zu Ende.
Sie muss die Zehnerkarte zeigen.
Die liebe Stute darf noch weiden.

Da stellt sie mit Entsetzen fest,
das war heut leider schon der Rest
und fragt erwartungsvoll beizeiten:
Wann darf ich wieder weiter reiten?

Ich hoffe, dass ihr alle wisst,
dass nächstens mein Geburtstag ist!
Da gibt es nichts zu überlegen:
Es wird wohl weitere Stunden geben.

Natur

Löst euch aus dem schweren Sessel,
geht hinaus in die Natur,
denn durch manche Alltagsfessel
bleibt zum Leben wenig nur.

Freut euch an der frischen Luft,
hört die vielen Vögel hier,
atmet tief der Blüten Duft,
achtet auch auf das Getier.

Kaninchenjagd

Mit unserm Hund spazieren gehn
ist manchmal nervig, unbequem.
In diesem Ort gibts viele Hunde,
ganz herrenlos drehn sie die Runde.

Es gab schon oft ne Beißerei,
selbst unser Alf war schon dabei.
Durch fremde bissig, böse Hunde
erlitt er manche tiefe Wunde.

Deswegen meide ich die Stadt,
weil sie so viel Gefahren hat
und wähle dann den nahen Wald,
wo kein Gebell entgegen schallt.

Auch hier kommt unser Alf auf Touren.
Entdeckt er etwa Hundespuren?
Wild zerrt er an der Hundeleine,
mit ganzer Kraft stemmt er die Beine.

Ein starker Ruck, die Leine reißt.
Sturmfreie Fahrt das für ihn heißt.
Auf meinen Ruf gar nichts geschieht,
weil er dort ein Kaninchen sieht.

Es dauert nur sekundenlang,
schon bringt er mir den stolzen Fang.
Ach guter Hund! Wie dem auch sei,
ist deine Tat Wilddieberei.

Hirschbrunft

Der Wildpark liegt vor unsren Toren,
für Viele ein bekanntes Ziel.
Im Herbst vernehmen Aug und Ohren
ein herrliches Naturschauspiel.

Vom Hause aus kann ich schon hören,
bevor die Sonne ganz versinkt,
wie kapitale Hirsche röhren,
was manchmal recht unheimlich klingt.

Vom Ansitz aus kann man erleben
im Mondlicht der Septembernacht,
wie urig sich die Hirsche geben,
was dem Naturfreund Freude macht.

Mümmelmann

Vor dem Haus im frischen Grase
hoppelt, sichert, äst ein Hase,
lugt verstohlen zu mir hin.
Will er wissen, wer ich bin?

Ich verhalt mich still und sehe
das Geschöpf ganz aus der Nähe,
das inzwischen ohne Scheu
putzt und räkelt sich im Heu.

Jetzt legt Meister Mümmelmann
friedlich seine Ohren an
wie ein liebes Kuscheltier.
Niedlich, so gefällst du mir!

Ich hab einen Freund gefunden! -
Doch er ist im Nu verschwunden,
indem er wilde Haken schlägt,
als sich nur mein Kopf bewegt.

Hasen

Durch den Wald mit ihrer Base
geht sehr wachsam das Sabinchen.
Tante, sieh mal da ein Hase!
Nein, das ist doch ein Kaninchen!

Hasen gibts in Feld und Wiesen,
pass gut auf, Sabinchen,
im Vergleich so groß wie Riesen.
All die andern sind Kaninchen.

Hasen springen auch viel weiter,
hören gut mit langen Ohren,
sind viel scheuer und gescheiter,
laufen gleich, wenn sie geboren.

Guck mal, Tante, ein Kaninchen!
glaubt mit neuem Sachverstand
überzeugt nun das Sabinchen.
Dort am hellen Waldesrand!

Nein, Sabinchen, sagt die Base,
das ist kein Kaninchen.
Das ist doch ein großer Hase.
Sieh die Ohren, …, mein Sabinchen.

Eichkatz

Bleib ruhig stehn, nun mach!
Sieh dort die flinke Eichkatz
im lichten Blätterdach!
Mit imposantem Satz
fliegt sie von Baum zu Baum,
und schwebt von Ast zu Ast
ganz sicher wie im Traum
und ohne jede Hast.
Sie knabbert hier und dort
und putzt sich kurz und schaut.
Schon ist sie wieder fort
ganz ohne jeden Laut.

Hundesteuer

Steuern zahlen – Bürgerpflicht!
Ohne diese geht es nicht.
Manchmal hebt sich doch der Hut,
was man damit wirklich tut.

Ich seh nämlich keinen Grund
für die Steuer bei dem Hund.
Denk mal nach und überlege!
Gibt es etwa Hundewege?

Für das Herrchen gibt es Bänke,
für den Hund nicht mal ne Tränke.
Ach, was wär das Hündchen froh,
gäbs ein simples Hundeklo.

Also wär es gar nicht schlecht,
käm das Tier zu seinem Recht.
Und als Mensch müsst man nicht laufen
durch die vielen Hundehaufen.

Ornithologe

Als Orni an dem Wattenmeer
in heiler Welt so ungefähr
da wandre ich in Richtung Süden
mit meinem Hund, dem schwarzen Rüden.

Hab grad n Knutt in dem Feldstecher,
da naht ein Spitz, ein ziemlich frecher.
Schon ist mein Hund, der angebunden,
mit Hosengurt und Lein verschwunden.

Mit einer Hand halt ich die Hose,
die leider jetzt ein bisschen lose
an meinen schmalen Hüften sitzt,
indes mein Hund zum andern flitzt.

Da fallen Säbelschnäbler ein im Watt.
Entzückt verdräng ichs Unglück glatt.
Halt an die Augen flink das Glas,
dass ich die Hose rutschen lass.

Indem ich weiter Ausschau halt,
wirds langsam mir von unten kalt. –
Gleichzeitig hör ich laut Gebell,
ahn Schlimmes, reagiere schnell.

Doch gefesselt fall ich nieder.
Zu meinem Glück kommt Alf schon wieder
und leckt mir freudig das Gesicht,
will spielen, aber Herrchen nicht.

Mit Hosengurt und langer Leine
umwickelt er mir meine Beine. --
Auf der Lahnung in der Nähe
krächzt schadenfroh ne simple Krähe.

Regenwurm

Ein Regenwurm war viel allein
und fand nicht Freund, der ihm, dem er
ein wenig nur verbunden wär,
nicht mal dem Sonnenschein.

Als er nach einem Spatenstich
ganz plötzlich dann zwei Teile war,
da war es für ihn doch ganz klar,
dass Hälfte nicht von Hälfte wich.

Igelfallen

Schon seit Wochen immer noch
stört das Auge manches Loch,
das im Ortskern aus dem Boden
wohl als Pflanzloch ausgehoben.

Abgeschirmt durch bunte Bänder
werden ziemlich tiefe Ränder
vor Betreten auch geschützt,
was jedoch nicht immer nützt.

Denn in dieser Kraterlandschaft
machte neulich ich Bekanntschaft
mit einem armen Igeltier.
Das fand ich in der Falle hier.

Brummer

Ich lag im tiefsten Schlummer
und träumte wunderbar,
da weckte mich ein Brummer.
Er krabbelte im Haar.

Er streifte Nas und Wange
und schwirrte wild herum
und störte mich schon lange
mit ständigem Gebrumm.

Ich schlug mit beiden Händen,
dass er mich endlich mied,
doch konnt ich nicht beenden
sein fürchterliches Lied.

Viel schlimmer als Gespenster!
Mich schützte nur die Deck.
Er fand das offne Fenster.
Auf einmal war er weg.

Geschützte Arten

Jetzt kümmert sich die Kreisverwaltung
sogar um unsre Haustierhaltung!
Die Tiere, die geschützt und selten,
die soll man künftig bei ihr melden.

Ich habe neulich mal entdeckt,
was da so wirklich hinter steckt:
Zu allererst wahrscheinlich nur
das Schutzgesetz für die Natur,

Denn dies ist neu und gilt seit Tagen.
Und deshalb sollte ich nun sagen,
seit wann, warum und auch woher
bekam ich meinen Nasenbär.

Grad diese Art ist streng geschützt,
was wohl nicht jedem Tiere nützt.
Denn eine ziemlich große Zahl
lebt leider nur noch illegal.

Helgolands Lummenfelsen

Auf schmalem steilem Felsenband
hoch oben überm blauen Meer
an der rotweißen Sandsteinwand
da wohnt das seltne Lummenheer.

Bereits seit vielen hundert Jahren
sind die flugunfähigen Jungen
tollkühn trotz allergrößter Gefahren
von dort ins tiefe Wasser gesprungen.

Jedoch die Zeit nagt wie ne Säge
am Brutfels der schwarzweißen Lummen,
denn Erosion zerstört Gelege.
Die Vögel sind zuletzt die Dummen.

Deshalb zerbricht man sich den Kopf,
wie man den Fels kann schonen,
und rührt bereits im Haushaltstopf.
Das kostet aber zig Millionen.

Fossilien

Mit dem Helgoländer Schiff
fahren wir zum nahen Kliff,
das die Sturmflut einst zerstört.
Davon haben wir gehört.

Am FKK-Strand in Textilien
sammeln wir sogleich Fossilien.
Dicht am Wasser eine Weile
findet man auch Donnerkeile.

Mit viel Fleiß und etwas Glück
gibts auch mal ein seltnes Stück,
denn auch Muscheln oder Schnecken
sind versteinert zu entdecken.

Ich hab schon den Bogen raus,
grab paar Katzenpfötchen aus,
die vor -zig Millionen Jahren
einst noch Tintenfische waren.

Käfighühner

Der Tierschutz fordert allgemein:
Auch Hühner sollen glücklich sein!
Auf engstem Raum mit Gitterstäben
darf unser Huhn nicht länger leben.

Kein Nest, doch jeden Tag ein Ei:
Der Tierfreund nennt das Quälerei.
Und ohne Scharren und Sandbaden
nimmt auch die Psyche schweren Schaden.

Jedoch die Hühnerhalter sagen,
ein Käfighuhn hat nicht zu klagen.
Das Tier hat hier sein täglich Brot
und Sicherheit und keine Not.

Ach, ganz so furchtbar ist das nicht.
Das Huhn döst still im Dämmerlicht.
Es lebt geborgen und gesund.
Ganz selten ist ein Tier mal wund.

Schon wieder neuen Zündstoff bringt
die Diskussion um den Instinkt,
der einst dem Wildhuhn angeboren.
Er ist durch Züchtung längst verloren.

Und manche meinen sogar nun,
das Käfigtier wär gar kein Huhn,
denn wird man ihm die Freiheit geben,
so kann es damit nicht mehr leben.

Umwelt

Verdrehen wir ein kleines Rädchen nur,
verändert sich das Gleichmaß der Natur,
die allzu sorglos so der Mensch zerstört,
zu der natürlich selber er gehört.

Gartenmüll

Jedes Jahr, recht lange schon,
steigt die Gartenmüllaktion
früh im März. Das soll verhüten,
dass die Vögel dort schon brüten.

Bei des Forums Wallanlagen
sammelt man seit ein paar Tagen
alle Zweige oder Äste.
Diese häckselt man dann feste.

Wer es will, das ist nicht neu,
kriegt die Reste dann als Spreu,
was im Garten gut verwendet,
allerbesten Humus spendet.

Ich jedoch geh selbst ans Werk:
Bei mir wächst das Zeug zum Berg.
Gut geschützt durch Teich und Hecke,
gibt das beste Tierverstecke.

Denn was nutzt ein saubrer Garten,
wenn da fehlen viele Arten.
Doch in meinem Garten hier
gibt es Platz für manches Tier.

Einzelfall

Durch alte Lieder und Gedichte
pries man den schönen deutschen Rhein.
Das ist jedoch schon längst Geschichte
und wird auch bald vergessen sein.

Denn Proben haben klar ergeben,
was dieser Strom so mit sich führt.
Es ist ein Wunder, dass noch Leben
und noch nicht alles schon krepiert.

Man gibt der Industrie die Schuld,
die wohl in diesen Strom entwässert,
und fordert voller Ungeduld,
dass sich die Lage endlich bessert.

Die Bosse doch mit arger List
sie lehnen Mitverschulden ab.
Man tut nur, was gesetzlich ist
und schaufelt nicht sein eignes Grab.

Wird wieder mal ein Fall entdeckt,
den man auch kann ganz klar beweisen,
wer diesmal die Natur verdreckt,
dann wird es jedoch wieder heißen:

Dies ist ja nur ein Einzelfall
durch menschliches Versagen.
Ja, das passiert doch überall.
Der Rhein kann das vertragen.

Ölspur

Seit Beginn der Fahrradtour
folge ich der schwarzen Spur,
welche rechts der Fahrbahnseite
zieht sich schnurstracks in die Weite.

In den Kurven ist sie breiter,
doch sie führt noch immer weiter.
An so mancher Häuserecke
gibt es übergroße Flecke.

Plötzlich endet dieses Band,
und ein Tankzug steht am Rand.
Während Männer daran klopfen,
schwarze Perlen nieder tropfen.

Einer von den Männern spricht:
Irgendetwas ist nicht dicht!
Harmlos scheint der Schaden nur,
denn jetzt endet diese Spur.

Umweltgifte

Viele Menschen hinterm Ofen
sehen nicht, was hier geschieht,
ahnen nicht die Katastrophen,
achten mehr auf den Profit.

Täglich kommen massenweise
neue Gifte noch hinzu.
So hält man konstant die Preise.
Viele drückt der eigne Schuh.

Zeichen gibt es, die längst zeigen,
die Natur ist nicht im Lot.
Länger darf man nicht mehr schweigen:
Insektensterben, Vogeltod, ...!

Auch der Mensch ist hier betroffen.
Der Zusammenhang ist klar.
Habt den Mut und sagt es offen:
Allergien, Krebsgefahr, ...!

Sagt die Wahrheit jetzt, beizeiten,
stoppt sofort die Giftzufuhr!
Redet nicht nur Halbwahrheiten!
Rettet uns und die Natur!

Umweltlügen

Man vernimmt mit Ungeduld:
Wieder sind die andern schuld!
Täglich hört man hüben, drüben
immer neue Umweltlügen.

Wenn es endlich einen trifft,
der der Ursprung von dem Gift,
fordert dieser erst Beweise,
schiebts Problem auf Abstellgleise.

Schließlich dann mit einem Mal
folgt ein anderer Skandal.
Man wird reden und wird messen,
bis der erste schon vergessen,

Denn bei unsrer Wirtschaftsmacht
wird in Euro nur gedacht.
Selbst von Ministern wird gelogen.
Die denken nur in Wahlperioden!

Vision

Wiesen schwanden, Wälder starben.
Räder fressen letztes Grün.
Kahle Flächen ohne Farben,
nur Metall und Kunststoff blühn.

Bäche modern, kaum noch Leben.
Rohre speien fades Grau
und verrußte Schlote fegen
Asche in das letzte Blau.

Rote Listen sprechen Bände.
Junge Männer schreiben „Mord"
an die fensterlosen Wände.
Ordnungshüter zerrn sie fort.

Solange noch

Solange noch aus zarten Knospen
meist grüne Pflanzentriebe brechen,
aus süßen Kelchen Bienen kosten
und Menschen miteinander sprechen,

Solange noch die Beeren reifen
und gelb die Sonnenblume lacht
und Füchse durch die Wiesen streifen
und treu der Hund das Tor bewacht,

Solange noch die Spatzen schelten
und eine Kräh die Flinte scheut,
wenn noch die Jahreszeiten gelten
und jedes Kind sich wirklich freut,

Solange noch die Mücke sticht
und neues Leben wird geboren,
solange glaub ich einfach nicht,
dass unser Erdenstern verloren.

Umweltkur

Die Natur ist furchtbar krank.
Hilfreich wäre, Gott sei Dank,
wir verschicken die Natur
unverzüglich mal zur Kur,
denn dort wird sie wohl genesen
und so sein, wie mal gewesen.
Ja, vielleicht mit etwas Glück
Kehrt sie als Paradies zurück.

Hoffnung

Wieder geht ein Jahr zu Ende
voller Hoffnung auf die Wende.
Trotz Gewalt und Leid und Grauen
gibt es Zeichen zu vertrauen,
dass die Menschheit dieser Erde
mit der Zeit doch klüger werde.

Heile Welt

Die Politik schreibt Weltgeschichte.
Der kleine Mann der schreibt Gedichte.
Weltweit zählt doch der Fortschritt nur,
zu wenig zählen Mensch, Natur.

Geht dadurch auch die Welt zugrunde,
pflanz ich in dieser gleichen Stunde
wie Luther einen Apfelbaum,
erfüll damit den Kindheitstraum.

Daneben bau ich auch sogleich
im unserm Garten einen Teich,
den wir mit seltnen Pflanzen zieren
und schaffen Lebensraum den Tieren.

Schon blühen ein paar Wasserpflanzen
und auch die ersten Mücken tanzen.
Ein bisschen Freud im Alltagsleben
kann diese heile Welt schon geben.

Jeder Tag

Tagtäglich geht die Sonne auf.
Wir alle folgen ihrem Lauf.
Halt fest den Tag und nutze ihn,
denn allzu bald geht er dahin!

Und jeder Tag ist anders, wieder neu.
Frag nicht nach gestern, sondern freu
dich nur auf diesen Augenblick
und denk an heute, nicht zurück!

Denn jeder Tag ist wunderschön,
drum lass nicht einen so vergehn
und nutz ihn gut und denk:
Ein jeder Tag ist ein Geschenk.

Günter Hase

Jg. 1941, geb. in Pommern, lebt seit seiner
Kindheit in Schleswig-Holstein.
Er unterrichtete dort 40 Jahre als Lehrer und
nebenamtlich
als Studienleiter und Wildparkpädagoge.
Er war engagiert im Sportverein
sowie im Natur- und Umweltschutz.

Bisher veröffentlichte er die Gedichtsammlungen
mit den Titeln
„Trapps im Blickpunkt"
und „Schule".

Zahlreiche Gedichte aus diesen beiden Heften
finden sich - überarbeitet - in diesem Band
„Heiter bis wolkig" wieder, in dem der Autor
Gedanken und Erlebnisse aus seinem Leben
festhält.